彩图1　魔术风车

彩图2　摩天轮

彩图3　海盗船

彩图4　阿拉伯飞毯

彩图5　波浪翻滚

彩图6　大摆锤

彩图7　过山车

彩图8　金龙滑车

彩图9　疯狂老鼠

彩图10　激流勇进

彩图11　自旋滑车

彩图12　摩托过山车

彩图13　旋转迪斯科

彩图14　高架脚踏车

彩图15　空中列车

彩图16　儿童爬山车

彩图17　勇敢者转盘

彩图18　双人飞天

彩图19　飞身靠壁

彩图20　青蛙跳

彩图21　探空飞梭

彩图22　飓风飞椅（摇头飞椅）

彩图23　鸳鸯与天鹅

彩图24　转马

彩图25　双层转马

彩图26　咖啡杯

彩图27　自控飞机

彩图28　猴子爬杆

彩图29　造波池

彩图30　水滑梯

彩图31　峡谷漂流

彩图32　碰碰船

彩图33　电动船

彩图34　脚踏船

彩图35　小赛车

彩图36　小火车

彩图37　无天网碰碰车

彩图38　有天网碰碰车

彩图39　电池车

彩图40　滑索

彩图41　充气弹跳

彩图42　高空蹦极

彩图43　小蹦极

彩图44 禁止标志

彩图45 警告标志

彩图46 指令标志

彩图47　提示标志

彩图48　游乐设施的操作面板

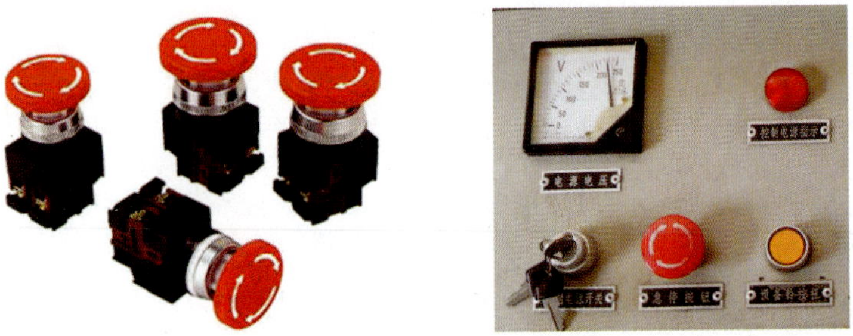

彩图49　紧急事故按钮

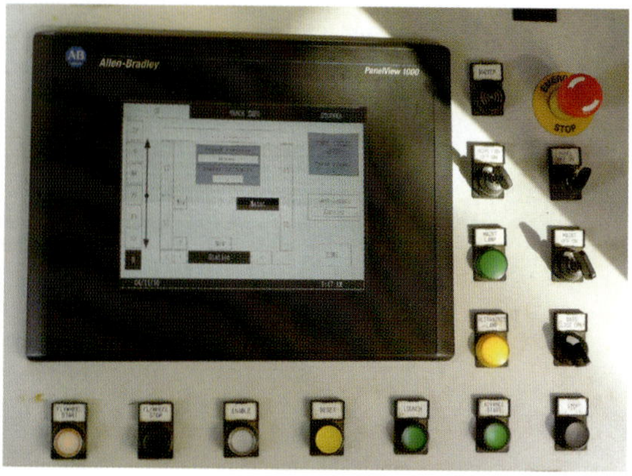

彩图50　游乐设施的触摸屏操作面板

彩图51　海盗船的安全压杠

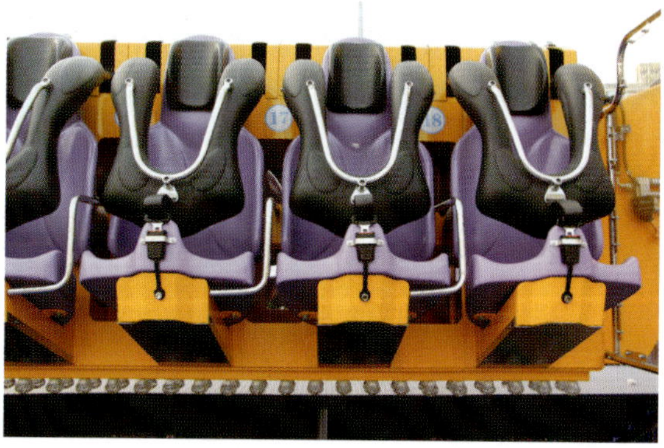

彩图52　护胸压肩式安全压杠

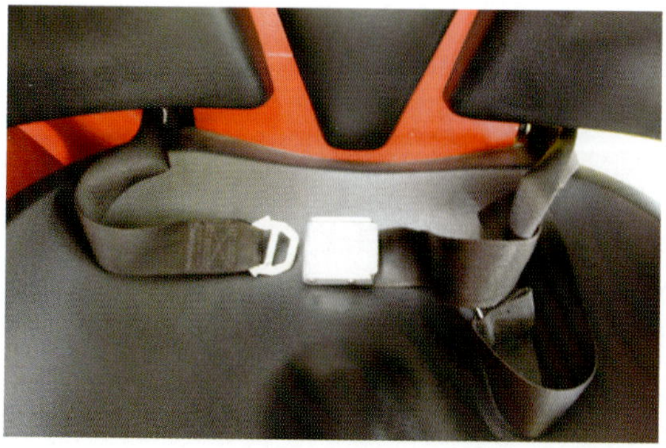

彩图53　安全带

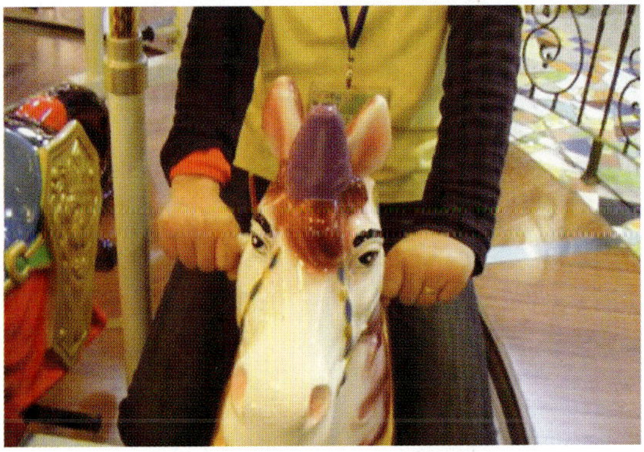

彩图54　转马的安全把手

彩图55　摩天轮的门锁

彩图56　滑行车的止逆行装置

彩图57　海盗船的限位装置

彩图58　高架自行车的缓冲装置

彩图59　疯狂老鼠的缓冲装置

彩图60　滑行车的制动装置

彩图61　吊挂乘座物的保险措施

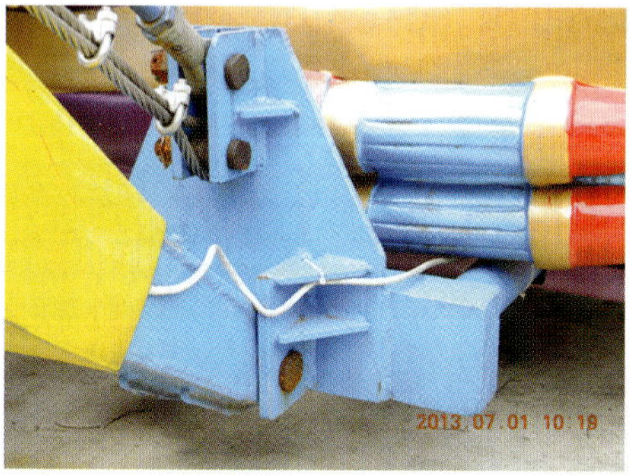

彩图62　自控飞机牵引杆保险装置

彩图63　安全栅栏

彩图64　小火车进出口拦挡

特种设备作业人员培训教材

大型游乐设施操作员

DAXINGYOULESHESHI CAOZUOYUAN

编审人员

主　编　缪正荣

副主编　何国庆　姚　俊

编　者（按姓氏笔画为序）王玮红　王秋珍　王琤阳　王海卿
朱苗青　汤志强　沈佳妮　陆　瑢　陈　璐　罗嘉荣
龚厚荣　葛雨泰

主　审　黄文和

中国劳动社会保障出版社

图书在版编目（CIP）数据

大型游乐设施操作员／人力资源和社会保障部教材办公室等组织编写．—北京：中国劳动社会保障出版社，2014

特种设备作业人员培训教材

ISBN 978－7－5167－1018－0

Ⅰ．①大…　Ⅱ．①人…　Ⅲ．①游乐场－安全管理－技术培训－教材　Ⅳ．①F719．5

中国版本图书馆 CIP 数据核字（2014）第 042142 号

中国劳动社会保障出版社出版发行

（北京市惠新东街 1 号　邮政编码：100029）

*

北京市白帆印务有限公司印刷装订　新华书店经销

787 毫米×1092 毫米　16 开本　14．75 印张　1 印张彩插页　310 千字

2014 年 4 月第 1 版　　2022 年 5 月第 7 次印刷

定价：40．00 元

读者服务部电话：（010）64929211/84209101/64921644

营销中心电话：（010）64962347

出版社网址：http：//www．class．com．cn

内容简介

本书是在上海市质量技术监督局、上海市特种设备作业人员考核管理委员会指导下，由负责上海市大型游乐设施操作员上岗培训的上海市园林职工学校、承担上海市大型游乐设施考试机构的上海市绿化职业技能培训中心，根据《中华人民共和国特种设备安全法》《大型游乐设施安全监察规定》《特种设备作业人员监督管理办法》《特种设备作业人员考核规则》《大型游乐设施安全管理和作业人员考核大纲》的要求，组织上海市长期从事大型游乐设施管理、生产、检验检测、运营操作和培训考核的专家和技术人员编写。

本书紧扣考核大纲要求，按照大型游乐设施操作基础知识、专业知识、法规知识，以及大型游乐设施操作技能与安全运行四个模块进行编写，在内容上力求从基本概念和原理出发，突出游乐设施运营、管理和操作的实用性，并注重传授基础知识和培养能力，努力做到理论联系实际，通俗易懂。

本书可作为从事大型游乐设施安全管理、经营、生产、维修保养人员的教材或学习用书，同时也可供相关人员参考。

前　言

大型游乐设施属于特种设备，一旦发生事故，在对游客造成身体伤害的同时，还会对游客的心理和精神造成伤害，引起不良的社会影响。提高大型游乐设施作业人员的职业素质、安全意识、操作技能等是保证大型游乐设施安全运营的重要措施之一。

《中华人民共和国特种设备安全法》规定："特种设备生产、经营、使用单位及其主要负责人对其生产、经营、使用的特种设备安全负责。""特种设备生产、经营、使用单位应当按照国家有关规定配备特种设备安全管理人员、检测人员和作业人员，并对其进行必要的安全教育和技能培训。"同时还规定："特种设备安全管理人员、检测人员和作业人员应当按照国家有关规定取得相应资格，方可从事相关工作。特种设备安全管理人员、检测人员和作业人员应当严格执行安全技术规范和管理制度，保证特种设备安全。"

为了规范大型游乐设施作业人员的培训和考核，给大型游乐设施操作人员提供一本实用良好的教材，我们组织了上海市具有丰富经验，长期从事大型游乐设施管理、经营、生产（包括设计、制造、安装、维修），以及检验检测、培训考核等方面的专家和专业技术人员编写了这本《特种设备作业人员培训教材——大型游乐设施操作员》。

本书内容丰富、深入浅出、通俗易懂、图文并茂，在编写过程中得到了上海市特种设备监督检验技术研究院、上海市公园管理事务中心、上海锦江乐园有限公司和上海青浦游艺机玩具厂等单位的大力支持和帮助，参与编审的人员付出了大量的心血，在此，我们表示衷心地感谢！

本书从2010年起在上海市大型游乐设施操作员上岗培训中试用，在此基础上调整完善，面向全国同行服务，可作为大型游乐设施操作人员上岗培训教材，也可作为大型游乐设施管理、经营、生产、维修保养等人员工作之参考。尽管努力，难免挂一漏万，恳请全国同行及广大读者批评、指正，提出宝贵意见。

编审委员会

2014年2月

目　录

第 1 章

概述

游乐设施是在特定区域内运行，承载游客游乐的载体。现代游乐设施充分运用了机、电、光、声、水、力等先进技术，集知识性、趣味性、科学性、惊险性和刺激性于一体，深受社会大众（特别是广大青少年和儿童）的普遍喜爱，对丰富人们的娱乐生活；锻炼人们的体魄；陶冶人们的情操，发挥了积极的作用，早在几百年前的欧洲就出现了供人在室外娱乐的保龄球、音乐、舞蹈和原始的乘骑等娱乐项目，然后又有了“雪橇”，这是现代滑行车的原型。到了18世纪，由于人们对游戏、娱乐需求的不断提高，游乐园由此诞生，出现了电动游艺机，游乐业得到不断的发展。现代游乐业的开发虽有100多年的历史，但期间因受世界经济危机和世界大战的影响而迟滞，真正进入快速发展阶段是在20世纪50年代以后。随着科学技术的不断发展，计算机控制、微电子技术等先进科技在游乐设施的设计、制造中得到广泛应用。进入20世纪70年代后，游乐设施的新品种层出不穷，而其科学性、惊险性、娱乐性也表现得越来越突出。

1955年，世界上第一座“迪士尼”乐园在美国加利福尼亚州建成，据不完全统计，目前世界各地已建成一百多个大型游乐园（场）。其中，“迪士尼”主题乐园有五个，美国两个，日本、法国和我国香港特别行政区各一个。这些大型游乐园（场）成功的经营和发展经历，使全世界范围内掀起了建造主题乐园的热潮，上海“迪士尼”主题乐园也将于2015年底在浦东建成开放。

世界上游乐设施生产厂商以美国、意大利、德国、英国、法国、荷兰、瑞士等国居多，他们开发创新能力较强，生产技术先进，产品惊险刺激，且每个厂商各有所长。其中知名的有：美国的普雷米尔、艾利桥、阿隆、S&S，意大利的赞培拉、法博利、摩梭、SDC，德国的胡斯、麦克，瑞士的B&M、因塔明，荷兰的威克玛、孟代尔等。

一、国内游乐设施的基本状况

我国在20世纪80年代以前，现代游乐设施几乎是一片空白，仅有50年代初国内设计、制造的电动小转马被安装在北京中山公园供儿童游乐，此后近30年我国游乐业再也没有取得实质性的发展。直至20世纪70年代末，随着改革开放和经济发展，国内少数大中城市的公园里才出现了一些进口的游乐设施，如1980年5月，国外赠送的“登月火箭”等四种游乐设施被安装在北京的中山公园，吸引了络绎不绝的游客排队乘坐，盛况空前。

上海较早的游乐设施之一是1968年在复兴公园投入使用，由上海园林工具厂制造的“电动转马”，该设施已于1999年4月更新换代，至2010年该转马又被更新的产品所替代。20世纪80年代，中国游乐业诞生并发展壮大起来，上海的游乐业也得到了快速发展，各类游乐设施应运而生，各种游乐园（场）也纷纷开张迎客。如1985年2月建成开业的

“上海锦江乐园”（见图1—1），是上海最早投入运营、最有代表性的大型综合性游乐场之一，各类游乐项目达30多项，且每年都有项目更新，年接待游客达120多万人次。

图1—1　上海锦江乐园大型游乐场夜景

随着改革开放的深入，国民经济迅速发展，人民的生活水平不断提高，人们对游乐游艺活动的需求越来越大。在这种大好形势下，国产游乐设施的设计、生产行业应运而生。20世纪80年代，北京某研究院开发设计了登月火箭、游龙戏水、自控飞机、转马、飞象、空中转椅、架空单轨列车、双人飞天、滑行龙、翻滚过山车等数十种现代游乐设施，为我国游乐设施设计、制造填补了空白，并为我国游乐行业的诞生和发展做出了贡献。

随后几年，北京、天津、上海及广东等省（市）陆续建起了“石景山乐园”“东方乐园”“天津乐园”“锦江乐园”等游乐园（场）。从1981年至1990年，全国共建成游乐园（场）和主题乐园21家。这些游乐园（场）引进的一批国外游乐设施，给我国的游乐设施设计、制造单位提供了学习和借鉴机会。从此，国内游乐业进入了迅速发展时期，并逐渐发展成为一个融设计、制造、安装、运营、维修保养的游乐设施产业，极大地丰富了人们（特别是儿童和青少年）的娱乐生活。1991年至2000年全国共建成游乐园（场）和主题乐园36家，2001年至2010年全国共建成游乐园（场）和主题乐园48家，国内游乐业进入快速增长期。

通过30多年的不断努力，我国游乐行业从无到有，从小到大，从简易到复杂，从粗制到精巧，从引进到出口，已逐步形成了包括设计、制造、安装、运营、维修保养、监督检验、安全监察等一整套比较完善的体系，各项工作都正朝着标准化、规范化、科学化的方向迈进。游乐设施的设计走向自主创新，新类型、新品种不断地被开发出来，并且迅速地投入营运。据统计，现在投入生产的大、中型游乐设施类型、品种就有100多个，从旋转到滑行、从地面到空中、从室内到室外、从固定到移动，应有尽有。游艺机和游乐设施生产厂家也由开始的几家发展到目前的300多家，并且逐渐由沿海地区向内地延伸发展。一批专业的制造厂家已经形成，布局也趋于合理。随着现代科学技术的不断创新，游乐设施也日新月异，令人耳目一新。

据不完全统计，截至2012年，国内拥有不同规模的游乐园（场）、主题乐园1000多家，占全世界游乐园（场）和主题乐园数量的五分之一左右。其中中型以上的游乐园（场）、主题乐园有400多家，在用的大型游乐设施（属特种设备范围）达1.67万台（套），持证作业人员2万多名，每年参加游乐活动的游客多达3亿人次以上，年营业收入达到100多亿元人民币。

然而，游乐设施的安全十分重要，一旦发生事故，不仅危及游客的生命安全，还会对其心理和精神造成特别严重的伤害。因此，我国在游乐设施迅速发展的同时，一贯非常重视游乐设施的安全，并按国际惯例将游乐设施安全作为公共安全的重要组成部分，建立了安全法律法规和标准体系，纳入法制化管理轨道。2003年，国务院首次颁布实施《特种设备安全监察条例》，为了确保游乐设施的运营安全，有效控制和降低事故发生率，我国明确将大型游乐设施与锅炉、压力容器、压力管道、电梯、起重机械、客运索道和厂（场）内专用机动车辆一并纳入特种设备监督管理范围，对游乐设施的安全监管力度不断加强，实行从设计、制造、安装、改造、维修、使用到检验检测全过程安全监察。2013年6月29日，十二届全国人大常委会第三次会议审议并表决通过了《中华人民共和国特种设备安全法》，这标志着我国特种设备安全工作向科学化、法制化方向又迈进了一大步。

我国的游乐设施通过强化法规建设、安全监察、许可管理、检验检测、技术攻关等方面的工作，重大事故得到了有效遏制，事故数量也显著降低。游乐设施事故造成的伤亡人数虽然与其他事故相比所占比例极小，但直接关系到人民群众、特别是儿童和青少年的安全，属于领导重视、群众关心、媒体关注的问题，社会敏感度高，社会影响大，处理不当容易造成公众对社会信任度和安全感的降低。因此，游乐设施的安全始终是特种设备安全监察工作的重中之重，一直受到各有关部门和单位的高度重视。

二、当前游乐设施的发展趋势

随着科技进步，越来越多的现代技术应用到游乐设施中，目前世界各国的游乐设施正朝着以下几个方面快速发展：

1. 高新技术越来越多地应用于游乐设施中

新型的游乐设施融合声、光、电、机械、液压和微电子技术于一体，结合游客的主动参与，给人一种全新的体验。

其中，VR（virtual reality 虚拟现实）技术就是一种可以创建和体验虚拟世界的计算机系统。利用这种技术，人们可以在仿真的运动场上，选择自己崇拜的球类运动与运动明星对垒和较量，通过逼真的仿真现场声像的气氛烘托，使人犹如身临真实的比赛现场。其他如模拟跳伞、漫游世界、F1 方程式赛车等更引人入胜，使人流连忘返。

2. 组合式游乐设施层出不穷

游乐设施不断向多种运动方式组合化发展，不同类型的游乐设施组合在一起演变成一种新型的游乐设施，给人一种创新的感觉。

如称为“搅拌机”（又叫“阿波罗船”）的游乐设施，用计算机编程控制，将大臂升降、座舱升降、公转、自转等各种运动方式组合在一起，使游客得到不同的感受和刺激。

还有将“激流勇进”与“观览车”组合在一起，游客乘坐时船体沿水道运行一段后，再经过特殊的装置运行，船体将平稳过渡到观览车形状的转盘上，提升到一定的高度后，再沿水道走完剩余的行程。一些称为“流体滑行车”的游乐设施也是“滑行车”和“激流勇进”的组合。

3. 运行速度更快、提升高度更高、使人感觉更刺激

（1）过山车。滑行车类中的翻滚过山车是大型游乐园（场）的必备设施，仅美国在用的各种过山车就有 600 多台，因此被国际游艺机和游乐园行业称为“游艺机之王”。过山车按主体材质可分为钢结构和木质结构；乘坐形式上已不限于座椅式固定车厢，而是向站立式、活动车厢和悬挂吊椅式发展，即滑行车的乘坐装置悬吊在轨道下面，当车体滑行到轨道上端时，游客头上脚下被甩在轨道上方，有被甩飞出去的感觉，并且承受由势能转变为动能的加速刺激。滑行车的运行速度也越来越快，在美国新泽西州的一座游乐园出现了世界上最高、最快的过山车——“金达卡”（KingdaKa），该过山车高达 139 m，速度达到了 206 km/h，轨道长度超过 2 500 m，全程运行时间仅 28 s，号称“过山车之王”。

（2）直冲云霄。有一种叫“直冲云霄”（superman）的游乐设施，其轨道呈“L”型，游客坐在车厢里，通过水平段轨道的加速后，呼啸着冲上高高耸立的垂直轨道，给游客的感觉是直冲云霄，游客此时是面朝蓝天，车厢再沿轨道垂直向下，游客体验自由落体的感受，滑回起点，整个过程给人以极其惊险和刺激的感受。

（3）空中飞人。还有一种叫“空中飞人”（Drive Devil）的游乐设施，游客呈俯卧状、穿戴好安全装备后，用钢丝绳将游客提升到几十米的高空，突然松开锁扣，游客像大鹏展翅从高空俯冲而下，任凭重力在空中摆荡，游客此时在高空中尽情享受着“自由飞翔”的美妙瞬间。

（4）其他。其他如“勇敢者转盘”是多自由度旋转的，当人在空中呈倒立位置的同时，其乘坐装置还可单独任意摆动；弹射式游乐设施更是只用 1.8 s 的时间就能将游客“发射”至几十米的高空，使游客亲历火箭升空时千钧一发的速度和九天揽月的高度，尽情享受加减速度环境下的刺激。

4. 主题乐园和社区游乐设施互为补充

主题乐园是现代游乐业的新兴产物，它体现着一个时代、一个地域的文明程度和价值观念。国外的“迪士尼”“好莱坞环球影城”等向我们展示了主题乐园迷人的风采，“世界之窗”“欢乐谷”是我国当今综合性主题乐园的代表，一方面它充分发掘了当地的自然资源，创造出适合东方人性格的休闲性、观赏性很强的园林环境，体现了东方文化，另一方面又融合了年轻人的体能活动和思维活动，具有强烈参与感、刺激性与欢快的气氛。

社区内的一些公园（如街心花园等）是适合老人、儿童、居住区域内居民的活动场所，近年来，一些刺激性较小的游乐设施如翻斗乐、小型转马、立环跑车、小火车、碰碰车等不断落户，成为了儿童的天堂。这些社区内的游乐设施将会作为对主题乐园和大型游乐园（场）的补充而长期存在。

5. 节能环保型、移动式游乐设施得到发展

为了适应节约能源和环境保护的要求，一些游乐设施也向节能、环保方向发展，采用新型能源作为动力。比如用于观光、游览的电动游览车，目前也大部分采用环保型电池或液化气作能源驱动。

另外，从经营性和使用灵活性的角度出发，又产生了许多种移动式中、小型游乐设施。人们把这些游乐设施做成折叠、自行、拖挂等不同形式，可以根据不同季节，灵活地置于公园、广场等适合的场地和各种临时的集会上，给游客增添节日气氛，为运营带来更好的经济效益，如在全国各地多次举办的，由移动式游乐设施组成的各种“嘉年华”活动等。

6. 安全要求越来越高

游乐设施在追求惊险刺激的同时，正在朝着速度更快、高度更高、功能更多、运动更复杂的方向发展。因此，对游乐设施的设计、制造、安装、管理、运营等方面的安全要求也就越来越高。

总之，随着社会经济的发展，现代游乐业将会给人们的生活带来越来越多的享受、快乐和刺激，我国的游乐业的明天一片光明。

2

第 2 章

游乐设施基础知识

第 1 节　游乐设施定义及术语

一、游乐设施的定义

通常，人们将游艺机和游乐设施统称为游乐设施。游艺机是指具有动力，承载游客进行游乐的器械。游乐设施则是指在特定的区域内运行、承载游客游乐的载体，它的含义较为广泛，广义上它除包括具有动力的游乐器械外，还包括为游乐而设置的构筑物和其他附属装置以及无动力的游乐载体。

自本世纪初，游乐设施被纳入特种设备范围以后，国家质检总局提出了大型游乐设施的概念，相关的法规和标准对具体定义已有明确的表述。根据《特种设备安全监察条例》第八章第九十九条第七款的规定，纳入安全监察范围的大型游乐设施是指用于经营目的，承载乘客游乐的设施；其范围规定为设计最大运行线速度大于或者等于 2 m/s，或者运行高度距地面高于或者等于 2 m 的载人游乐设施。

二、游乐设施的名词术语

国家标准《游乐设施术语》（GB/T 20306）规定了游乐设施的基本名词术语及其定义；该标准适用于游乐设施的生产、使用、检验等领域。

标准的主要内容包括：

1. 游乐设施

（1）有动力类游乐设施。具有动力驱动，承载游客进行游乐的设施。

1）转马类游艺机。乘人部分绕垂直轴旋转及运动形式类似的游艺机。

2）陀螺类游艺机。乘人部分绕可变倾角的轴旋转及运动形式类似的游艺机。

3）飞行塔类游艺机。乘人部分用绕性件吊挂，边升降边绕垂直轴回转及运动形式类似的游艺机。

4）自控飞机类游艺机。乘人部分绕中心垂直轴回转并升降及运动形式类似的游艺机。

5）观览车类游艺机。乘人部分绕水平轴回转并升降及运动形式类似的游艺机。

6）滑行车类游艺机。沿轨道运行，有惯性滑行特征及运动形式类似的游艺机。

7）架空游览车类游艺机。沿架空轨道运行，适用于人力、内燃机、电力等驱动及运动形式类似的游艺机。

8）小火车类游艺机。沿地面轨道运行，适用于电力、内燃机及其他动力驱动及运动形式类似的游艺机。

9）赛车类游艺机。沿地面指定线路运行及运动形式类似的游艺机。

10）电池车类游艺机。在规定的车场或车道内运行，以蓄电池为电源、电动机驱动及运动形式类似的游艺机。

11）碰碰车类游艺机。在固定的车场内运行，用电力、内燃机及人力动力驱动，车体可相互碰撞的游艺机。

（2）无动力类游乐设施。本身无动力驱动，由乘客在其上操作或游乐的设施。

1）蹦极。游客或游客乘坐物依靠弹性绳或其他弹性件的伸缩，在空中产生弹跳、翻滚运动的游乐设施。一般包括高空蹦极、弹射蹦极和小型蹦极。

①高空蹦极。游客依靠弹性绳或其他弹性件的伸缩，从高空塔架或其他平台上向下跳跃并在空中产生弹跳、翻滚运动的游乐设施。

②弹射蹦极。游客乘坐物（蹦极座舱）依靠弹性绳或其他弹性件的伸缩，从地面或其他平台向上弹射并在空中产生弹跳、翻滚运动的游乐设施。

③小型蹦极。游客或游客乘坐物依靠弹性绳或其他弹性件的伸缩，从地面向空中弹跳，产生上下、翻滚运动的游乐设施。塔架高度小于10 m。

2）滑索。游客借助滑轮等工具依靠重力沿钢丝绳下滑的游乐设施。

3）充气弹跳。采用高强度织物或薄膜缝（黏）合而成，在内部充满空气，制成各种造型，达到一定强度和稳定性，主要供儿童游乐的设施。

4）儿童娱乐城。造型各异，由滑梯、绳网、秋千、吊环、通道、攀爬架等各种部件组合而成，主要供儿童集体娱乐的设施。

5）空中飞人。将游客用钢丝绳提升到一定的高度，靠本身势能围绕悬挂点作往返摆动的游乐设施。

6）系留式观光气球。采用复合材料制作，具有双层球胆结构，内部充装氦气，球体在地面上有固定的系留点，球体下部悬吊乘人部分升空观光的游乐设施。

（3）水上游乐设施。借助水域、水流或其他载体，为达到娱乐目的而建造的水上设施。如游乐池、水滑梯、造浪机、水上自行车、游船等。

（4）其他类游乐设施。不适用于上述类别或由上述类别组合而成的游乐设施。

2. 基本概念

（1）游艺机。具有动力驱动，供游客进行游乐的器械。

（2）游乐设施。在特定的区域内运行、承载游客游乐的载体。广义上包括具有动力的游乐器械，还包括为游乐而设置的构筑物和其他附属装置以及无动力的游乐载体。

（3）大型游乐设施。用于经营目的，承载乘客游乐的设施，其范围规定为设计最大运行线速度大于或者等于 2 m/s，或者运行高度距地面高于或者等于 2 m 的载人游乐设施。

（4）移动式游乐设施。无专用土建基础，方便拆装、移动和运输的游乐设施。

（5）活载荷。乘客或工作人员的移动载荷。

（6）重要零部件。在受冲击、振动或交变载荷的作用下，一旦失效会严重伤害人身安全、造成设备安全事故的零部件。

（7）关键焊缝。在受冲击、振动或交变载荷的作用下，一旦失效会严重伤害人身安全、造成设备安全事故的焊缝。

（8）非标准机电产品。根据需要自行设计生产的用于游乐设施中的机械和电气产品。

（9）预埋件。预先埋在玻璃钢件或其他材料中的金属构件。

（10）安全距离。在游乐设施运行（转）过程中，为防止乘客与周围障碍物相碰而留出的距离。

（11）使用寿命。游乐设施在规定的使用条件下完成规定功能的工作总时间。

（12）试运转。对游乐设施以检查为目的的运转。

（13）空载试验。在游乐设施的乘人部分不加入载荷，按要求操作的运行试验。

（14）满载试验。在游乐设施的乘人部分均布额定载荷，按要求操作的运行试验。

（15）偏载试验。在游乐设施连续的且不超过一半的乘人部分均布额定载荷，按要求操作的运行试验。

（16）超载试验。在游艺机的乘人部分（碰碰车、电池车）加载，超过额定载荷，按要求操作的运行试验。

（17）出厂检验。游乐设施制造、安装、调试完成后所进行的检验。

（18）型式试验。游乐设施定型生产前，按有关标准、规程要求进行验证设计功能和安全性能的试验。

3. 主要参数

（1）圆周速度。在额定载荷下，游艺机的乘人部分（外侧），绕中心轴回转的切线方向的速度。

（2）运行速度。沿规定的轨道或地面行驶的游艺机，在额定载荷下行驶的速度。

（3）升降速度。游艺机的乘人部分在额定载荷下，垂直上、下位移的速度。

（4）提升速度。沿带有坡度的轨道，靠外力向上牵引的游艺机的运行速度。

（5）运行高度。游艺机运行过程中乘人部分距离上客平台或地面的高度。

（6）摆角。乘人部分中心线与垂直中心线间的夹角。

（7）翻滚。乘人部分摆动角度大于 360°的运动。

（8）加速度系数。游艺机在运行过程中，瞬时加速度与重力加速度的比值。

（9）动载系数。游艺机在运行过程中，实际受到的动载荷（真实工况）和静载荷的比值。

（10）大臂倾角。游艺机在大臂端部升至最高处时，其大臂轴心线和水平面的夹角。

（11）座舱深度。非封闭式座舱，脚踏面到座舱顶面（或扶手处顶面）高度。

（12）坐席靠背高度。非封闭式座舱，坐席的坐面到靠背顶面的距离。

（13）座位净宽。座位的有效宽度。

（14）车辆最小转弯半径。车辆转弯时，其前轮（四轮）或前轮（三轮）外侧运行轨迹的最小圆弧半径。

（15）制动距离。从开始制动到车辆停止为止，车辆所经过的距离。

（16）轮压。车轮传递到轨道或地面上的最大垂直载荷。

（17）轨距。两轨道中心线或行走轮踏面中心线之间的距离。

（18）轨道曲率半径。车辆运行线路的曲线段，双轨的内轨或单轨内侧的曲率半径。

（19）车道（轨道、滑道、路面）坡度。坡度是指爬坡高度与坡道段长的比值，计算公式如下：

$$i = h/B$$

式中 i——坡度；

B——坡道段长；

h——爬坡高度（相应坡道段长）。

（20）滑道平均坡度。滑道全程高程差与滑道展开总长度的水平投影的比值。

4. 零部件

（1）通用部分

1）乘人部分。在游艺机中乘客乘坐的部分，如吊舱（厢）、座舱（厢）、座椅、车厢等。

2）乘人部分框架。在游艺机中乘人部分的受力金属结构架。

3）转盘。绕中心轴旋转且均布着乘人部分的轮盘。

4）立柱（支柱）。支承转盘、架空轨道及其乘人部分的柱体（或架体）结构件。

5）吊挂轴。吊挂乘人部分的轴。

6）提升钢丝绳。提升游艺机乘人部分的钢丝绳。

（2）转马类游艺机

1）中心支承轴。转盘中心处的立轴。

2）支承轮。支承转盘的从动轮。

3）驱动轮。驱动转盘旋转的主动轮。

4）转动平台。使乘人部分和乘客一起旋转的平台。

5）曲柄轴。带动乘人部分上、下运动的传动曲轴。

6）周边传动的轨道。转盘周边底面由平整的环形钢板制成的轨道。

7）曲线轨道。安装在转动平台下面的高低不平的曲线形状的轨道。

（3）陀螺类游艺机

1）转盘桁架。由相互连接的桁架组成的圆形转盘。

2）上转盘。安装在大臂端部可绕其中心轴旋转的转盘。

3）下转盘。可支承大臂上转盘的全部载荷，并载其一同旋转的转盘。

4）大臂。可绕其根部销轴上、下摆动，并在端部装有上转盘的箱形钢结构。大臂上、下摆动（升降）的同时，转盘可旋转。

5）下支承部。支承上转盘、大臂、下转盘及其传动装置的结构。

6）转盘主轴。转盘中心处的轴，转盘可绕其旋转。

7）大臂销轴。大臂根部处的销轴，大臂可绕其上、下摆动。

8）大臂支承座。连接和支承大臂根部的结构，是大臂重要的支承部位。

9）油缸支承座。连接和支承油缸根部的结构，是油缸重要的支承部位。

（4）飞行塔类游艺机

1）塔身。支承吊挂乘人部分及其转盘，并确定乘人部分升降高度的塔式结构件。

2）塔节。按所需起升高度进行组合的塔身结构单元。

3）断绳保护装置。当钢丝绳破断时，能保证乘客人身安全的装置。

（5）自控飞机类游艺机

1）座舱倾角。座舱坐席平面与水平面的夹角。

2）座舱支承臂。支承座舱的大臂。

3）座舱牵引装置。保证座舱在升降过程中始终处于一定相对位置的机构。

4）支承板。支承臂与座舱相互连接处的钢板，起支承和连接座舱的作用。

5）支承臂销轴。安装在支承臂根部处支座上的销轴。

（6）观览车类游艺机

1）主轴。转盘中心水平轴，承受转盘和乘人部分的载荷。

2）可调拉筋。为保证转盘的几何形状、刚度、强度而设置的可调式金属拉杆。

3）吊厢（舱）挂耳。悬吊乘人部分（吊厢、舱）的金属构件。

（7）沿轨道和地面行驶的游艺机

1）车轮轴。支承车底架、车厢及其传动部件的轮轴。

2）立轴。连接并固定车桥及车轮装置的竖直轴。

3）水平轴。滑行车的水平轴也称水平半轴，车轮装置通过水平轴同车桥连接。

4）连接销轴。车辆连接器的组成部分，通过销轴的连接，使车辆连接器和车辆连接在一起。

5）提升皮带。沿带有坡度的滑道向上牵引“激流勇进”游艺机的船只而用的齿形皮带。船只底部固定的齿形皮带和提升皮带相啮合，以达到提升船只的目的。

6）车辆连接器。两节相邻车辆之间相互连接并能传递牵引力的装置。

7）转向机构。控制车辆行驶方向的机构。

8）覆盖物。对车辆（如赛车类、电池车类等）的驱动装置、传动部分及车轮加以遮挡的物品。

9）车轮装置。行走轮、侧轮和底轮装配在同一车轮架上的装置。

10）行走轮。传递牵引力，使车辆运行的车轮。

11）侧轮。安装在轨道的两侧，承受侧向载荷，防止车辆脱轨或倾翻，并起导向作用的车轮。

12）底轮。安装在轨道的下面，防止车辆脱轨的车轮。

13）辅助轨道。检修车辆用的轨道。

14）车道。供赛车（或电池车）类游艺机行驶的道路。

15）车场。供碰碰车（或电池车）类游艺机在规定范围内运行的场地。

16）架空轨道。离开地面有一定高度的轨道。

17）单轨。运行车辆的单条轨道。

18）双轨。运行车辆的两条平行轨道。

19）路基。地面轨道或道路的基础。

20）道床。地面轨道轨枕的基础。

21）轨枕。直接支承并固定钢轨的结构物。

22）轨宽。指单轨轨道的宽度。

23）缓冲轮胎。安装在碰碰车车底架四周的充气轮胎，在车辆碰撞时起缓冲作用。

24）导电杆。碰碰车游艺机中将上、下极板连成电回路的导电装置。

25）摩电弓。一种安装在导电杆的上部，有弹性，适度地压在上极板表面上的取电装置。

26）上电极板。碰碰车游艺机直流供电电路中电势（电位）较高的一端。

27）下电极板。碰碰车游艺机直流供电电路中电势（电位）较低的一端。

28）滑道。用管材或槽型材料制成的，呈坡形铺设或架设在地面上的由乘坐者操纵滑车滑行的一种游乐设施。

29）槽式滑道。用槽型材料制成，使载人滑车通过槽型轨道滑行的设施。

30）管轨式滑道。用管材制成，使载人滑车通过管型轨道滑行的设施。

31）滑道滑车。具有刹车装置，通过滑道进行无动力滑行的载人工具。

32）轮式滑车。与轨道面接触全为轮子的滑道滑车。

33）滑块式滑车。与轨道面接触部位全为滑块或部分为滑块的滑道滑车。

34）提升道。架设在滑道下站与滑道上站之间，将滑道滑车送往上站的轨道。

（8）水上游乐设施

1）游乐池。供游客娱乐用水池的统称。如造波池、流水池、儿童涉水池、漂流河、按摩池、滑梯水池、戏水池等。

2）造波池。由造波设施强制产生波浪的水池。

3）漂流河。游客乘坐漂流物沿着有一定宽度的流动水域进行娱乐的人造河流。

4）滑梯水池。安装有水滑梯的水域。

5）池沿。游乐池周围高出水面具有一定宽度的区域。

6）儿童滑梯水池。设有儿童滑梯的水域。

7）造波。使特定水域产生供游客娱乐的波浪。

8）水滑梯。由断面各异的水滑道组成的一种游乐设施。

9）润滑水流量。在单位时间内为使游客顺利滑下所需的水量。

10）下滑方式标牌。指导游客按正确下滑姿势滑行的图文标牌。

11）直线滑梯。滑道纵断面中心线的水平投影为直线的滑梯。

12）曲线滑梯。滑道纵断面中心线的水平投影为曲线的滑梯。

13）儿童滑梯。供儿童娱乐的滑梯。

14）组合式滑梯。高度不同且相互立体交叉组合而成的滑梯组。

15）护板。为防止游客从滑道侧面滑出而设置的挡板。

16）护栏。为防止游客从滑道侧面摔出而设置的栅栏。

17）滑梯池长。滑梯末端与其对面池壁间的水平距离。

18）游船。供游客娱乐游览用的各种船的总称。

19）碰碰船。靠动力推进、设有缓冲装置，允许相互碰撞的娱乐船。

20）水上自行车。游客在水面上骑乘的一种类似自行车的水上游乐设施。

（9）无动力类游乐设施

1）弹性绳。用天然橡胶或其他弹性材料制成的用于蹦极的绳状物。

2）塔架。由钢筋混凝土或钢结构建成的具有一定高度的用于高空蹦极的塔式构筑物。

3）跳台。由钢筋混凝土或钢结构建成的具有一定高度的用于高空蹦极的悬臂平台。

4）弹跳空间。为保证安全，蹦极弹跳点上下、前后、左右的安全距离。

5）着陆区域。高空蹦极下部着陆平面投影面积。

6）无载长。弹性绳无附加载荷时的长度。

7）安全绳。弹性绳中的二道保险装置。一般为高强度扁带状织物。

8）回收绳。用来回收蹦极绳的高强度圆绳状织物。

9）承载索。承受乘人部分载荷的钢丝绳。

10）牵引索。不承受乘人部分载荷，只起牵引作用的钢丝绳。

11）滑车。悬挂在承载索上连接乘坐物的装置，一般为单绳双轮、双绳双轮或双绳四轮结构。

12）乘坐物。承载游客滑行的装置，它与滑车相连。

13）弦倾角。承载索或牵引索其弦线方向与水平面间的夹角。

14）回收装置。回收乘坐物和滑车的装置。

15）主垫。充气弹跳的基础部分，其他各部件均搭载在其上面。

16）主件。搭载在主垫上，是儿童活动的重要区域或主体装饰物。

17）充气护栏。在主垫四周及主体部位，用于防止儿童跌出垫外或从高处跌下。

18）主球体。具有双层球胆结构，用复合材料制成的球体。

19）主力绳。控制气球升降的绳索。

5．传动装置

（1）机械传动系统。传递动力的机械装置，使游艺机的乘人部分或其自行操作部分完成各种动作。

（2）齿轮传动。由一对或几对齿轮组成，利用两轮轮齿的相互啮合，以传递运动和动力。

（3）链传动。由链条和链轮组成，以传递运动和动力。

（4）皮带传动。由皮带和皮带轮组成，以传递运动和动力，分摩擦传动和啮合传动两类。

（5）销齿轮传动。由一对销齿轮组成，利用小齿轮的齿和大齿轮的销柱相互啮合，以传递运动和动力。

（6）钢丝绳传动。由钢丝绳、绳轮、传动件组成，利用摩擦传递运动和动力。

（7）轮胎传动。利用轮胎和摩擦圈的摩擦传递运动和动力。

（8）提升传动系统。能使游艺机的乘人部分沿倾斜轨道上升的传动系统。

（9）回转传动系统。能使游艺机的乘人部分绕其中心轴转动的传动系统。

（10）升降传动系统。能使游艺机的乘人部分在垂直方向，上、下运动的传动系统。

（11）行走机构。使车辆行驶和行走的机构。

（12）周边传动。安装在转盘周边的驱动轮，通过摩擦传动，将动力传递给转盘周边并使其回转。

（13）液压和气动传动。利用液压油或气体来变换或传递能量，以得到连续传动的装置。

（14）滑道提升系统。由提升道、牵引装置等组成，将滑道滑车等沿提升道从下站运送到上站的系统。

6. 安全装置

安全装置是保障乘客、游乐设施的安全而设的装置。

（1）安全把手。为保障乘客安全而设置的刚性把手。

（2）安全带。为保障乘客安全而设置的柔性可锁紧的带状物。

（3）安全压杠。为保障乘客安全而设置的刚性压紧装置。

（4）制动装置。使游艺机的运行机构降低速度或停止运行（转）的装置。

（5）保险装置。对游艺机易造成乘客不安全的部位设置的补救装置。

（6）限位装置。停止或限制游艺机某部分运动的装置。限位装置在相应的运动达到极限状态时自动起作用。

（7）乘客疏导设施。高空游艺机在运行过程中，因故突然停止并危及乘客安全时，乘客可及时安全离开乘人部分，回到安全之处的设施。

（8）防止摆动装置。防止观览车的吊厢摆动的装置。

（9）防止超速装置。防止游艺机的乘人部分由于超速引起重大安全事故而设置的防止超过允许速度的装置。

（10）缓冲装置。用以缓和冲击振动的装置。一般有弹簧、橡胶、液压等缓冲器。

（11）防撞自动控制装置。为了防止在同一轨道线路上同时运行的车辆相碰撞（如疯狂老鼠游艺机），在轨道线路上设置的自动控制的防撞装置。

（12）拦挡物。游艺机的乘人部分进出口如无法设置门时，为保障乘客安全而设置的拦挡措施。

（13）防止车辆逆行装置。为防止滑行车类游乐设施在提升段发生车辆逆行而设置的棘爪、挡块等装置。

（14）安全栅栏。防止乘客直接进入运转区或限制区域，保障人员安全的围栏。

7. 电气控制

（1）可靠接地。经足够低的阻抗并有足够大的载流量的接地系统永久地和大地连接，使可能发生的接地故障电流不能产生危及人身安全的电压。

（2）频繁启动。每小时启动数十次至数百次。

（3）乘客容易接触。安全距离小于0.5 m或高度低于2.5 m。

（4）集电器。一种获取电力的装置。包括支架、滑环、碳刷等。

三、游乐设施的代号

游乐设施的结构和运行方式千变万化，对同一类游乐设施，制造厂和游乐园（场）往往会出于吸引游客的目的，根据其装饰造型、运行方式等，赋予一个令人神往的名称，如"太空漫步""浪卷珍珠""双人飞天""天旋地转""激流勇进"等，这就造成了同一种游乐设施有多种多样不同的名称。为了对游乐设施进行科学地分类，规范其名称，国家专门制定了游乐设施代号的标准。

国家标准《游乐设施代号》（GB/T 20049—2006）主要规定了游乐设施的代号等要求。

1. 游乐设施代号

X—DY　RY　VY　HY　QY　SZ

2. 代号说明

X代表游乐设施不同运动形式的数字。

X为01——座舱绕水平轴回转的游乐设施。

示例：观览车、海盗船、飞毯、流星锤等。

X为02——座舱绕垂直轴回转、升降的游乐设施。

示例：自控飞机、章鱼、波浪秋千、转马、浪卷珍珠等。

X为03——座舱绕可变倾角的轴回转的游乐设施。

示例：陀螺、双人飞天、勇敢者转盘、飞身靠壁等。

X为04——座舱用挠性件悬吊绕垂直轴旋转、升降的游乐设施。

示例：飞行塔、空中转椅、观览塔、青蛙跳等。

X为05——沿架空轨道运行的游乐设施。

示例：过山车、疯狂老鼠、单轨空中列车、架空自行车等。

X为06——在地面上运行的游乐设施。

示例：碰碰车、赛车、电池车、小火车等。

X为07——在特定水域运行的游乐设施。

示例：峡谷漂流、水滑梯、各种游乐池等。

X为08——弹射或提升后乘人部分自由坠落（摆动）的游乐设施。

示例：探空飞梭、空中飞人等。

X 为 09——无动力游乐设施。

示例：各种摇摆机、蹦极、人力驱动的转盘、翻斗乐、蹦床、充气弹跳等。

X 为 10——其他类游乐设施。

其他各字母的含意如下：

D——游乐设施最大回转直径代号；

R——游乐设施最大回转半径代号；

V——游乐设施乘人部分最大运行速度代号；

H——游乐设施乘人部分距地面最大高度代号；

Q——游乐设施乘人部分最大可变倾角代号；

S——游乐设施乘人部分可升降代号；

Z——游乐设施乘人部分可自转代号；

Y——分别代表最大回转直径、最大回转半径、乘人部分最大运行速度、乘人部分距地面最大高度、乘人部分最大可变倾角的数值（直径、半径、高度单位为 m，圆周、升降速度单位为 m/min，在轨道、水上及地面上运行的速度单位为 km/h，倾角单位为度）。

3. 代号示例

（1）绕水平轴回转的游乐设施示例

1）观览车（代号为：01—D50V16H52）。最大回转直径 50 m，最大圆周速度 16 m/min，乘人部分距地面最大高度 52 m。

2）太空船（代号为：01—D8V320H10）。最大回转直径 8 m，最大运行速度 320 m/min，乘人部分距地面最大高度 10 m。

3）海盗船（代号为：01—R4V300Q45）。最大回转半径 4 m，最大运行速度 300 m/min，最大摆角 45°。

（2）绕垂直轴回转的游乐设施示例

1）自控飞机（代号为：02—D15V230H5S）。最大回转直径 15 m，最大运行速度 230 m/min，乘人部分距地面最大高度 5 m，乘人部分可升降。

2）浪卷珍珠（代号为：02—D10V180H1.5Z）。最大回转直径 10 m，最大运行速度 180 m/min，乘人部分距地面最大高度 1.5 m，乘人部分可自转。

（3）绕可变倾角轴回转的游乐设施示例

1）勇敢者转盘（代号为：03—D12V600Q80）。最大回转直径 12 m，最大运行速度 600 m/min，最大倾角 80°。

2）陀螺（代号为：03—D8V300Q45）。最大回转直径 8 m，最大运行速度 300 m/min，最大倾角 45°。

（4）乘人部分用挠性件悬吊绕垂直轴旋转、升降的游乐设施示例

1）观览塔（代号为：04—D10V50H60S）。最大回转直径 10 m，最大运行速度 50 m/min，乘人部分距地面最大高度 60 m，乘人部分可升降。

2）飞行塔（代号为：04—D10V300H8S）。最大回转直径 10 m，最大运行速度 300 m/min，乘人部分距地面最大高度 8 m，乘人部分可升降。

（5）沿轨道运行的游乐设施示例

1）过山车（代号为：05—V75H30）。最大运行速度 75 km/h，乘人部分距地面最大高度 30 m。

2）滑行龙（代号为：05—V20H5）。运行速度 20 km/h，乘人部分距地面最大高度 5 m。

（6）沿地面运行的游乐设施示例

1）碰碰车（代号为：06—V6）。最大运行速度 6 km/h。

2）电池车（代号为：06—V4）。最大运行速度 4 km/h。

（7）在特定水域运行的游乐设施示例

1）水滑梯（代号为：07—V15H10）。最大下滑速度 15 km/h，最大高度 10 m。

2）峡谷漂流（代号为：07—V6H4）。最大漂流速度 6 km/h，最大高度 4 m。

（8）弹射或提升后乘人部分自由坠落（摆动）的游乐设施示例

1）探空飞梭（代号为：08—V1800H50）。弹射最大速度 1 800 m/min，乘人部分距地面最大高度 50 m。

2）空中飞人（代号为：08—V300H25）。最大飞行速度 300 m/min，最人飞行高度 25 m。

第 2 节　游乐设施分类、分级和结构特点

一、游乐设施的分类

游乐设施种类繁多，其结构及运动形式各不相同，无法制定同一的标准，而是把结构及运动形式类似的游乐设施划为一类，按类制定标准。游乐设施的分类，主要根据其结构及运动形式划分，即把结构及运动形式类似的游乐设施划为一类，而并非按游乐设施的名称划分。每类游乐设施用一种常见的有代表性的游乐设施名字命名，该游乐设施为基本

型，如“转马类游乐设施”，“转马”即为基本型，与“转马”结构及运动形式类似的游乐设施均属于“转马类”。按照国家质检总局公布的《特种设备目录》，游乐设施的品种共可分为十三个类别，即转马类、滑行车类、陀螺类、飞行塔类、赛车类、自控飞机类、观览车类、小火车类、架空游览车类、水上游乐设施、碰碰车类、电池车类和无动力类游乐设施等，并细分为五十多个系列。每类游乐设施的特点及其包含的品种介绍如下。

1. 观览车类游乐设施

观览车类游乐设施包括观览车系列、飞毯系列、太空船系列、摩天环车、海盗船系列、组合式观览车系列6个品种。

（1）主要运动特点。乘人部分绕水平轴转动或摆动。类似形如太空船、海盗船等，圆周速度≤800 m/min，动载系数≥1.5。

（2）示例。魔术风车、摩天轮、海盗船、阿拉伯飞毯、波浪翻滚、大摆锤等，见彩图1～彩图6。

2. 滑行车类游乐设施

滑行车类游乐设施包括单车滑行车系列、多车滑行车系列、滑道系列、激流勇进、弯月飞车系列、组合式滑行车系列6个品种。

（1）主要运动特点。车辆本身无动力，由提升装置提升到一定高度后，靠惯性沿轨道运行；或车辆本身有动力，在起伏较大的轨道上运行。

（2）示例。过山车、金龙滑车、疯狂老鼠、激流勇进、自旋滑车、摩托过山车、旋转迪斯科等，见彩图7～彩图13。

3. 架空游览车类游乐设施

架空游览车类游乐设施包括电力单轨列车系列、电力双轨列车系列、组合式架空游览车系列、脚踏车系列4个品种。

（1）主要运动特点。沿架空轨道运行。

（2）示例。高架脚踏车、空中列车、儿童爬山车等，见彩图14～彩图16。

4. 陀螺类游乐设施

陀螺类游乐设施包括陀螺系列，组合式陀螺系列2个品种。

（1）主要运动特点。座舱绕可变倾角的轴做回转运动，主轴大都安装在可升降的大臂上。

（2）示例。勇敢者转盘、双人飞天、飞身靠壁等，见彩图17～彩图19。

5. 飞行塔类游乐设施

飞行塔类游乐设施包括旋转飞椅系列、青蛙跳系列、探空飞梭系列、观览塔系列、组合式飞行塔系列5个品种。

（1）主要运动特点。悬挂式吊舱边升降边做回转运动。

（2）示例。青蛙跳、探空飞梭、飓风飞椅、鸳鸯与天鹅等，见彩图 20 ~ 彩图 23。

6. 转马类游乐设施

转马类游乐设施包括转马系列、荷花杯系列、滚摆舱系列、爱情快车系列、组合式转马系列 5 个品种。

（1）主要运动特点。座舱安装在回转盘或支撑臂上，绕垂直轴或倾斜轴回转，或绕垂直轴转动的同时有小幅摆动。

（2）示例

1）座舱绕垂直轴或倾斜轴回转的游乐设施。如转马、旋风、浪卷珍珠、荷花杯、咖啡杯、滚摆舱、浑天球、小飞机（座舱不升降）、小飞象（座舱不升降）等，以及供儿童游玩的各种小型旋转游乐设施，见彩图 24 ~ 彩图 26。

2）绕垂直轴转动的同时有小幅摆动的游乐设施。如宇航车、大青虫、大苹果等。

7. 自控飞机类游乐设施

自控飞机类游乐设施包括自控飞机系列、章鱼系列、组合式自控飞机系列 3 个品种。

（1）主要运动特点。乘人部分绕中心轴转动并做升降运动，乘人部分大都安装在回转臂上。

（2）示例。自控飞机、猴子爬杆、星球大战等，见彩图 27 ~ 彩图 28。

有升降及摆动或多维运动的游乐设施，如时空穿梭机、动感电影平台等。

8. 水上游乐设施

水上游乐设施包括峡谷漂流系列、水滑梯系列、造浪机系列、碰碰船系列、水上自行车系列、组合式水上游乐设施 6 个品种。

（1）主要运动特点。借助于水进行游乐的设施。

（2）示例。造波池、水滑梯、峡谷漂流、碰碰船、电动船、脚踏船等，见彩图 29 ~ 彩图 34。

9. 赛车类游乐设施

赛车类游乐设施包括场地赛车系列、越野赛车系列、组合式赛车系列 3 个品种。

（1）主要运动特点。沿地面指定线路运行。

（2）示例。小赛车、小跑车、高速赛车等，见彩图 35。

10. 小火车类游乐设施

小火车类游乐设施包括内燃机驱动小火车、电力驱动小火车 2 个品种。

（1）主要运动特点。沿地面轨道运行。

（2）示例。小火车、动物戏车、猴抬轿等，见彩图 36。

11. 碰碰车类游乐设施

（1）主要运动特点。用电力、内燃机或人力驱动，乘客自己操作。

（2）示例。无天网碰碰车、有天网碰碰车等，见彩图 37 ~ 彩图 38。

12. 电池车类游乐设施

（1）主要运动特点。以电池为动力，在地面上运行，一般由乘客自己操作，适合儿童乘坐。

（2）示例。各种电池车、马拉车等，见彩图 39。

13. 无动力类游乐设施

无动力类游乐设施包括高空蹦极系列、弹射蹦极系列、小蹦极系列、滑索系列、空中飞人系列、系留式观光气球系列、组合式无动力游乐设施 7 个品种。

（1）主要运动特点。游乐设施本身无动力，由乘客在其上操作或游乐。

（2）示例。各种摇摆机、人力驱动的转盘、翻斗乐、蹦床、充气弹跳、蹦极、滑索、观光气球等，见彩图 40 ~ 彩图 43。

经国务院批准，国家质检总局于 2004 年 1 月颁布了《特种设备目录》（国质检锅〔2004〕31 号文），把大型游乐设施分为表 2—1 所示的类别和品种，同时规定了设备的注册代码。

表 2—1　　大型游乐设施分类表

代码	类 别	品 种
6100	观览车类	—
6110	观览车类	观览车系列
6120	观览车类	飞毯系列
6130	观览车类	太空船系列
6140	观览车类	摩天环车
6150	观览车类	海盗船系列
6160	观览车类	组合式观览车系列
6200	滑行车类	—
6210	滑行车类	单车滑行车系列
6220	滑行车类	多车滑行车系列
6230	滑行车类	滑道系列
6240	滑行车类	激流勇进
6250	滑行车类	弯月飞车系列
6260	滑行车类	组合式滑行车系列

续表

代码	类 别	品 种
6300	架空游览车类	—
6310	架空游览车类	电力单轨列车系列
6320	架空游览车类	电力双轨列车系列
6330	架空游览车类	组合式架空游览车系列
6340	架空游览车类	脚踏车系列
6400	陀螺类	—
6410	陀螺类	陀螺系列
6420	陀螺类	组合式陀螺系列
6500	飞行塔类	—
6510	飞行塔类	旋转飞椅系列
6520	飞行塔类	青蛙跳系列
6530	飞行塔类	探空飞梭系列
6540	飞行塔类	观览塔系列
6550	飞行塔类	组合式飞行塔系列
6600	转马类	—
6610	转马类	转马系列
6620	转马类	荷花杯系列
6630	转马类	滚摆舱系列
6640	转马类	爱情快车系列
6650	转马类	组合式转马系列
6700	自控飞机类	—
6710	自控飞机类	自控飞机系列
6720	自控飞机类	章鱼系列
6730	自控飞机类	组合式自控飞机系列
6800	赛车类	—
6810	赛车类	场地赛车系列
6820	赛车类	越野赛车系列
6830	赛车类	组合式赛车系列
6900	小火车类	—
6910	小火车类	内燃机驱动小火车
6920	小火车类	电力驱动小火车
6A00	碰碰车类	—

续表

代码	类 别	品 种
6A10	碰碰车类	碰碰车系列
6B00	电池车类	—
6B10	电池车类	电池车系列
6C00	观光车类	—
6C10	观光车类	内燃观光车系列
6C20	观光车类	蓄电池观光车系列
6D00	水上游乐设施	—
6D10	水上游乐设施	峡谷漂流系列
6D20	水上游乐设施	水滑梯系列
6D30	水上游乐设施	造浪机系列
6D40	水上游乐设施	碰碰船系列
6D50	水上游乐设施	水上自行车系列
6D60	水上游乐设施	组合式水上游乐设施
6E00	无动力游乐设施	—
6E10	无动力游乐设施	高空蹦极系列
6E20	无动力游乐设施	弹射蹦极系列
6E30	无动力游乐设施	小蹦极系列
6E40	无动力游乐设施	滑索系列
6E50	无动力游乐设施	空中飞人系列
6E60	无动力游乐设施	系留式观光气球系列
6E70	无动力游乐设施	组合式无动力游乐设施
B600	游乐设施部件	—
B610	游乐设施部件	蹦极绳

注：根据国家质检总局2010年1月14日《关于增补特种设备目录的通知》（国质检特〔2010〕22号），原《特种设备目录》中“大型游乐设施观光车类”调整为此增补目录中的“场（厂）内专用旅游观光车辆”（见表2—2）。

表2—2　场（厂）内专用旅游观光车辆种类

代码	种类	类别	品种
5000	场（厂）内专用机动车辆	—	—
5200	场（厂）内专用机动车辆	场（厂）内专用旅游观光车辆	—
5210	场（厂）内专用机动车辆	场（厂）内专用旅游观光车辆	内燃观光车
5220	场（厂）内专用机动车辆	场（厂）内专用旅游观光车辆	蓄电池观光车

二、游乐设施的分级

国家质检总局2003年6月发布的《游乐设施安全技术监察规程》中对游乐设施进行了分级——主要根据设备设施的危险程度，综合考虑其高度、摆角、倾角、速度、回转直径、乘坐人数等主要技术参数，将规定纳入安全监察范围的游乐设施划分为A，B，C三级。2007年6月国家质检总局以（国质检特函〔2007〕373号文）对游乐设施的分级进行了调整，缩小原A级设备范围，提高原B级设备分级上限参数，原C级设备范围不变，现行的大型游乐设施分级方法见表2—3。

表2—3　　大型游乐设施分级表

类别	主要运动特点	型式	主要参数		
			A级	B级	C级
观览车类	绕水平轴转动或摆动	观览车系列	高度≥50 m	50 m > 高度≥30 m	其他
		海盗船系列	单侧摆角≥90°或乘客≥40人	90° > 单侧摆角≥45°且乘客 < 40人	
		观览车类其他型式	回转直径≥20 m或乘客≥24人	单侧摆角≥45°且回转直径 < 20 m且乘客 < 24人	
滑行车类	沿架空轨道运行或提升后惯性滑行	滑道系列	滑道长度≥800 m	滑道长度 < 800 m	无
		滑行车类其他型式	速度≥50 km/h或轨道高度≥10 m	50 km/h > 速度≥20 km/h且10 m > 轨道高度≥3 m	其他
架空游览车类		全部型式	轨道高度≥10 m或单车（列）乘客≥40人	10 m > 轨道高度≥3 m且单车（列）乘客 < 40人	其他
陀螺类	绕可变倾角的轴旋转	全部型式	倾角≥70°或回转直径≥12 m	70° > 倾角≥45°且12 m > 回转直径≥8 m	其他
飞行塔类	用挠性件悬吊并绕垂直轴旋转、升降	全部型式	运行高度≥30 m或乘客≥40人	30 m > 运行高度≥3 m且乘客 < 40人	其他
转马类 自控飞机类	绕垂直轴旋转、升降	全部型式	回转直径≥14 m或乘客≥40人	14 m > 回转直径≥10 m且运行高度≥3 m且乘客 < 40人	其他
水上游乐设施	在特定水域运行或滑行	全部型式	无	高度≥5 m或速度≥30 km/h	其他

续表

类别	主要运动特点	型式	主要参数		
			A 级	B 级	C 级
无动力游乐设施	弹射或提升后自由坠落（摆动）	滑索系列	滑索长度≥360 m	滑索长度<360 m	无
		无动力类其他型式	运行高度≥20 m	20 m>运行高度≥10 m	其他
赛车类、小火车类、碰碰车类、电池车类	在地面上运行	全部型式	无	无	全部

按照规定，对 A，B 级游乐设施实行设计文件鉴定和型式试验制度，对 C 级游乐设施进行型式试验。A 级游乐设施的安装监督检验和定期检验由国家特种设备检验机构负责进行；B，C 级游乐设施的安装监督检验和定期检验由省（市）特种设备检验机构负责进行。

上表中分级参数的含义如下：

乘客——指设备额定满载运行过程中同时乘坐游客的最大数量。对单车（列）乘客是指相连的一列车同时容纳的乘客数量。

高度——对观览车系列，指转盘（或运行中座舱）最高点距主立柱安装基面的垂直距离（不计算避雷针高度；以上所得数值取最大值）。对水上游乐设施，指乘客约束物支承面（如滑道面）距安装基面的最大竖直距离。

轨道高度——指车轮与轨道接触面最高点距轨道支架安装基面最低点之间垂直距离。

运行高度——指乘客约束物支承面（如座位面）距安装基面运动过程中的最大垂直距离。对无动力类游乐设施，指乘客约束物支承面（如滑道面、吊篮底面、充气式游乐设施乘客站立面）距安装基面的最大竖直距离，其中高空跳跃蹦极的运行高度是指起跳处至下落最低的水面或地面。

单侧摆角——指绕水平轴摆动的摆臂偏离铅垂线的角度（最大为180°）。

回转直径——对绕水平轴摆动或旋转的设备，指其乘客约束物支承面（如座位面）绕水平轴的旋转直径。对陀螺类设备，指主运动做旋转运动，其乘客约束物支承面（如座位面）最外沿的旋转直径。对绕垂直轴旋转的设备，指其静止时座椅或乘客约束物最外侧绕垂直轴为中心所得圆的直径。

滑道长度——指滑道下滑段和提升段的总长度。

滑索长度——指承载索固定点之间的斜长距离。

倾角——指主运动（即转盘或座舱旋转）绕可变倾角轴做旋转运动的设备，其主运动旋转轴与铅垂方向的最大夹角。

速度——指设备运行过程中座舱达到的最大线速度，水上游乐设施指乘客达到的最大线速度。

三、游乐设施的结构特点及运动形式

游乐设施种类繁多，结构复杂，熟悉和掌握游乐设施的基本结构特点及工作原理，对从事游乐设施安全管理的人员和安装、维修、操作等作业人员来说是非常必要的。

下面主要按分类介绍几种典型游乐设施的基本结构特点和工作原理。

1．观览车类游乐设施

（1）观览车（摩天轮）。大型观览车是大型游乐园（场）的标志，游客可以随着座舱的慢慢上升，从高处远望四周景色，美轮美奂，令人心旷神怡。在1893年，美国人乔治·法利士为芝加哥世界博览会专门设计和建造了世界上最早的摩天轮，如今摩天轮的高度已超过160 m。

摩天轮一般由图2—1所示部分组成。

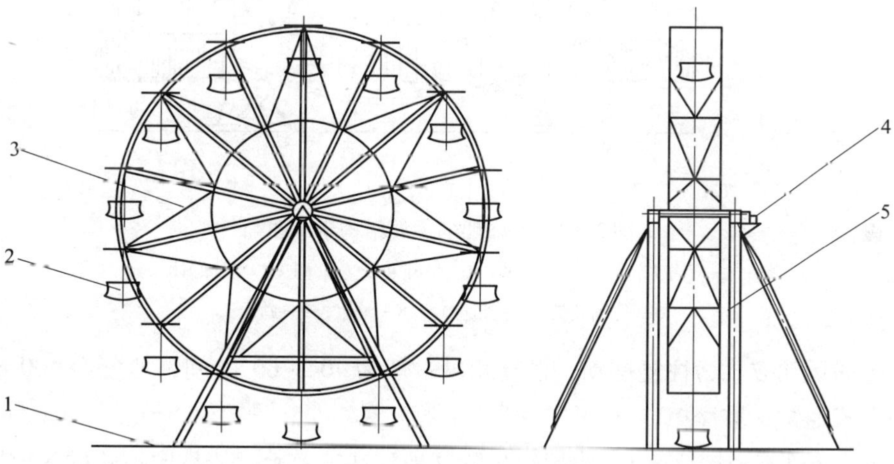

图2—1　观览车的主要结构示意图

1—站台　2—吊厢　3—转盘　4—传动装置　5—立柱

转盘可分为钢索式、桁架式和桁架钢索三种。传动方式可分为中心轴传动、柱销齿轮传动、周边摩擦轮传动等，一般中、小型观览车采用前两种传动方式，而后一种传动方式主要用于大型观览车。吊厢分为封闭式和半封闭式两种，目前，大多数大型观览车都采用封闭式吊厢。

大型观览车绕水平轴转动，运行速度都比较慢，一般为 15 ~ 18 m/min，以便在不停机的情况下，游客能够比较方便地上下。其传动方式分为机械传动和液压传动两种。为了能在突然停电的情况下及时疏散游客，大、中型观览车一般都配置备用发电机或内燃机，以供应急之用。

（2）海盗船。海盗船是一种观览车类游乐设施，名称来自于进口的游乐设施，因船上有一个“海盗”造型作为装饰，故而得名。它在运行时使游客仿佛航行在惊涛骇浪的大海之中，忽而冲上浪尖，忽而跌落谷底，给游客带来惊险和刺激。

海盗船一般由图 2—2 所示部分组成。

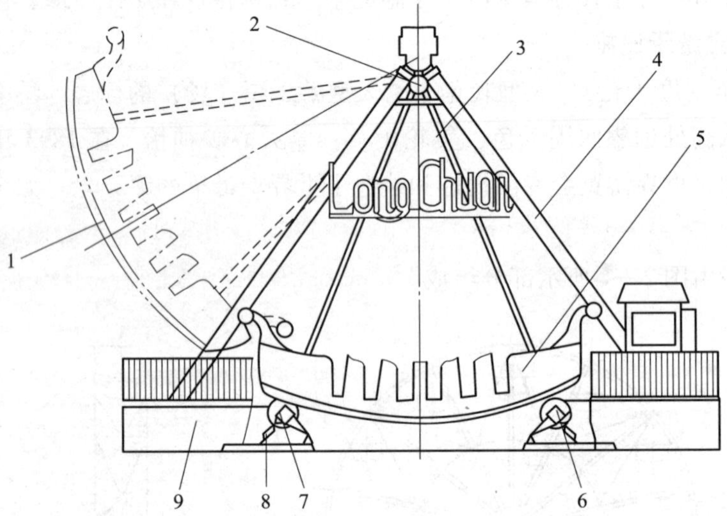

图 2—2　海盗船的主要结构示意图

1—摩擦轨道　2—吊挂轴　3—吊挂装置　4—支柱　5—船体
6—传动装置　7—摩擦轮　8—油缸　9—站台

海盗船的运动方式为往复摆动，摆动角度一般为 40° ~ 60°之间，速度在 400 m/min 左右，传动方式通常采取摩擦传动。

船体 5 的下部有摩擦轨道 1，摩擦轮 7 紧紧地压在轨道上，依靠摩擦轮的正反回转，实现船体的往复摆动。当运动要停止时摩擦轮不再回转，靠它与轨道之间的摩擦力起到制动作用。驱动摩擦轮的动力，有电力和液压两种形式，若调整得好，两种形式均较为理想。

（3）流星锤（也称超级飞船等）。流星锤因将座舱、回转臂、配重三部分组装在一起，犹如一把大型的锤子，不时在空中快速掠过，又会瞬时停留在半空，故名“流星锤”。游客在乘坐时会有空中翻筋斗的体验，十分惊险刺激。

流星锤一般由图 2—3 所示部分组成。

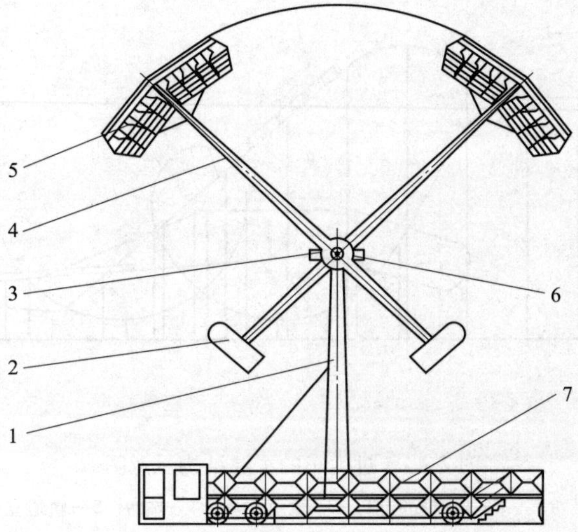

图 2—3　流星锤的主要结构示意图

1—立柱　2—配重　3—传动装置　4—回转臂　5—座舱　6—水平轴　7—站台

在传动装置 3 的驱动下，回转臂 4 及座舱 5 沿水平轴 6，在垂直于地面的方向上作快速回转。借助配重 2 的帮助，回转功率可节省一半左右。

2. 滑行车类游乐设施

（1）过山车。过山车有“游艺机之王”的美称，种类繁多。在过山车兴起的早期，只有传统的木质过山车。今天，过山车家族已经有约 30 个品种，包括金属过山车、木质过山车、悬挂式过山车、竖立式过山车、穿梭式过山车等。过山车在运行过程中产生的加速度、离心力和失重感会使游客感到惊险、刺激和兴奋，从中体验极限的乐趣。

木质过山车的轨道类似于传统的列车铁轨。过山车的金属轮子在平坦的金属条上滚动，每根金属条的宽度为 10 ~ 15 cm。这种金属条是用螺钉固定在运行轨道上的，运行轨道用胶合木板制成，十分坚固。木质过山车轨道是用枕木和呈对角线交叉的支撑梁来固定的，整个轨道结构安置在一个由木制或钢制的梁搭成的格架上，就像用来支撑房屋或摩天大楼的横梁框架。由于木制轨道和支撑架构本身十分笨重，缺乏灵活性，使得构建复杂的盘旋和弯道变得十分困难，因此，木质过山车带给人们快感的主要是上下运动，如图 2—4 所示。

1）轨道的组成。大型惯性翻滚过山车的轨道长度一般都在 400 m 以上，由提升段、立环（1 个或 2 个，甚至 3 个）、螺旋环、直线段、曲线段等组成封闭轨道，轨道用无缝钢管制成。

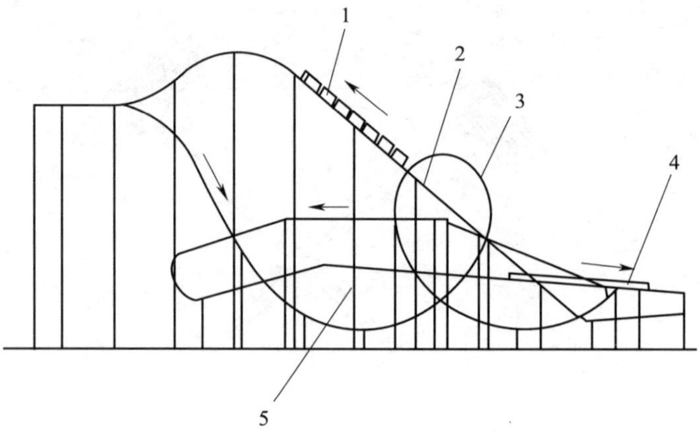

图 2—4　过山车的主要结构示意图

1—列车　2—轨道提升段　3—轨道立环　4—站台　5—轨道立柱

2）列车的组成。列车一般由 5 节以上车厢组成，车厢由车辆连接器连在一起，任一方向均可活动。列车车轮系统由行走轮、侧轮和底轮组成，将列车牢牢地控制在轨道上，不会倾翻或出轨，过立环时也不会因向心力不能平衡其质量而坠落。

列车的运行看起来眼花缭乱，实际上原理很简单，它靠提升链条把列车提升到最高点，得到势能，一路快速滑行经下滑段、立环、螺旋环等回到站台，一般最高时速在 75 km/h以上。

（2）疯狂老鼠。疯狂老鼠属于多车滑行车系列游乐设施，车辆沿高架轨道依靠惯性，一辆接一辆，从高到低高速运行，犹如一只只老鼠正在疯狂追逐，使游客在游玩中得到欢乐。

疯狂老鼠一般由图 2—5 所示部分组成。

车辆不运行时，靠制动装置 4 使车辆停在站台 3 处。车辆要运行时，松开制动装置，因轨道有一定的坡度，车辆便滑行到提升段 5 处。提升段设有牵引链条，而车体 7 上有挂钩，当挂钩勾住链条销轴时，车辆便被牵引上去，到达最高点脱钩后，靠所获得的势能，沿坡形轨道一路快速滑行，直到终点，最高速度可达 40 km/h。沿轨道全程一般设有三道制动装置，以防止互相碰撞。车体前后方还均设有缓冲装置 6，以防止撞车时可能对游客产生的伤害。车轮系统 8 由行走轮、侧轮和底轮组成，它们将车体牢牢地控制在轨道上，不会发生倾翻或出轨等危险。

3. 架空游览车类游乐设施

（1）高架观光列车。高架观光列车沿架空轨道行驶在游乐园（场），时而穿过树林，时而跨越河流，游客可以坐在车厢内欣赏周围美丽的景色，享受轻松愉快的时光。

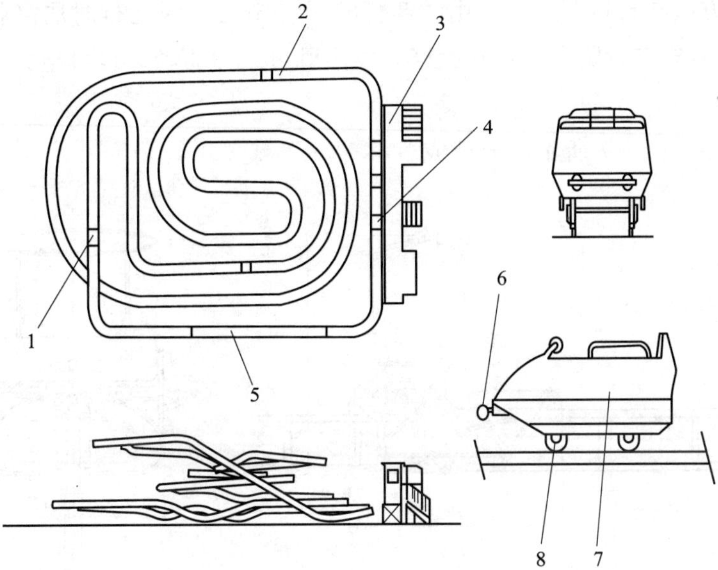

图 2—5　疯狂老鼠的主要结构示意图

1—制动装置　2—轨道　3—站台　4—制动装置　5—轨道提升段　6—缓冲装置　7—车体　8—车轮

高架观光列车一般由图 2—6 所示部分组成。

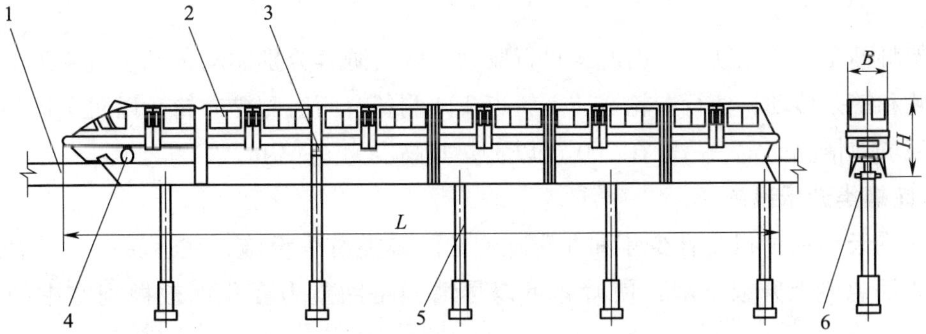

图 2—6　单轨空中列车的主要结构示意图

1—轨道　2—车厢　3—车厢连接器　4—传动装置　5—立柱　6—车轮系统

大型高架观光列车的轨道一般为厢型结构，宽 300 mm，高 500 mm 左右。列车一般由 4～6 节车厢组成，车厢间由车厢连接器连接。轨道高度大都在 4 m 以上。

根据车厢数的多少，配备传动装置大都在 2 套以上，行走轮在传动装置的驱动下，带动列车运行，速度一般在 10 km/h 左右，大都采用直流电动机，速度可调，并设有效的制动装置。列车在轨道两侧，装有上下两排侧面导向轮，以防列车倾翻或出轨。

（2）架空游览车。架空游览车类游乐设施的最早品种就是高架脚踏车（或称高架自行车)，其传动方法与自行车类似，由游客脚踏慢慢骑行。因运行时居高临下，可浏览周围美好风景，故名架空游览车。现在已经开发出既可人力驱动，也可电力驱动的架空游览车（如太空漫步等)。

高架脚踏车由图 2—7 所示部分组成。

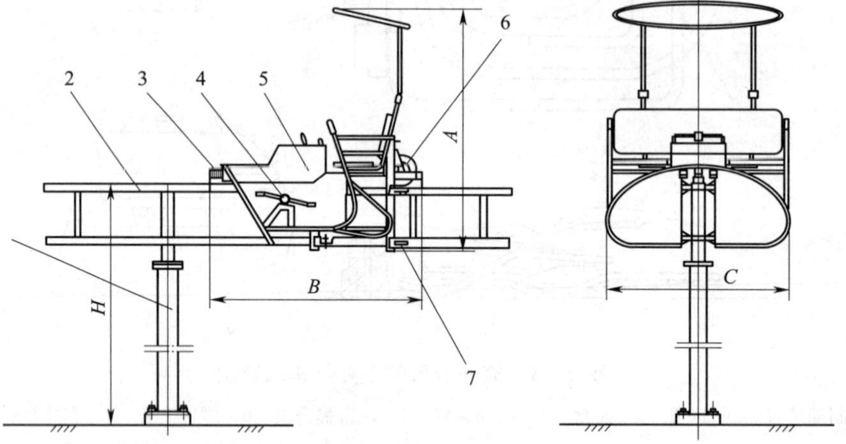

图 2—7　高架脚踏车的主要结构示意图

1—立柱　2—轨道　3—缓冲装置　4—传动装置　5—车体　6—行走轮　7—侧导向轮

高架脚踏车一般无动力，由游客自行驱动，两名游客分别驱动传动装置 4（用脚踏)，通过链轮和链条传动，使行走轮运转。轨道 2 两侧各有两组侧导向轮，以防车体倾翻。轨道长度视场地情况而定，一般在 200 m 以上，其高度为 2 ~ 3 m。

4. 陀螺类游乐设施

双人飞天是一种很受青少年和儿童欢迎的陀螺类游乐设施，在运转时，游客乘坐的吊椅会来回急剧上升或下降，使游客可以尽情领略因重力变化而被抛到空中的新鲜感觉。

双人飞天一般由图 2—8 所示部分组成。

回转盘 3 安装在升降臂 5 的端部，由传动装置 6 驱动其回转，同时升降油缸 4 推动升降臂上升，当升到一定角度时即停止，此时回转盘处于倾斜状态（见双点画线部分)，坐席在向心力的作用下，向外甩开，并在空中进行忽高忽低的运转，因每个座席均可乘坐两人，故命名为“双人飞天”。

5. 飞行塔类游乐设施

(1) 飞行塔。飞行塔是一种座椅用挠性件（钢丝绳、链条）吊挂的，旋转带升降的游乐设施，随着转盘转动，座椅会由于离心力的作用飞旋起伏，游客犹如在空中飞翔，又

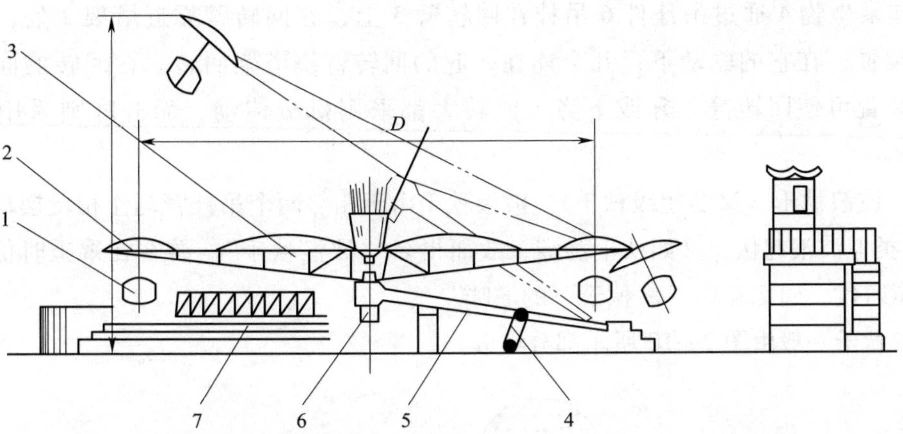

图 2—8 双人飞天的主要结构示意图

1—坐席 2—吊挂装置 3—回转盘 4—升降油缸 5—升降臂 6—传动装置 7—站台

如在大海航行，乐趣无穷。特别是近些年开发的飓风飞椅（又称摇头飞椅），很受年轻人的喜爱。

飞行塔一般由图 2—9 所示部分组成。

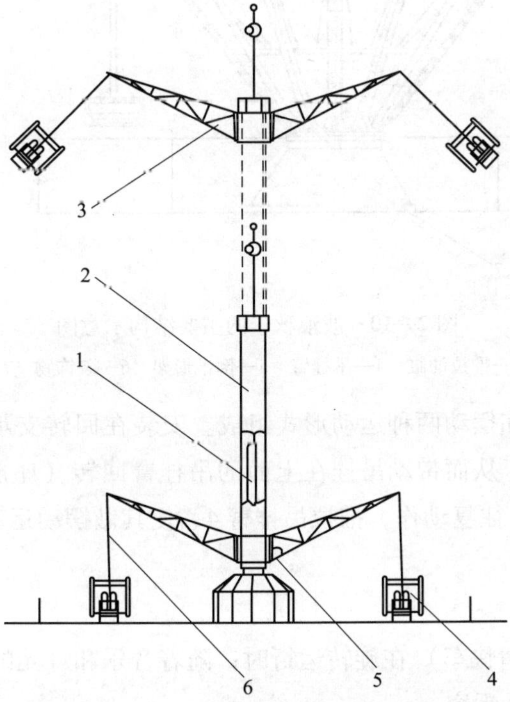

图 2—9 飞行塔的主要结构示意图

1—升降传动装置 2—塔架 3—回转臂 4—吊挂乘坐物 5—旋转传动装置 6—吊挂件

吊挂乘坐物4通过吊挂件6吊挂在回转臂3上，在回转臂靠近塔架2处，装有旋转传动装置，在它的驱动下，几个连在一起的回转臂绕塔架回转。在回转的同时，升降传动装置可使回转臂上升或下降。回转大都采用机械传动，而升降则采用液压传动。

（2）波浪秋千（又名超级秋千）。波浪秋千由于相邻两个吊挂臂均作相反摆动（互相交叉），类似波浪起伏，又如秋千荡漾，故而得名“波浪秋千”。游客在乘坐时仿佛又回到了儿童时代，回忆起那“荡秋千”的滋味。

波浪秋千一般由图2—10所示部分组成。

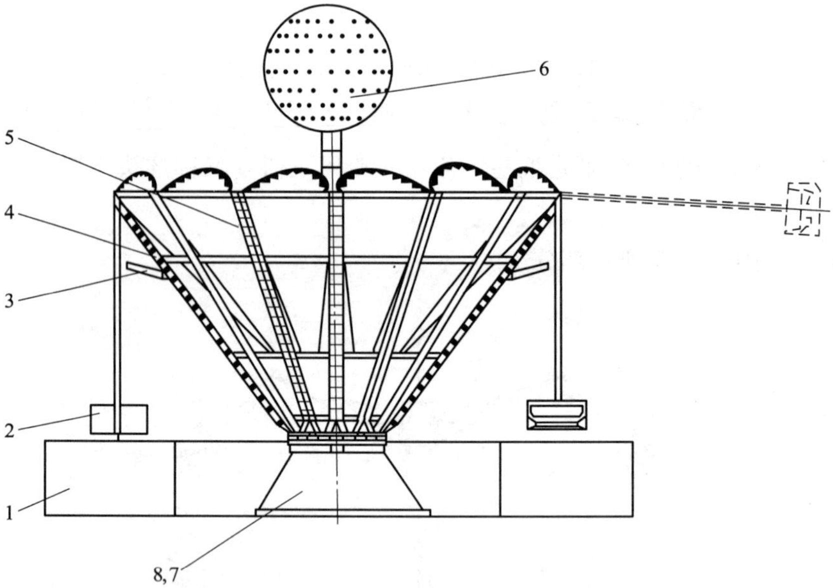

图2—10　波浪秋千的主要结构示意图

1—站台　2—座舱　3—推拉油缸　4—吊挂臂　5—倒锥形架　6—装饰物　7—底座　8—传动装置

该游乐设施由回转和摆动两种运动形式组成。安装在回转支承上的倒锥形架5，由机械或液压驱动使其回转，从而带动吊挂在上面的吊挂臂回转（座舱2回转）。同时，安装在倒锥形架上的油缸3，往复动作，推拉吊挂臂4，使其做摆动运动，最高摆幅可达80°左右。

6. 转马类游乐设施

浪卷珍珠（亦称爱情快车）在旋转运行时，随着音乐和灯光的变换，游客的座舱自身会摆动，起起伏伏，趣味无穷。

浪卷珍珠由图2—11所示部分组成。

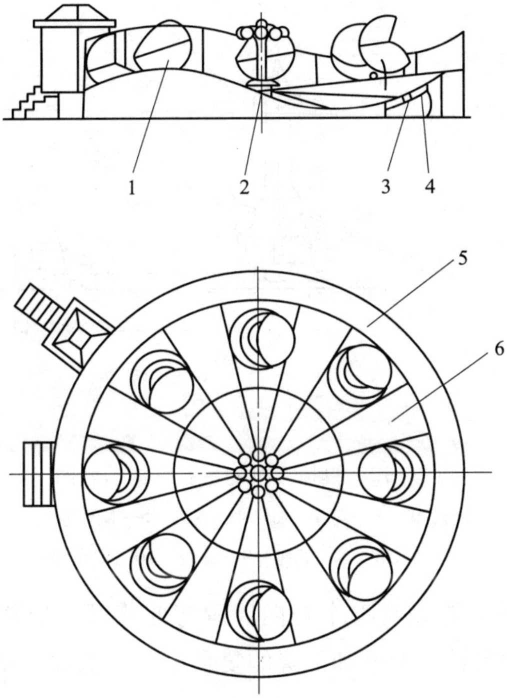

图 2—11　浪卷珍珠的主要结构示意图

1—座舱　2—中心轴　3—传动装置　4—轨道　5—站台　6—扇形板

该游乐设施在回转盘的下面，有波浪式起伏的轨道 4 及周边传动装置 3，传动装置一般有 4 ~5 套，在它的驱动下，实现回转盘的回转运动。回转盘由多个扇形板 6 组成，互相之间用铰链连接，每块扇形板上都有一个支承轮，在起伏轨道上运动。扇形板会不断变换倾斜方向，在游客及座舱重心的作用下，座舱会围绕本身的轴心快速摆动或回转。因座舱造型为球形（形似珍珠），又装在不断起伏的扇形板上（形似浪涛），故名“浪卷珍珠”。

7. 自控飞机类游乐设施

（1）自控飞机。自控飞机是游乐园（场）内经常可见的游乐设施，座舱多为飞机造型，在旋转的同时，可由游客自己操作控制上升或下降，仿佛翱翔在蓝天，很受小朋友们的喜爱。

自控飞机一般由图 2—12 所示部分组成。

该游乐设施由回转和升降两种运动形式组成。回转运动大都用机械传动（个别也有液压传动），传动装置安装在地面的基础上。飞机 4 的升降一般都采用液压传动（也有气动），用支撑油缸 3 推动回转臂 2，使飞机上升或下降。因为其升降大都由游客自己来进行操作，所以起名为“自控飞机”。

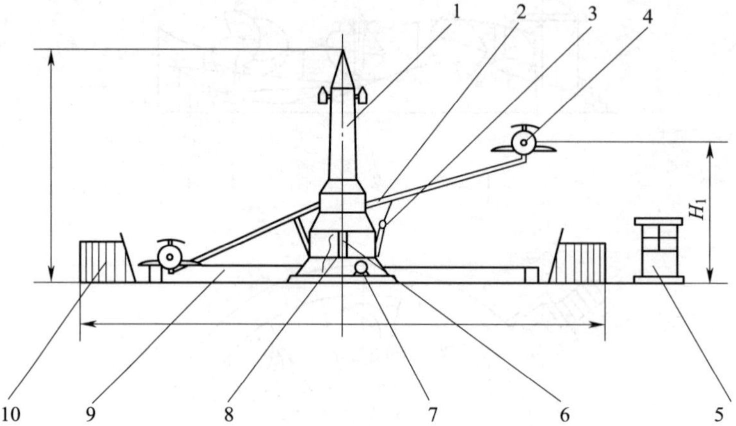

图 2—12　自控飞机的主要结构示意图

1—外壳　2—回转臂　3—支撑油缸　4—飞机　5—操作室　6—中心立柱

7—传动装置　8—底座　9—站台　10—安全栅栏

（2）章鱼。章鱼游乐设施因有五个臂向周围弯曲张开，形似章鱼，因此得名。游玩时，游客会体验到公转和自转、上升和下降的复合运动，就像大章鱼畅游在汹涌澎湃的大海中。

章鱼游乐设施一般由图 2—13 所示部分组成。

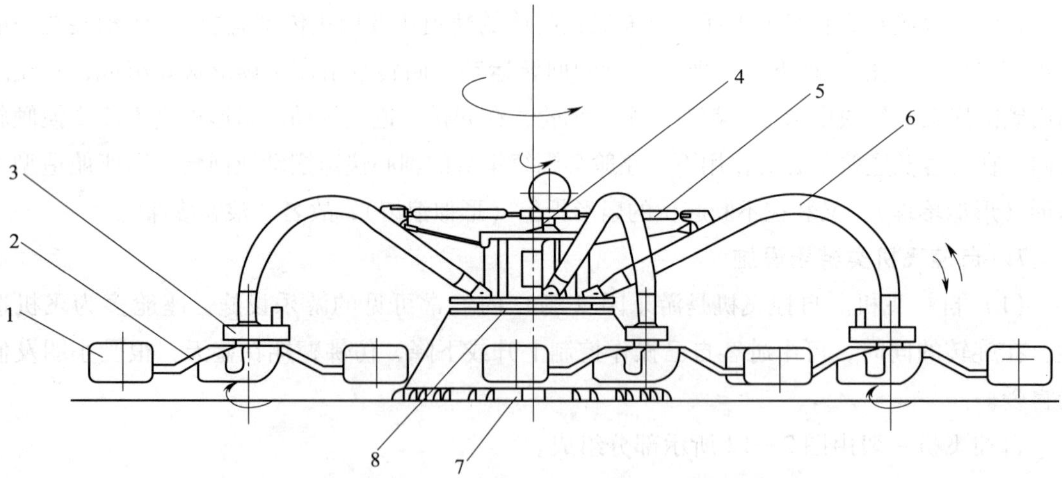

图 2—13　章鱼游乐设施的主要结构示意图

1—座舱　2—小回转臂　3—小回转传动装置　4—偏心轴　5—拉杆

6—大回转臂　7—站台　8—大回转传动装置

该游乐设施一共有五个大回转臂组成，都安装在整机的回转盘上，由大回转传动装置8使其回转。另外，每个大回转臂6上还有一套小回转传动装置3，由它通过小回转臂2，带动座舱1回转。在设施的上部还有一个偏心轴4，它与整机中心线偏置一段距离，在它回转过程中，拉动拉杆5，使大回转臂上升和下降。概括起来，该设施是三种运动方式的组合，即座舱绕整机中心轴线大回转；在大臂端部进行小回转；随大臂作上升和下降运动。该设施的传动方式大都采用液压传动。

8. 电池车类游乐设施

电池车大都用蓄电池作为动力电源，造型可爱，由游客自己操纵，速度较慢，特别吸引少年儿童。

电池车一般由图2—14所示部分组成。

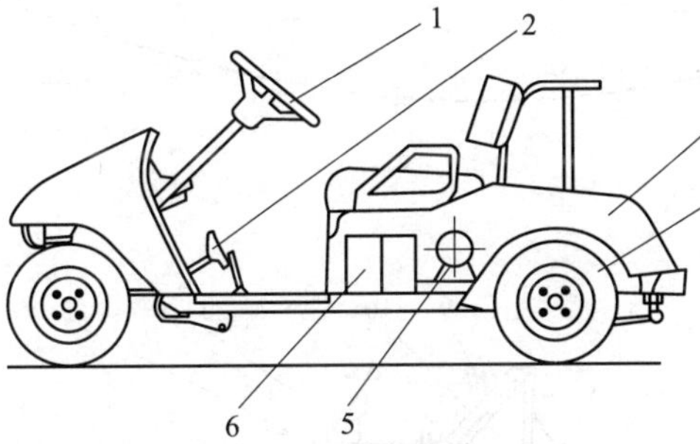

a)

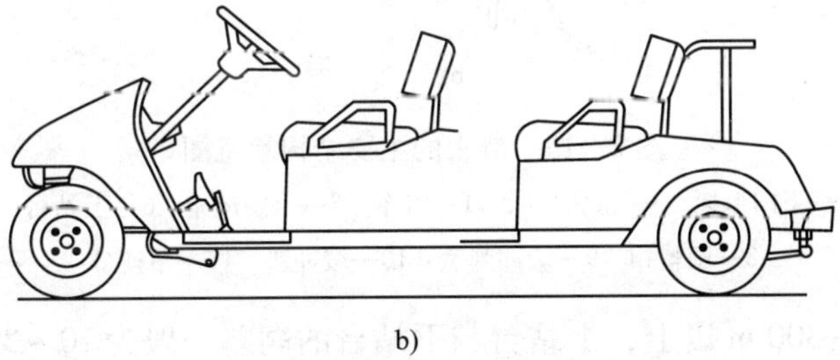
b)

图2—14　电池车的主要结构示意图

a）单座位电池车　b）多座位电池车

1—方向盘　2—脚踏开关　3—车体　4—车轮　5—传动装置　6—蓄电池

图2—14a属儿童游乐设施，多为两人或一人座，开车或停车由儿童自己操作。只要将脚踏开关2踏下，电池车即可行走，抬起脚后，开关自行复位，电路断开，自动停车，其动力为两个串联的12 V蓄电池。操作方向盘1，电池车可左右灵活转向。该车有三轮和四轮两种型式，速度一般在5 km/h左右，有制动装置。

图2—14b有多个座位，其结构及传动与图2—14a类似，但车速较快，一般都在12

km/h 以上，有制动装置，主要用在公园、游乐园（场）、风景游览区内作为游览车辆或交通工具，同时也广泛应用于高尔夫球场的服务车等。

9. 无动力游乐设施

（1）滑索。滑索是一项具有挑战性、刺激性和娱乐性的游乐项目，一般是利用地形的高差从高处以较高的速度向下滑行，可跨越草地、树林、河流等，游客可以在有惊无险的快乐中感受刺激和满足。

滑索一般由图 2—15 所示部分组成。

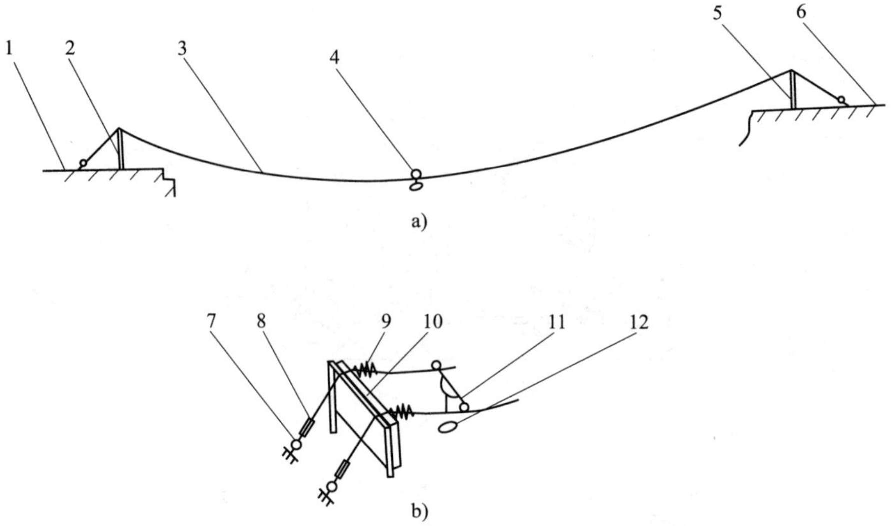

图 2—15　滑索的主要结构示意图

1—下站台　2—下门形架　3—滑索　4，11—滑车　5—上门形架　6—上站台　7—地锚螺栓　8—调整扣　9—缓冲弹簧　10—缓冲垫　12—吊挂带

滑索长度大都在 300 m 以上，上站台与下站台的高差一般为 20 ~ 30 m（根据滑索长度设计）。在滑索上安装滑车，游客用吊挂带捆绑好后，由上站台沿滑索迅速滑向下站台，最大速度可达 30 km/h 以上。在下站台上，设有制动装置和缓冲装置，以减少游客到达终点时所受到的冲击力。有些滑索还附设滑车回收系统，将下站台的滑车运回到上站台。滑索上的调整扣用来调整滑索的松紧程度，以达到最好的滑行效果。

（2）滑道。滑道分为槽式滑道和轨式滑道两种，是集体育、健身、娱乐为一体的项目。由于每次滑行的速度不同，滑车经过的轨迹也不同，因而变化多端，使游客在不同速度滑行时感受到无穷的乐趣，更具惊险性和刺激性。

滑道一般由图 2—16 所示部分组成。

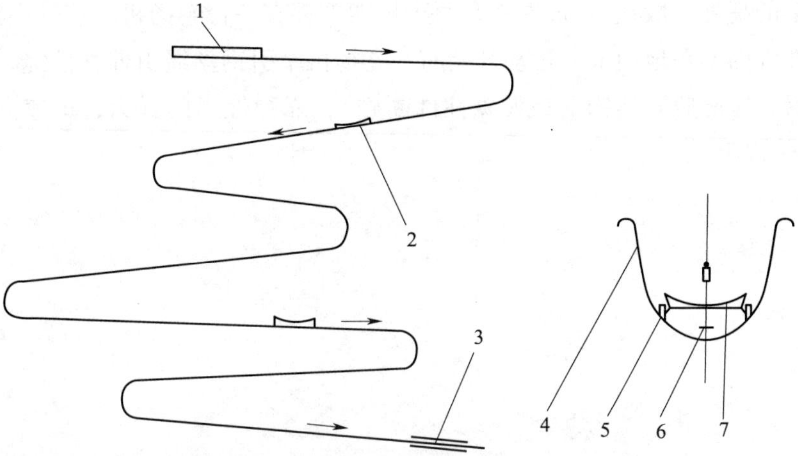

图 2—16　滑道的主要结构

1—站台　2—滑车　3—制动装置　4—滑道　5—车轮系统　6—制动板　7—座位

滑道一般都沿山坡架设，其型式有槽式滑道和管式滑道两种，图 2—16 所示为槽式滑道。游客坐在滑车座位上，由上而下沿滑道快速滑下，最高速度可达 40 km/h 左右。在到达终点前，有一段较长的平缓段，以便减速，终点处设有制动装置，使滑车能平稳停车。滑车上也有游客自己操作的制动板，使游客可以自行控制滑行速度。

（3）蹦极。蹦极是一项户外休闲活动。跳跃者站在约 40 m 以上高度的位置，用橡皮绳固定后跳下，落地前弹起；反复弹起落下，重复多次直到弹性消失，使跳跃者在空中能够享受几秒钟“自由落体”的感觉。目前，世界上最高的蹦极高度已超过 320 m。

蹦极一般由图 2—17 所示部分组成。

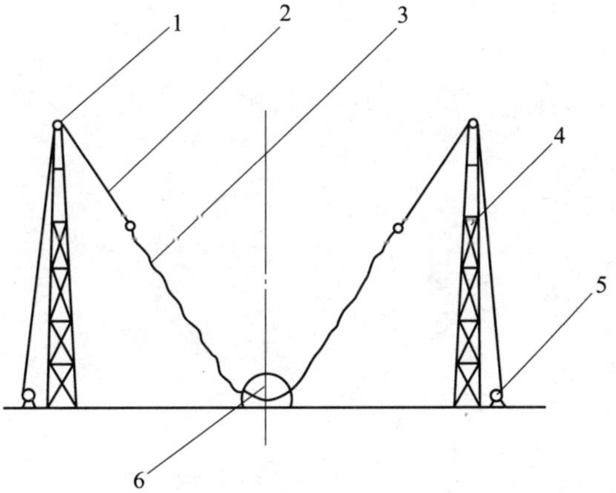

图 2—17　蹦极的主要结构

1—滑轮　2—牵引钢丝绳　3—弹性绳　4—塔架　5—卷扬机　6—座舱

弹射塔架的高度一般在 30 m 左右，每个塔架下都有一台卷扬机。座舱中能乘坐 2 人，用钩子或磁性件固定在地面上。运动开始时，卷扬机牵引钢丝绳引伸弹性绳，当弹性绳拉到一定长度后，座舱脱开挂钩（或使磁性件断磁），靠弹性绳的弹力，迅速向上弹射，速度可达 15 m/s 以上。

第 3 章

安全运营基本要求

第 1 节　游乐设施安全运行条件

游乐必须安全，安全才能保证游乐。只有安全才能真正满足广大游客对游乐活动的最大需求，游乐安全是游乐业界的永恒主题。

游乐设施安全始终贯穿于从设计、制造、安装、修理，直至管理、运营、操作、乘坐等所有的环节，是一项系统工程，每个环节都必须抓紧抓好，才能最终达到保证游客安全的目的。国家质量技术监督部门将大型游乐设施列入特种设备范围，对游乐设施在生产（包括设计、制造、安装、改造、修理）、运营、检验检测及其监督检查等方面进行全面的安全监督管理，其目的就是防止和减少游乐设施事故的发生，保障广大游客的人身安全。

一、游乐设施产品安全技术要求

游乐设施的产品质量直接关系到广大游客的人身安全，我国有关的法律、法规、规章、安全技术规范和国家标准对游乐设施的生产（包括设计、制造、安装、修理）提出了一系列的安全规范和技术要求。

1．游乐设施应当符合国家有关的法律法规、国家标准和安全技术的要求，生产单位应当对其生产的游乐设施的质量负责。

2．游乐设施的设计文件应当依法经过国家质量技术监督部门核准的检验机构的鉴定，要进行型式试验的游乐设施或试制的新产品应当经过型式试验。

游乐设施的设计文件应满足以下要求：

（1）游乐设施的物理性能应满足安全要求。

（2）游乐设施的结构应满足强度和刚度等方面的安全要求。

（3）选用的金属和非金属材料应满足安全要求。

（4）机械传动装置、液压及气动装置、行程及限位装置、制动装置和安全装置应满足安全要求。

（5）电气部分应满足安全要求。

（6）制造、运输、安装、运营及其他方面的特殊需要应满足安全要求。

3．游乐设施的生产（包括设计、制造、安装、改造、修理等）应当依法取得国家质量技术监督部门的许可。

4．游乐设施制造、安装、改造、重大修理等应当经过国家质量技术监督部门核准的特种设备检验机构按照安全技术规范要求进行的安装监督检验。

5．游乐设施出厂时，应当附有产品质量合格证明、设计文件鉴定报告、型式试验合格证明、安装及使用维护说明书等文件。移动式游乐设施还应当附有拆装说明书。

6．游乐设施安装单位应当在验收后30日内将安全技术规范要求的出厂随机文件、安装监督检验和无损检测报告，以及经制造单位确认的安装质量证明、调试及试行记录、自检报告等安装技术资料移交游乐设施运营单位存档。

二、游乐设施运营安全要求

针对游乐设施运营过程中可能发生的危险，游乐设施运营单位应当从运营安全管理着手，建立安全管理体系，提高人员素质。以运营的安全管理为主线，重点抓好运营前、运营过程中、定期检查、维修保养、应急救援等环节的安全管理。

1．建立安全管理体系

安全管理是为了实现安全目标而进行的有关决策、计划、组织、控制等方面的活动，主要运用现代安全管理原理、方法和手段，分析和研究各种不安全因素，从技术上、组织上和管理上采取有力的措施，解决和消除各种不安全因素，防止事故的发生。游乐设施运营单位应当对使用的游乐设施安全负责。

游乐设施运营单位应当依法设置专门的安全管理机构并配备安全管理人员，或者配备专职的安全管理人员，并保证设备在运营期间，至少有1名安全管理人员在岗。

根据国家相关法律法规和行政规章的要求，游乐设施运营单位应当根据本单位实际情况，制定各项安全管理规章制度，且至少应包括如下内容。

（1）岗位安全责任制度

1）主要负责人岗位职责。

2）安全管理负责人岗位职责。

3）安全管理人员岗位职责。

4）作业人员岗位职责。

（2）作业人员安全教育和培训考核制度。

（3）安全检查和隐患整改制度。

（4）安全会议制度。

（5）安全目标考核制度。

（6）评估与持续改进制度。

（7）档案管理制度。

(8) 设备采购、安装和注册登记制度。

(9) 设备管理和日常维修保养制度。

(10) 设备停用和报废制度。

(11) 设备定期检验申报制度。

(12) 安全操作规程。

(13) 应急救援和演练制度。

(14) 意外事件、事故的报告和处置制度。

(15) 其他制度。

游乐设施运营单位的法定代表人或负责人应当熟悉相关游乐设施的安全知识，并全面负责该游乐设施运营的安全管理工作。运营单位的主要负责人至少应当每月组织召开一次会议，督促、检查游乐设施的安全工作。

游乐设施运营单位应当为每台（套）游乐设施建立安全技术档案，包括安装技术资料，安装监督检验报告，使用登记表，改造，修理技术文件，年度自行检验的记录，定期检验报告，应急救援演练记录，运行、维护保养、设备故障与事故处理记录，作业人员培训、考核和证书管理记录以及法律法规规定的其他内容。

2. 运营前的管理

游乐设施运营单位必须遵守国家相关的法律法规，符合相关安全技术规范和国家标准的要求。游乐设施选择投入的项目除了适应市场需求外，必须购置持有国家质检总局颁发的有关资质的制造单位生产的游乐设施产品。

游乐设施运营单位租借场地开展游乐设施经营的，应当与场地提供单位签订安全管理协议，落实安全管理制度。场地提供单位应当核实游乐设施运营单位具备能够满足相关法律法规、规章和安全技术规范要求的运营条件。

游乐设施现场安装前应当由安装单位向当地质量技术监督部门进行开工告知。投入使用前应当向特种设备检验机构提出安装监督检验的申请，经特种设备检验检测机构安装监督检验合格，取得检验检测机构出具的安装监督检验报告和安全检验合格标志，在投入使用前或者投入使用后30日内到当地质量技术监督部门进行登记，并将登记标志固定在游乐设施显著位置上后，方可投入正式运营。

每台（套）游乐设施应当在进出口处等显著位置设置醒目的游客须知、安全注意事项和相关的安全标志。

游乐设施运营单位应当按照安全技术规范和使用维护说明书要求，配备能够满足安全运营要求的持证游乐设施操作人员（以下简称操作人员），并加强对服务人员岗前培训教育，使其掌握基本的应急技能、协助操作人员进行应急处置。

3. 运营中的管理

游乐设施每日投入正式运营前，操作人员必须对每台（套）设备进行试运行（至少2次以上）和安全检查，试运行和安全检查主要包括以下几个方面。

（1）设备启动、运行；制动、停止正常；无异常声响、振动、爬行、温升等现象。

（2）各控制按钮、开关、操纵手柄等动作正常。

（3）各仪表、指示灯、信号装置等工作正常。

（4）限位或自动控制装置动作正常。

（5）液（气）压系统无明显漏油、漏气等现象。

（6）乘人部分的把手、安全带或安全压杠符合要求。

（7）座舱舱门或进出口处拦挡物的锁紧装置符合要求。

（8）重要机械连接安全可靠。

（9）传动部分润滑良好，无明显漏油现象。

（10）承载构件、钢丝绳、链条等符合使用规定。

（11）按规定配备的应急救援装备齐全。

操作人员在对游乐设施进行试运行和安全检查后，应当按规定做好检查记录，试运行正常后才能投入正式运营。开始运行前，操作人员应当向游客讲解安全注意事项；谢绝不符合游乐设施乘坐条件的游客参与游乐活动；严禁设施超载、偏载运行。游客进入设施后应当对安全带、安全压杠、舱门或进出口处拦挡物的锁紧装置等进行检查确认。开机前应当先打铃提示，确认无任何异常情况后方可启动设备。

游乐设施运营中，操作人员不得擅自离开岗位，应当密切注意游客动态，及时提醒和制止个别游客的不安全行为。同时要密切观察设备震动、摇晃、声音、温度等变化情况。当发现异常情况、较大故障或事故隐患时，应当立即停止设备的运行。

每日运营结束应当对设施进行清洁和检查，切断电源，关（锁）好门窗，并做好当天的运行记录。

4. 定期检查和维修保养

游乐设施运营单位应当严格执行游乐设施的日检、月检、年检制度，严禁设施带故障运行。安全检查的主要内容包括：

（1）基础、机体、乘人部分的检查。

（2）动力系统、传动系统、电气系统的检查。

（3）安全装置和措施的检查。游乐设施运营单位应当按照安全技术规范和使用维护说明书的要求，开展设备运营前的试运行检查、日常检查和维护保养、定期安全检查并如实记录。对日常维护保养、试运行检查等自行检查中发现的异常情况，应当及时处理。对游乐设施的安全附件（如安全阀、压力表等）应当定期校验，使游乐设施始终处于完好的运行状态。在国家法定节假日或举行大型群众性活动前，运营单位应当对游乐设施进行全面检查维护，并加强日常检查和安全值班。

游乐设施出现故障或者发生异常情况，运营单位应当对其进行全面检查，消除事故隐患后，方可重新投入使用。

游乐设施运营单位进行本单位设备的维护保养工作，应当按照安全技术规范要求配备具有相应资格的维护保养作业人员、必备工具和设备。

在用的游乐设施每年应当进行一次定期检验。在安全检验合格有效期届满前一个月，由游乐设施运营单位向特种设备检验检测机构提出定期检验的要求；逾期未经检验或检验不合格的游乐设施不得继续营运。

对整机超过制造单位规定的设计使用期限，但仍有修理、改造价值可以继续运营的游乐设施，运营单位应当按照安全技术规范的要求，通过检验或者委托原制造单位或取得相应资格的制造单位进行安全评估，实施修理、重大修理或改造工作，确定继续使用期限和使用条件办理使用登记书变更。游乐设施主要受力部件超过设计使用期限要求的，应当及时更换。受托单位应当对所评估设备继续使用期限内的质量负责。

游乐设施运营单位应当加强对允许继续运营的游乐设施的使用管理，争取加强检验、检测和维护保养措施，加大全面自检频次，保证安全使用。

5. 应急救援

游乐设施运营单位应当根据实际情况制定应急措施和救援预案，建立应急救援指挥机构，配备相应的救援人员、营救设备和急救物品。对每台（套）游乐设施还应当制定专门的应急预案。

游乐设施运营单位应当加强营救设备、急救物品的存放和管理，对救援人员定期进行专业培训，每年至少对每台（套）游乐设施组织 1 次应急救援演练，以提高管理人员、操作人员的安全意识和应急救援能力。

游乐设施运营单位可以根据当地实际情况，与其他运营单位或公安消防等专业应急救援力量建立应急联动机制，制定联合应急预案，并定期进行联合演练。

6. 游乐设施运营单位的自检要求

游乐设施运营单位应当根据本单位的“安全检查制度”制定游乐设施日检、月检、年检等自检计划与定期检验计划，报单位负责人批准，并落实专门的检查和维护保养人员。

（1）自检要求。日检、月检、年检的检查项目由运营单位根据游乐设施的具体特点确定，检查项目（方案）应是单台个性化的，并满足以下要求。

1）符合游乐设施安全技术规范规定的日检、月检、年检项目内容。

2）符合每台游乐设施“产品使用维护说明书”规定的日检、月检、年检项目内容。

3）根据产品制造、安装、改造产生的质量差错（重大几何偏差、返修部件部位等），使用磨损变异情况，以及运营过程中发生故障、事故后的修理情况（部件、部位）等，有针对性地增加检查项目。

4）检查对象既包括游乐设施主机，同时也包含辅助设备和设施、安全设备和设施（如安全栅栏、检修或救援通道、高空平台等）、电气与控制系统、备用电源、紧急救援设备和设施、外围设施、测量调控装置及有关附属仪器仪表（定期校验、检修）等。

自检时，应根据以前的自检情况，事先确定检查的部件、部位，当发现缺陷时，应扩大检查比例，再发现问题的就应100%检查。对于不能一次检完的（如观览车轿厢、过山车轨道与立柱等），要分期分批进行检查，经过一定周期后完成全部检查。

自检结果应做好详细记录，对于有数据要求的（如磨损量、电阻、电流等），必须给出实测数据，使自检结果具有追踪性。检查记录应存档备查。

游乐设施运营单位应为检查人员和维护保养人员准备必要的自检与维修所需的仪器仪表、设备与工具，建立仪器仪表、设备与工具台账，对有计量要求的，应定期进行校验。

自检时，游乐设施运营单位或其委托的无损检测单位应依据设计单位或制造单位给出的“无损检测情况汇总表”对设备进行无损探伤抽查。应根据上年度自检时无损检测的部件、部位，以及经常产生缺陷或问题的部件与部位，确定本年度自检时无损检测的部件与部位，既要避免每年抽检的部件、部位重合，又要对经常产生缺陷或问题的部件、部位保持连续跟踪与检测。

（2）特殊游乐设施的安全防范。对于比较特殊的游乐设施，应突出检查重点，有针对性地加强安全防范。

1）对于“勇敢者转盘”“摩天环车”等360°旋转或乘客翻转的游乐设施，或过山车等高速运行的游乐设施，应对安全压杠（包括安全压杠液压油缸）、车辆连接器、止逆装置、制动装置等安全装置进行100%的检查。对聚酯等化工材料包裹的安全装置要进行一定比例的包装材料拆卸检查，如发现严重腐蚀，应进行100%的拆卸检查。

2）对于安全压杠不能自动连锁的设备，自检时应检查实际监控措施落实情况，宜在操作室最不利于观测的位置设立电气控制装置，只有安全检查人员确认无误并按下按钮时，操作人员才能进行运行操作。

3）对于连接玻璃钢材料与载客装置金属结构（或其他重要金属受力结构）的螺栓，应进行不少于一定比例的拆卸检查，如发现严重腐蚀，应加大抽检比例，直至100%的检查。

4）应加强对座舱吊挂装置（包括轴和焊缝）和重要受力焊缝的探伤，其探伤比例应视设备使用年限状况而定，对重要固定螺栓和安装在高空的连接件、螺栓的检查，应确定其是否有断裂、变形、严重腐蚀、松动、脱落的现象，是否会发生坠落。

5）对于过山车、观览车等大型设备的支柱，如果其基础和部分支柱埋于泥土中，半年或每年自检时，应挖开泥土检查一定比例的支柱，尤其是那些承受冲击力较大部位的支柱。

6）鉴于“摩天环车”配重支撑大臂断裂事故较多，游乐设施运营单位应在开展自检工作时，加强此类设备支撑臂母材、焊接部位和受力部位（如大臂根部）的检查。对于外部有覆盖钢板的支撑臂，应在重要受力部位拆开部分覆盖材料对支撑臂承重钢结构进行检查，当发现问题时全部拆卸覆盖层检查。

7）对于具有备用载客装置的游乐设施（如过山车备用车辆、观览车备用轿厢等），应随时检查其安全质量状况，并在投用前进行全面检查。

第 2 节　游乐设施作业人员职责

根据《特种设备安全监察条例》以及《特种设备作业人员监督管理办法》（国质检〔2011〕140 号令）、《特种设备作业人员考核规则》（TSG Z6001—2013）等法规、规章和安全技术规范的有关规定，游乐设施的安全管理人员、操作人员以及安装、维修人员应当按照《大型游乐设施安全管理人员和作业人员考核大纲》（TSG Y6001—2008）的要求，熟练掌握本岗位业务知识和操作技能，经考试合格，凭考试合格证明向负责发证的质量技术监督部门申请办理《特种设备作业人员证》后，方可从事相应的工作。该证件有效期为 4 年，有效期满需要继续从事作业的，应当按照《特种设备作业人员监督管理办法》的规定及时办理证件复审。

同时，游乐设施运营单位还应当对操作人员进行经常性的安全教育和培训，及时更新知识，保证其具备必要的作业安全知识和技能并在日常作业中严格执行各项安全规章制度。

一、操作人员职业素养

对游乐设施操作人员（以下简称操作人员）的要求包括两个方面：一是职业道德方面；二是业务水平方面，两者有着密切的联系，缺一不可。

所谓的职业道德，就是与人们的职业活动紧密联系的、符合职业特点所要求的道德准则、道德情操与道德品质的总和，它涵盖了从业人员与服务对象、职业与职工、职业与职业之间的各种关系。每个从业人员，无论是从事哪种职业，在职业活动中都要遵守职业道德，如教师要遵守教书育人、为人师表的职业道德；医生要遵守救死扶伤的职业道德等。

操作人员的职业道德主要体现在：应当遵守国家有关的职业道德规范，各项法律法规、规章制度和工作纪律；做到安全第一、文明礼貌、优质服务；保护游客的人身安全和合法权益，优质规范服务等，见图 3—1 ~ 图 3—10。

图 3—1　微笑服务

图 3—2　日常检查

《游乐园（场）服务质量》（GB/T 16767—2010）对游乐园（场）工作人员的服务质量提出了具体要求。

1. 总要求

游乐园（场）应结合自身特色，制定符合游客需求的服务宗旨、服务目标和岗位服务规范等，并严格执行。

图 3—3　引导游客

图 3—4　制止违规

图 3—5　检查确认

图 3—6　友情提醒

图 3—7　全神贯注

图 3—8　搀扶儿童

图 3—9　运营记录

图 3—10　应急救援

2. 服务人员基本要求

（1）职业道德。游乐园（场）从业人员应具备职业所需的基本素养和诚实敬业的精神。

（2）服务态度。员工应热情、主动、诚恳、耐心、细致地为游客服务。

（3）礼节礼貌

1）员工上岗应仪容仪表整洁，着工作服，佩戴服务岗位标牌。

2）站、坐、行姿应符合岗位规范与要求，举止端庄大方。

3）使用的语言，通俗、清晰，符合礼节规范。

（4）知识技能

1）员工应根据服务岗位要求熟练掌握相关职业技能。

2）应熟练使用普通话，具备简单的英语听说能力。

3）应熟知经营服务信息，应能提供基本信息咨询。

4）应熟知紧急救援电话、方式，应能提供基本的紧急救援服务。

5）应掌握拍照、摄影等数码产品的基本使用方法。

3. 服务岗位要求

（1）乘骑服务

1）服务人员应熟知本岗位游乐项目安全事项和该项目操作规程。

2）主持人员应向游客介绍安全注意事项和游乐活动规则。

3）在项目结束时，服务人员应提醒游客拿齐个人物品，引导游客参与园区其他游乐项目。

（2）水上乐园服务

1）服务人员应熟悉水上乐园各区域特征，具备基本的抢险救生知识和技能。

2）救生员应符合有关部门规定，经专门培训，熟练掌握救生知识和技能，并持证上岗。

3）服务人员应随时向游客报告天气变化情况，遇恶劣天气时应引导游客躲避雷电和采取其他保护措施。

4. 服务质量监督

（1）游乐园（场）应制定服务质量管理目标，并建立监督检查制度。

（2）应设立服务质量管理部门或岗位，受理游客的投诉和咨询。

（3）应设立服务监督电话，人工接听的时间不少于营业时间。

（4）应配置专职人员负责服务质量的监督考核，有奖惩制度，并严格执行。

（5）应定期向游客发放和回收“征求意见表”，并有计划、有目的、有选择地回访游客。

（6）每年应至少进行一次由第三方机构组织的游客满意度调查。

（7）对游客提出的合理化建议应采取有效的纠正措施，改正服务工作，提高服务质量。

5. 职业道德

职业道德是事业成功的保证，也是从业人员的基本素质，没有职业道德的人干不好任何工作。操作人员的行为直接关系着广大游客的安全，除必须具备良好的职业道德外，还应严格执行各项规章制度和操作规程，在工作中做到爱岗敬业、诚实守信、认真负责，凭借熟练的业务知识和操作技能操作好游乐设施，避免或最大限度地减少游乐设施事故。事实证明，许多游乐设施事故的一个重要原因就是由于操作人员的不负责任、玩忽职守、缺乏安全意识等。因此，各游乐设施运营单位应当选择具有良好职业道德，又有一定文化水平，经过专门培训考核，具备相应业务水平的员工来担任游乐设施操作员。

6. 业务水平

操作人员的业务水平主要体现在：熟练掌握本岗位业务知识和实际操作技能，以及紧急情况的处理能力等。

操作人员在上岗作业之前，应当按照《大型游乐设施安全管理人员和作业人员考核大纲》的要求参加专门的培训和考试。操作人员的考试，分理论知识考试（包括基础知识、专业知识和法规知识等内容）和实际操作技能考试（包括安全保护装置及附件、安全运行和应急救援等内容）两个科目（即应知和应会），均实行百分制，60 分为合格。

实践证明，操作人员要严格执行游乐设施安全操作规程，认真做到“开机前检查”“开机后检查”“运行中多观察”“及时提醒”等，这样才能保证游乐设施的安全运营。

一些游乐设施事故案例表明，事故发生往往与操作人员未能履行职业道德和遵守操作规程，以及业务不熟练有关。主要表现在：无证上岗擅自操作；未向游客讲解安全注意事项；未谢绝不符合游坐条件的游客参与游乐活动；未对保护游客的安全装置（如安全带、安全压杠、舱门或进出口处拦挡物的锁紧装置等）是否锁紧进行检查确认；未确认设备是否有问题就开机或确认有问题仍然开机；未发出开机提示信号、未确认周围是否有不安全因素就开机；未及时制止个别游客的不安全行为；遇到突发事件不懂如何采取紧急措施等。

二、作业人员的职责

根据《上海市大型游乐设施运营安全管理办法》的规定，游乐设施运营单位的安全管理人员、操作人员和维修保养人员在日常作业中应当严格遵守安全管理制度和操作规程，各司其职。

1. 安全管理人员职责

游乐设施运营单位的安全管理人员应当履行下列职责。

（1）检查操作人员、维修保养人员的作业情况和各项记录。

（2）制止和纠正操作人员、维修保养人员的违章作业行为。

（3）对事故隐患或者其他异常情况及时报告和处理。

（4）发生停电、恶劣气候、火灾等紧急情况时，作出停止使用的决定。

（5）发生事故时，组织本单位人员开展应急救援工作。

2. 操作人员职责

游乐设施运营单位的操作人员应当履行下列职责。

（1）在游乐设施每日投入运行前进行试运行，确认运行正常、安全装置有效。

(2) 指导乘客使用安全装置和正确乘坐游乐设施，并向乘客讲解相关的安全注意事项。

(3) 及时制止和纠正乘客违反安全注意事项的行为，在制止和纠正无效的情况下，有权拒绝其乘坐游乐设施。

(4) 发现事故隐患或者其他异常情况时，立即停止设施运转，及时向安全管理人员报告，并向乘客说明情况。

(5) 发生事故后疏散乘客，对暂时不能离开设施的乘客保持联络，对受伤人员采取紧急救治措施。

(6) 完整填写每日运行日志。

3. 维修保养人员职责

游乐设施运营单位的维修保养人员应当履行下列职责：

(1) 按照安全技术规范的要求开展日检、月检和年检。

(2) 根据安全技术规范和实际使用状况，对大型游乐设施进行日常保养。

(3) 对检查或者保养中发现的事故隐患或者其他异常情况，及时组织维修，并向安全管理人员报告。

(4) 完整填写维修保养日志。

第3节　站台秩序

所谓秩序就是有条理地、有组织地安排各构成部分以求达到正常的运转或良好的外观状态。游乐设施的站台服务秩序是保证游乐设施正常安全运营的重要方面之一，游乐设施的操作服务应当达到的基本要求是："安全第一、服务优质、卫生整洁、秩序良好。"

一、服务注意事项

1. 要维持好秩序，让等待的游客站在安全栅栏以外。
2. 疏导游客均匀乘坐，不要造成过分偏载。
3. 逐个检查游客的安全保护装置是否系（压）好。
4. 节假日、春秋游等游客过多时，适当增加服务人员。
5. 遇到紧急情况，按照应急预案采取应急措施。

二、服务劝阻事项

1. 劝阻游客不要抢上抢下，要等设备停稳后上下。
2. 劝阻游客不要翻越安全栅栏，要从进出口出入。
3. 劝阻游客不要超员乘坐，要按额定人数乘坐，超员不能开机。
4. 劝阻游客不要让身高不符合要求的儿童乘坐，要遵守游客须知提示的规定。
5. 劝阻游客不要围长围巾乘坐，女游客的长发要采取防护措施。
6. 劝阻游客不要将头、手或脚伸到座舱外面，要采取正确的乘坐姿势。
7. 劝阻醉酒者、有禁忌病症（如心血管疾病等）的游客乘坐游乐设施。
8. 劝阻游客在设备运行时不要留在安全栅栏内。
9. 劝阻游客的其他不安全状态和行为。

第 4 节　游客注意事项

一、安全警示说明和警示标志

根据《游乐设施安全规范》（GB 8408—2008）和上海市地方标准《大型游乐设施安全标志及其使用导则》（DB31/750）的规定，游乐设施运营单位应当在游乐设施的入口处等易于为游客注意的显著位置张贴乘客须知、安全注意事项和有关安全标志，注明该设备的运动特点、乘客适应范围、禁忌事宜等。

安全标志是用以表达特定安全信息的标志，由图形符号、安全色、几何形状（边框）或文字构成。

1. 安全色

红色——表示禁止、停止、消防和危险的意思。禁止、停止和有危险的设备器件或环境涂以红色的标记，如禁止标志、消防设备、设备紧急停止按钮等。

黄色——表示注意、警告的意思。需警告人们注意的器件、设备或环境涂以黄色标记，如警告标志、交通警告标志、道路交通路面标志、楼梯的第一级和最后一级踏步的前沿、防护栏杆等。

蓝色——表示指令、必须遵守的规定，如指令标志、交通指示标志等。

绿色——表示通行、安全和提供信息的意思。可以通行或安全情况涂以绿色标记，如表示通行、进出口、设备启动按钮等。

黑色——一般用来标注文字、符号和警告标志的图形等。

白色——一般用于安全标志红、蓝、绿色的背景色，也可用于安全标志的文字和图形符号等。

黄色与黑色间隔条纹——一般用来标志警告危险，如防护栏杆等。

红色与白色间隔条纹——一般用来标志禁止通过、禁止穿越等。

关于安全色的更多内容，请参见《安全色》（GB 2893—2008）。

2. 安全标志

安全标志分为禁止标志（红色）、警告标志（黄色）、指令标志（蓝色）、提示标志（绿色）四种类型，安全标志的图形式样应符合《安全标志及其使用导则》（GB 2894—2008）和《消防安全标志》（GB 13495—1992），以及上海市地方标准《大型游乐设施安全标志及其使用导则》（DB31/750）的规定，例如："禁止吸烟""注意安全""必须穿救生衣""紧急出口"等，如图 3—11 所示。

禁止吸烟　　注意安全　　必须穿救身衣　　紧急出口

图 3—11　安全标志示例

（1）禁止标志。禁止标志的含义是禁止人们不安全行为的图形标志。

禁止标志的基本形式是带斜杠的圆边框，游乐设施的常用禁止标志示见彩图 44 和表 3—1。

表 3—1　　**禁止标志**

图形标志	名称	说明
	禁止伸出舱外 No stretching out of the cabin	游客不得将头和四肢等伸出座舱外

续表

图形标志	名称	说明
	禁止向前蹬踏 No pedaling forward	游客不得将脚伸直蹬踏在前面的靠背上
	禁止离座 No leaving seat while running	游乐项目运行期间，游客不得站立和离座
	禁止携带易落物品 No carrying easy to drop out articles	游客不得携带手机、眼镜、钱包、照相机、钥匙等易掉落的物品乘坐（应在进入座舱前交由场外亲友保管，或储存在站台的临时保管箱内）
	禁止穿戴长围巾 或留长发者 No putting on long scarf or let longhair	穿戴长围巾、长丝巾、留有披肩长发者不得乘坐

续表

图形标志	名称	说明
	禁止病患人士 或身体不适者乘坐 Unwell ban	病患人士（如心血管疾病患者）、其他身体不适者（如孕妇、醉酒者）谢绝乘坐
	禁止翻越 No crossing	游客不得翻越栅栏
	禁止攀爬 No climbing	游客不得攀爬登高梯

（2）警告标志。警告标志的含义是提醒人们对周围环境引起注意，以避免可能发生危险的图形标志。

警告标志的基本形式是正三角形边框，游乐设施的常用警告标志示例见彩图45和表3—2。

表3—2　警告标志

图形标志	名称	说明
	当心伤手 Warning injure hand	注意此区域可能会使手指受挤压致伤

续表

图形标志	名称	说明
	当心站台间隙 Warning station gap	进出座舱时应注意站台间隙
	当心跌落 Warning drop down	注意不要距站台边缘太近以免跌落站台
	当心碰头 Warning head - banging	要注意姿势避免障碍物碰伤头部

（3）指令标志。指令标志的含义是强制人们必须做出某种动作或采取防范措施的图形标志。

指令标志的基本形式是圆形边框，游乐设施的常用指令标志示见彩图 46 和表 3—3。

表 3—3　　　　指令标志

图形标志	名称	说明
	必须看护好儿童 Must supervise your children	儿童必须有成人（监护人）看护

续表

图形标志	名称	说明
	必须扣紧安全带 Must buckled seatbelts tightly	游客必须扣紧安全带
	必须抓牢把手 Must grasped handle tightly	游客必须抓牢把手
	必须压好安全压杠 Must latched lap bars	游客必须压好压腿式安全压杠
	必须锁紧安全压杠 Must latched restraint bars securely	游客必须压好并锁紧压肩式安全压杠

续表

图形标志	名称	说明
	必须压紧安全压杠 Must latched restraint bars tightly	游客必须压紧背式安全压杠

(4) 提示标志。提示标志的含义是向人们提供某种信息（如标明安全设施或场所等）的图形标志。

提示标志的基本形式是正方形边框，游乐设施常用的提示标志见彩图 47 和表 3—4。

表 3—4　　　　　　　　提示标志

图形标志	名称	说明
	下滑姿势 Sliding down posture	游客应按照工作人员的指导采取正确的下滑姿势
	下滑姿势 Sliding down posture	游客应按照工作人员的指导采取正确的下滑姿势
	下滑姿势 Sliding down posture	游客应按照工作人员的指导正确使用乘具、采取正确的下滑姿势

续表

图形标志	名称	说明
	入口 Way in	提示游客游乐项目的入口位置
	出口 Way out	提示游客游乐项目的出口位置
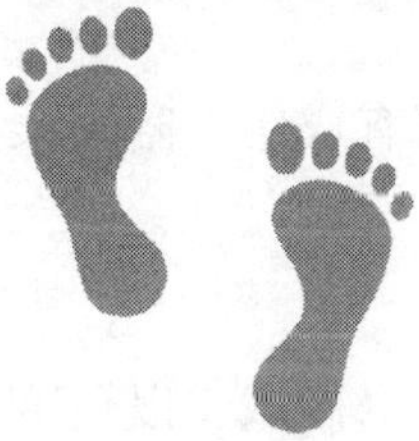	离开通道 Way for leave	提示游客通往出口的行走路线

注：以上安全标志引用自上海市地方标准《大型游乐设施安全标志及其使用导则》。

以上各类标志根据实际需要选择设置，例如：在一些容易发生危险的地方如滑道等，还要设置如“注意安全”等警告标志。

3. 文字说明

文字说明就是安全标志不能完全表达警示内容而需要通过文字形式加以说明。文字辅助标志为矩形边框文字标牌，与安全标志联合使用，文字采用横写形式，置于安全标志的下方，可以与安全标志连在一起，也可以分开。

4. 标志牌的检查和维护

安全标志牌至少每周检查一次，如发现有缺损、变形、褪色等不符合要求时应及时修整或更换。

游客须知告示板至少每月检查一次，如发现有缺损、字迹模糊等情况时应及时修整或更换。

标志牌不应当设置在可移动的物体上，以免这些物体在移动后游客无法看见标志。

二、乘客须知

《游乐设施安全规范》（GB 8408—2008）中规定“在游乐设施明显处应公布乘客须知。操作服务人员应随时向乘客宣传注意事项，制止乘客的危险行为。”

每台（套）游乐设施应在游客进口处等明显的位置公布“乘客须知”，其内容应根据该游乐设施的特点制定，一般应标明以下内容。

1. 乘坐游乐设施的禁忌病症

禁忌病症主要是指心血管、高血压、癫痫、精神等疾病以及恐高症、眩晕症等病症，患有这些疾病的乘客不能乘坐一些特别惊险刺激的大型游乐设施，否则容易突发病变而出现意外。

2. 乘客身高、年龄等限制

乘客的身高、年龄等应当按照产品使用说明书中给出的要求作出限制，如身高 1.2 m 以下儿童和高龄老人不能乘坐等。

3. 必须由成年人陪同乘坐的要求

有些未成年人不能单独乘坐的大型游乐设施，必须明确提出要有成年人陪同乘坐进行监护的要求，否则应当拒绝其乘坐。

4. 禁止乘客进入的区域

在大型游乐设施运行现场，应当明确划分出游客绝对不能进入的区域，以免造成意外的人身伤害。

5. 乘坐游乐设施需要注意的其他事项

根据各类大型游乐设施的运行特点和要求，指出在乘坐时应当特别注意的其他安全事项。

游客在乘坐大型游乐设施前，应当仔细阅读“乘客须知”的内容，并严格遵守这些规定，以确保自身和其他乘客的安全。

游乐设施的“乘客须知”举例如图 3—12 所示。

三、必要的安全说明

对于一些没有安全使用说明容易造成游客危险的游乐设施，要在游客乘坐处或附近设置明显的安全使用说明（包括文字和图形等）。例如：“水滑梯”的入口处应有游客下滑方式的标志牌等说明。对一些高速运行的游乐设施，在游客乘坐处宜有“请勿向外伸手”等提示。

图 3—12　乘客须知

四、游乐设施的乘坐安全

随着科学的发展，社会的进步，现代游艺机和游乐设施充分运用了机、电、声、光、水、力等先进技术，集知识性、趣味性、科学性、惊险性于一体，深受广大游客特别是青少年和儿童的普遍喜爱，对丰富人们的娱乐生活，锻炼人们的体魄，陶冶人们的情操，美化城市环境，发挥了积极的作用。

游乐必须安全，安全才能保证游乐。游客在乘坐游乐设施时一定要遵守以下安全注意事项。

1. 注意安全检验合格标志

按照国家规定，在用游乐设施定期检验周期为一年，凡经过安全检验合格的游乐设施，由质量技术监督部门颁发“安全检验合格标志”和“游乐设施安全检验合格证”，见图 3—13 和图 3—14，并粘贴或张挂在游乐设施的醒目地方，游客不要乘坐未经检验或检验不合格的游乐设施。

2. 注意乘坐须知

在游乐设施的醒目地方都有“乘客须知”，乘客要仔细阅读后再行乘坐。乘坐前乘客一定要在安全栅栏外等候，人多时要排好队，切不可翻越栅栏。

3. 幼儿要有家长陪同

不能让幼儿单独乘坐游乐设施。

4. 听从服务人员引导

游客要按照工作人员的引导顺序上下游乐设施。上下时，请注意头上和脚下，以免磕碰或跌倒。

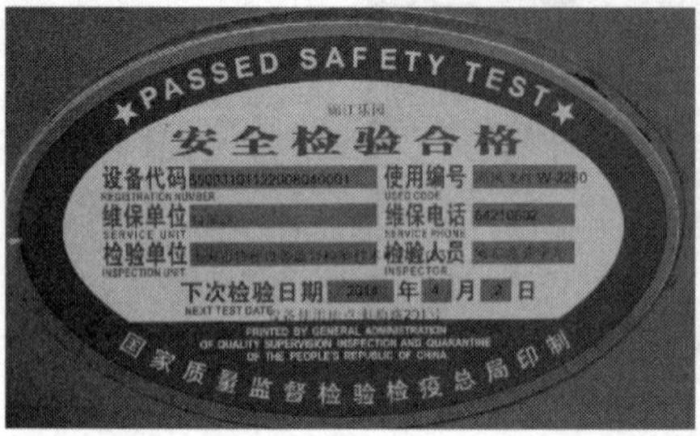

图 3—13　安全检验合格标志

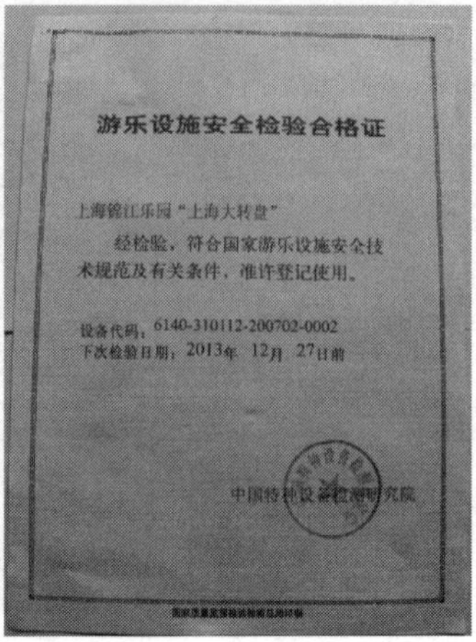

图 3—14　游乐设施安全检验合格证

5. 注意系好安全带

在游乐设施未停稳之前，不要抢上抢下，乘坐时要系好安全带和其他安全装置，要检查一下是否牢固可靠。运行时，请两手握紧安全把手，安全带绝对不能解开。

6. 切勿将身体部位伸出舱外

游客乘坐游乐设施时，在座椅上正姿坐好，不要走动，切不可将头、手、脚等部位伸向舱外，以免碰伤、刮伤、擦伤。不要故意摇动座舱，严禁游客擅自开启舱门。

7. 不要站立拍照

游乐设施在运行中，切不可随意站立或半蹲，更不允许在运行中拍照。

8. 注意保管好自带物品

游乐设施在运行中，应妥善保管好自带物品，不要向外散落、投掷。容易掉落的饰品等，请预先摘下。

9. 发生意外时千万别惊慌

游乐设施在运行中，发生停电等故障时，在工作人员未通知前，不要下车，只有在座舱内是最安全的，耐心等待紧急救援。

10. 乘坐赛车的安全注意事项

乘坐赛车等时，不要穿长风衣、围长围巾、留长发或长辫，否则会发生危险。

11. 水上游乐要防止意外

在造波池中游乐时，注意不要将头等部位伸向吸水口或喷水口的地方，防止发生意外。

12. 玩水滑梯要注意安全

严禁在滑道上站立、半蹲或头朝下；在同一滑道内禁止两人同时或前后紧接下滑；入水后应迅速离开，避免发生碰撞。

4

第 4 章

操作技能与安全运行

第 1 节　基本操作流程

游乐设施的操作控制台操作面板上分布着各种按钮、指示灯、仪表等，内部安装着各种控制元件、电气开关等，是操作人员与设备主机之间的主要“人—机”交互界面。本节主要从游乐设施实际操作的角度出发，介绍游乐设施在操作与控制过程中，操作人员必须掌握的基础知识、操作技能及典型的操作流程。

一、控制按钮的颜色和标志

按钮是一种以短时间接通或分断小电流的电器，它不直接控制主电路的通与断，而通过在控制电路中发出“指令”来控制接触器、继电器等，再由它们去控制主电路。

不同结构形式的按钮可满足不同的需要。如保护式：有保护外壳以防偶然触及带电部分；指示灯式：彩色透明的按钮帽内装有信号灯作为信号指示；旋钮式：旋动旋钮使触头动作，且在几个旋动位置上都有相应的触头闭合或断开；钥匙式：按钮上带有钥匙以防误操作；紧急事故按钮（亦称紧急停止开关）：装有突出的红色蘑菇形按钮帽，以便紧急操作，且为手动复位形式等。

按钮在游乐设施中的使用非常普遍，除了无动力类游乐设施、汽油机驱动的赛车、水滑梯等以外，几乎所有的设备都有按钮。设备的启动和停止都要靠操作这些按钮来执行，因此按钮是游乐设施的一个非常重要的部件。每个操作人员都必须认真熟悉和掌握各种颜色按钮的用途，严格地按照操作规程和程序进行操作，防止误操作，典型的游乐设施操作面板见彩图 48。

按钮的种类很多，分类的方法也很多，如按耐压分类、尺寸分类、容量分类、结构分类、颜色分类等。

《游乐设施安全规范》（GB 8408—2008）的 6. 5. 2 中规定“操作按钮和控制手柄等应有能保持长久的明显的中文标志，按钮、信号灯等颜色标志应符合《机械电气安全　机械电气设备　第 1 部分：通用技术条件》（GB 5226. 1—2008）的规定”。

按钮的具体颜色代码应符合表 4—1 的要求。

启动/接通按钮颜色应为白、灰、黑或绿色，优先用白色，但不允许用红色。

急停和紧急断开按钮应使用红色。

停止/断开按钮应使用黑、灰或白色，优先用黑色，但不允许用绿色。也允许选用红色，但靠近紧急操作器件建议不使用红色。

表 4—1　　按钮的颜色及其含义

颜色	含义	说明	应用示例
红	紧急	危险或紧急情况时操作	急停 紧急功能起动
黄	异常	异常情况时操作	干预制止异常情况 干预重新启动中断了的自动循环
绿	正常	启动正常情况时操作	正常情况启动
蓝	强制性的	要求强制动作的情况下操作	复位功能
白	—	—	启动/接通（优先） 停止/断开
灰	未赋予 特定含义	除急停以外的一切功能的启动	启动/接通 停止/断开
黑	—	—	启动/接通 停止/断开（优先）

作为启动/接通与停止/断开交替操作的按钮的优先颜色为白、灰或黑色，不允许用红、黄或绿色。

对于按动即引起运转而松开则停止运转（如保持—运转）的按钮，其优先颜色为白、灰或黑色，不允许用红、黄或绿色。

复位按钮应为蓝、白、灰或黑色。如果它们还用作停止/断开按钮，最好使用白、灰或黑色，优先选用黑色，但不允许用绿色。

对于不同功能使用相同颜色白、灰、黑（如启动/接通与停止/断开按钮都用白色）的场合，应使用辅助编码方法（如形状、位置、符号），以识别按钮。

有时单靠颜色还不能表示操作功能或运行状态，可以在器件上或器件的近旁补加必要的图形符号或文字符号，这些符号就是标志。

指示灯的颜色代码应根据机械的状态符合表 4—2 的要求。

表 4—2　　指示灯的颜色

颜色	含义	说明	操作者的动作
红	紧急	危险情况	立即动作去处理危险情况 （如断开机械电源，发出危险状态报警并保持机械的清除状态）

续表

颜色	含义	说明	操作者的动作
黄	异常	异常情况 紧急临界情况	监视和（或）干预（重建需要的功能）
绿	正常	正常情况	任选
蓝	强制性	指示操作者需要动作	强制性动作
白	无确定性质	其他情况，可用于红、黄、绿、蓝色的应用有疑问时	监视

指示灯发出的信息包括：

指示——引起操作者注意或指示操作者应该完成某种任务，红、黄、蓝和绿色通常用于这种方式。

确认——用于确认一种指令、状态或情况，或者用于确认一种变化或转换阶段的结束。白色和蓝色通常用于这种方式，某些情况下也可以用绿色。

指示灯的选择和安装方式，应使操作人员在正常位置能够看得到。

二、紧急事故按钮

紧急事故按钮（亦称紧急停止开关），是用于紧急情况下使设备停止运行的按钮。GB 8408—2008中6.4.1规定：操作台上必须设置紧急事故按钮（必要时站台上也应设置），按钮采用凸起手动复位式。不允许由于按动紧急事故按钮而造成危险。

常用的紧急事故按钮（开关）见彩图49。

在国家标准中规定了紧急事故按钮应为凸起手动复位式，为何要选用这种形式的按钮呢？因为当遇到紧急情况的时候，人们通常比较紧张（在整个操作面板上有几个或许多按钮），手脚忙乱时容易按错按钮，或因寻找按钮的时间过长而延误时间。如果采用红色凸起式按钮，在整个操作面板上只有一个这样的按钮，寻找起来非常方便，也不容易出现差错，操作时只需用力一按，设备就会立即停止运行。手动复位式主要是为了避免因其他误动作而造成设备的再次运行。

三、电压和电流指示

游乐设施的操作面板上一般还装有电压表和电流表（见图4—1），用于指示游乐设施电路工作的物理量。

电压表（又称伏特表）应用磁电原理工作，驱动指针运动，依靠指针在面板上停留的

图 4—1　电压表和电流表

位置来显示电压的大小，是一种测量电路中电压高低的仪器，分为直流电压表和交流电压表，常用电压表符号用 V 表示。

电流表（又称安培表）应用磁电原理工作，驱动指针运动，依靠指针在面板上停留的位置来显示电流的大小，是一种测量电路中电流大小的仪器，分为直流电流表和交流电流表，常用电流表符号用 A 表示。

四、音响和信号

GB 8408—2008 中 6. 4. 3 规定：游乐设施应设置用于启动前提示游客注意安全的音响等信号装置。这些音响装置可以是电铃或蜂鸣器，也可以是语音提示等，只要能起到告诉游客“设备马上就要启动，注意安全!”的效果即可。为了安全起见，游乐设施的信号装置目前大都已采用安全电压供电形式，而且与启动按钮采取连锁的方式，即不先按信号按钮的话，直接按启动按钮将不起作用，从而避免了误操作的可能。

五、多媒体可触摸操作的显示屏

由于科学技术的发展，在一些游乐设施的操作面板上设置了多媒体可触摸操作的显示屏（以下简称触摸屏），见彩图 50。这种优越的配置缩小了操作台的体积，使原本较多的按钮得到了简化，游乐设施操作更加人性化、科学化，操作更加便捷。

触摸屏面板要求保持干净、整洁、干燥，无水渍、油渍等污物，使操作人员清晰可见。操作人员在操作时应保持双手干净，无污、无水、无油。不能对触摸屏进行敲击或拍打，禁止借助尖锐的硬物（如圆珠笔、筷子、餐具、螺丝刀等）来进行操作。一些强功率的通信工具和带有磁性的物体应尽量避免接触触摸屏，操作室应保持干净和干燥，空调的出风口不能对着触摸屏吹风。

一般触摸屏会提供和显示一些该游乐设施的重要信息，如运行速度、运行时间、运行角度、运行方位以及各类传感器检测信号、设备故障报警信息等。有些内部还包含一些重要参数值的设定，随意更改会引发设备故障或事故，所以要求操作人员应正确合理使用操作触摸屏进行操作。如遇特殊情况，应该由游乐设施制造厂家的专业技术人员在现场指导和帮助下进行操作，操作人员不能擅自进行。

在关闭设备时，应先操作触摸屏，待退出操作程序后，再关闭控制面板电源。如遇紧急状况，应当根据实际情况，按照《操作手册》规定的具体操作程序进行操作。

六、电气控制系统示例

“飓风飞椅”（亦称摇头飞椅、豪华波浪等）是集旋转、升降、变倾角等多种运行形式于一体的飞行塔类游乐设施。下面以一台“飓风飞椅”的电气控制系统为例，重点介绍游乐设施的整个运行过程，“飓风飞椅”主电路原理图和控制电路原理图分别如图 4—2 和图 4—3 所示。

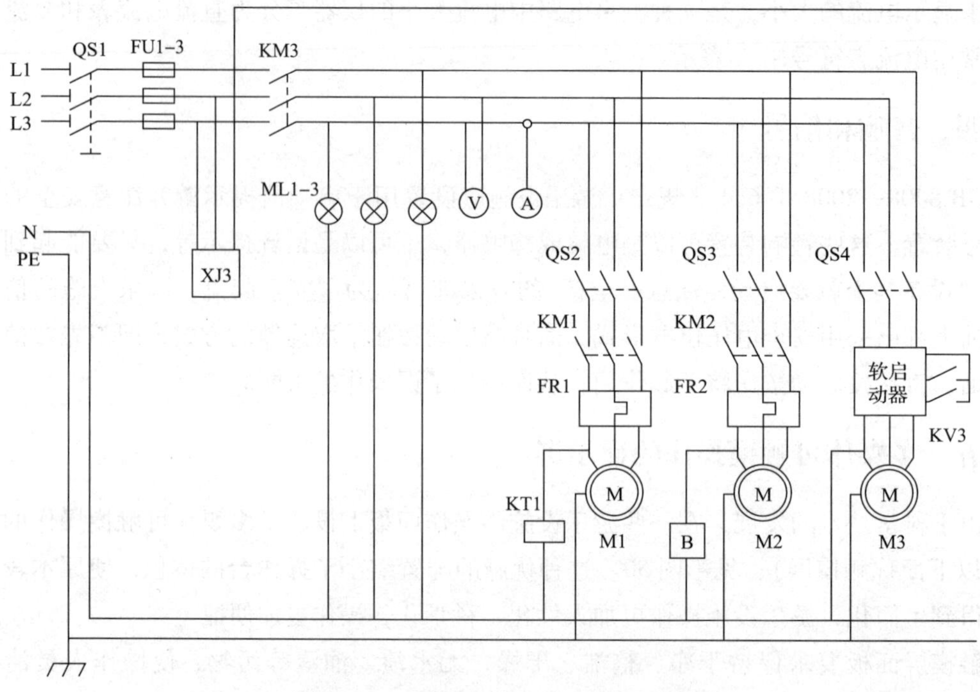

图 4—2 “飓风飞椅”主电路原理图

M1—升降电动机 XJ3—电动机保护器 M2——级旋转电动机

B—液压比例控制器 M3—二级旋转电动机

“飓风飞椅”的主要结构包括底座、机架、导轨立柱、两级旋转升降机构、桁架组件、吊椅、液压系统、电气控制系统等。它运行时，设备回转机构、承载升降机构、一级旋转机构，均以 4 r/min 的旋转速度作全回转运动；升降机构承载托盘上面的重物，在油缸举重推力的作用下，沿着立柱轨道作伸幅运动缓慢上升，二级旋转机构承载伞形桁架组件及游客乘坐物，在减速器电动机驱动作用下，以 10 r/min 的转速相对于地面作全回转运动，在完成上述运行的同时，挂吊在伞形桁架的座椅上乘坐的游客随着伞形桁架一起不断地旋转，如图 4—4 所示。

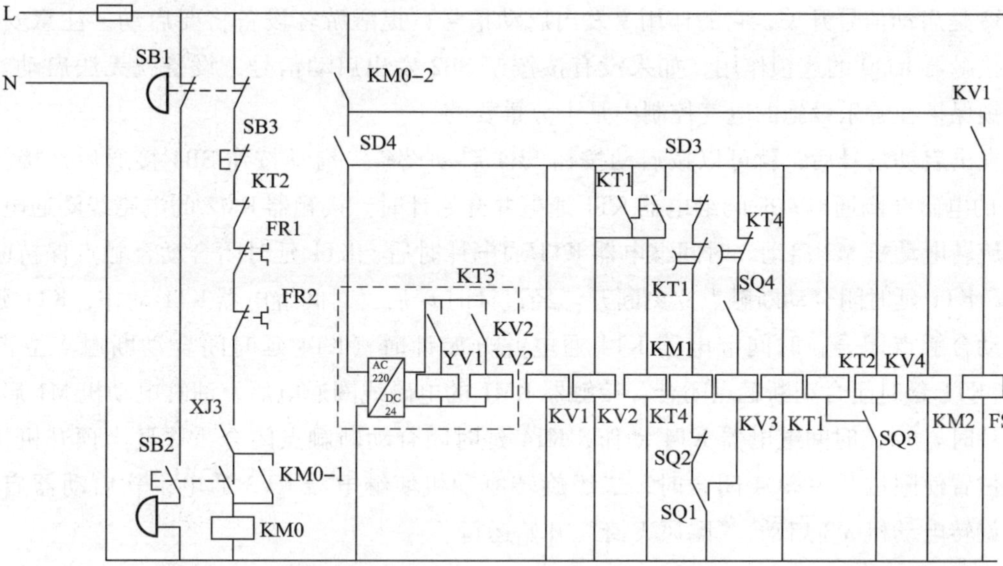

图 4—3 “飓风飞椅”控制电路原理图

KV—中间继电器 KM1—油缸电动机接触器 YV1—油缸旁路阀 KM2—一级旋转电动机接触器

YV2—油缸溢流阀 KV3—二级旋转电动机继电器（开关软启动器） KV4—一级旋转液压比例控制继电器

（注：虚线内为液压控制系统）

图 4—4 飓风飞椅

其控制过程如下：

在主电路中，FU 是熔断器，FR 是热继电器，它们都起到了保护电动机的作用。接触器 KM1、KM2 控制着电动机 M1、M2，继电器 KV3 控制着电动机 M3。

在控制电路中，按钮 SB1 是紧急停止开关，它的作用是使运转的设备能紧急停止。按钮 SB2 是启动信号开关，它的作用是发出启动信号，提醒游客设备将要启动，注意安全。由于接触器 KM0 的连锁作用，如果没有按按钮 SB2 发出启动信号，设备就无法启动。这种连锁保护在游乐设施的电气控制中是十分重要的。

发出启动信号后，就可以按启动按钮 SB4 启动设备。启动按钮 SB4 接通后，接触器 KM2 的电磁线圈通电；时间继电器 KT1 通电并开始计时。接触器 KM2 的电磁线圈通电后，一级旋转电动机 M2 启动。时间继电器 KT1 通电计时后，KT1 延时闭合动合触点保持断开状态，KT1 延时闭合动断触点立刻断开。经过计时 t_1 后，时间继电器 KT1 动作，KT1 延时闭合动合触点闭合，时间继电器 KT4 通电并开始计时（KT4 延时闭合动断触点立刻断开）；KT1 延时闭合动断触点闭合，接触器 KM1 的电磁线圈通电后，油缸电动机 M1 启动。经过计时 t_4 后，时间继电器 KT4 动作，KT4 延时闭合动断触点闭合，并且当顶升机构到达某位置使限位开关 SQ4 闭合时，二级旋转电动机使继电器 KV3 通电，软启动器启动，二级旋转电动机 M3 启动，“飓风飞椅”开始运行。

当达到设定时间的运行周期后，一级旋转电动机开始减速运行；稍后，二级旋转电动机停止旋转，并开始缓慢下降，整机在程序的控制下实现平稳停机；待设备全部停稳后，即完成一个运行循环。

七、典型的游乐设施操作程序

游乐设施的操作流程和程序一般分为两个方面：每日运营作业流程和单次运行操作程序。

1. 每日运营作业流程

（1）运行前进行日常检查。

（2）设备试运行至少两次。

（3）填写日常检查记录表并签字。

（4）正式接待游客游乐。

（5）运行结束后，对设备进行检查和清洁。

（6）填写日常运行记录。

（7）切断总电源，并拔掉电源开关钥匙。

（8）锁好门窗和进出口门。

2. 单次运行操作程序

（1）开启进口通道门，让游客进入乘坐。

（2）确认没有多余人员在安全栅栏内后，关闭进口通道门。

（3）帮助、检查和确认游客的安全装置（安全带、安全压杠、锁紧装置等）。

（4）同时，向游客宣讲乘坐该游乐设施的安全注意事项。

（5）开启音响或信号装置，观察游客是否注意。

（6）确认无异常情况后，按下启动按钮运行设备，并且随时观察游客的状况。

（7）运行结束，待设备完全停稳后，帮助游客解开安全装置，打开出口通道门，待游客全部离开后关门。

游乐设施的日常运行（检查）记录是游乐设施的安全运行中必不可少的要求之一，操作人员应当按要求认真填写每天的游乐设施运行检查记录。记录表上除应包括当日的设施检查和运行情况，故障和维护保养情况及处理结果（如果有）等内容外，还应标明日期，且要有操作人员和维护保养人员（若有）的签名，以及安全管理人员检查意见和签名，并应存档备查，档案资料按规定至少应妥善保存 3 年。

游乐设施中的碰碰车的日常运行记录表举例见表 4—3。

表 4—3　“碰碰车”日常运行记录表

序号	检查内容	月　日	……	月　日
		星期一	……	星期日
		是否正常	……	是否正常
1	安全带是否牢固、完好			
2	乘客可触及之处是否光滑			
3	相对运动的部位是否润滑			
4	缓冲轮胎是否正常			
5	车轮装置是否灵活			
6	车场缓冲拦挡是否良好			
7	车场地板是否平整			
8	控制按钮和指示是否良好			
9	试运行两次			
维修与更换部件的内容（包括故障情况）可填写在备注内		检查人签名	……	检查人签名
备注				

每台（套）游乐设施都可能有它本身的特殊之处（如碰碰车，儿童不要坐在靠方向盘的这一边；自旋滑车的每辆车发车要有间隔；观览车的游客不要偏载等），因此操作人员必须仔细阅读产品使用说明书中的操作要求，严格按照说明书中规定的操作程序进行操作，并指导游客正确乘坐，注意安全。

典型的游乐设施“运行前”“运行中”和“运行后”的操作程序分别如图4—5所示。

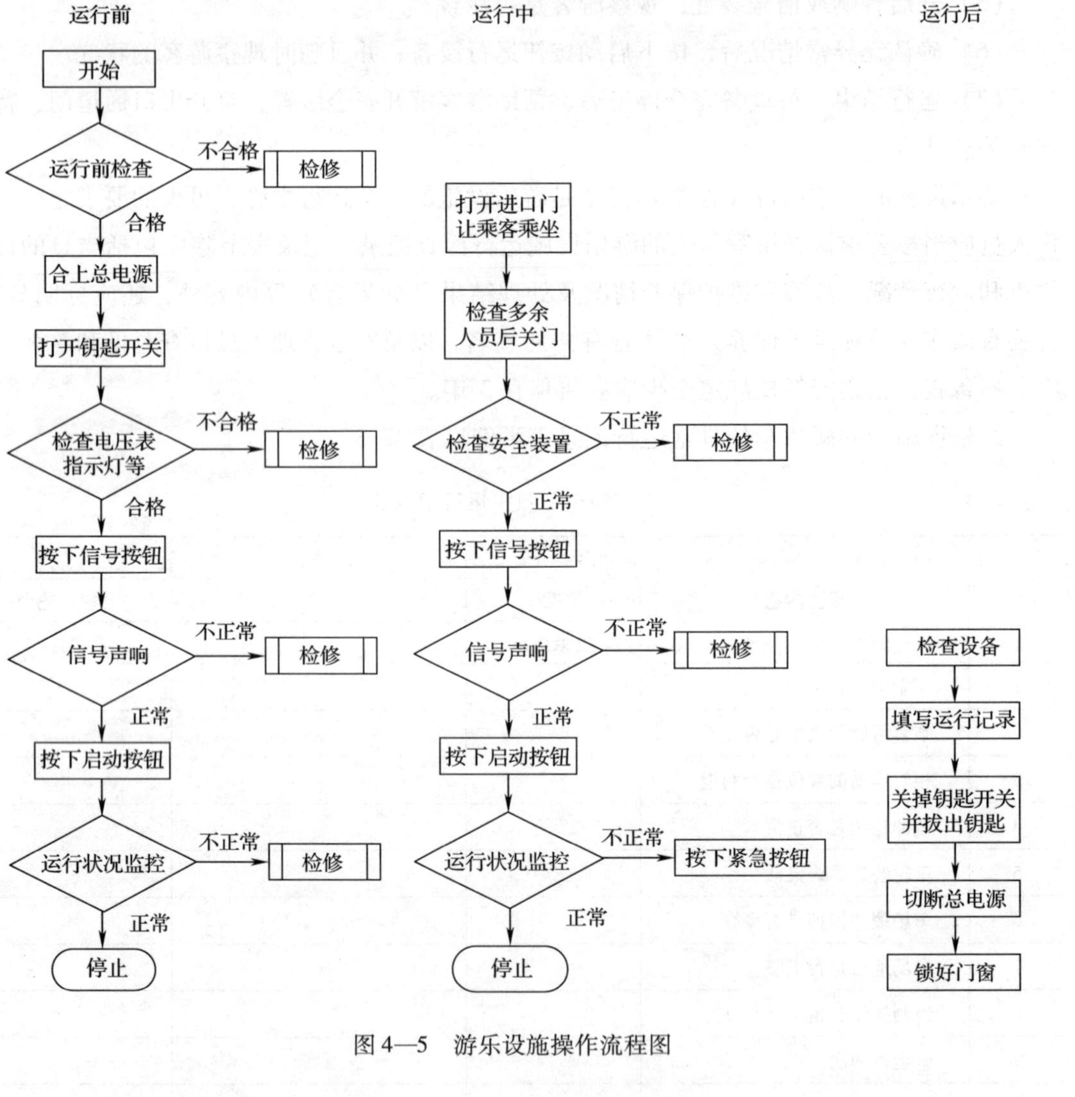

图4—5 游乐设施操作流程图

八、游乐设施操作注意事项

游乐设施的操作是一项非常重要的工作，正确的操作方法、操作中的注意事项、发生紧急情况时的应对策略等都直接关系到游客的人身安全和设备安全，以及操作者的自身安全。

游乐设施的运行，不单纯是操作按钮，必须与整台（套）游乐设施以及游客联系在一起，随时观察游乐设施以及游客的情况，与其他服务人员密切合作，按照操作规程合理操作，逐步使各类游乐设施的操作走向标准化、规范化。各类游乐设施各有自身的特点，操作时的安全要求和注意事项也会有所不同。

针对一些有专门装置的游乐设施，在运行前还要对这些装置进行检查确认，例如大型过山车站台上采用的气动开关、供游客进出的自动门，应当能正常打开和关闭，而游客不能随意打开；大摆锤升降平台上、波浪翻滚升降和移动平台上的金属面板应没有破损、锈蚀等，连接应牢固可靠，不存在可能造成游客滑倒的危险；游乐设施液压系统油箱内的油位、油温是否达到标准的要求，当油位低于最低标准线时要补充液压油，如果冷却系统正常，油温仍然过高，应停止游乐设施的运行，冬天油温过低时，应启动自动加热装置，待油温上升到符合要求后再正常运行游乐设施等。

另外，游乐设施操作人员在用相应的手动控制按钮或控制开关进行操作时，应尽量采用点动控制或慢速控制，以防止故障或危险的发生。比如，在设备维护保养时，要听从维护保养人员的指令进行操作或经检查确认无事故隐患、无故障后再进行操作。

1．游乐设施操作人员在日常操作中应当特别注意的事项

正式运营前，应将空车按实际工况至少试运行两次以上，确认一切正常，再开门营业。

开机前必须逐个检查游客的安全带是否系好，安全压杠是否压好，其他安全装置是否到位。

开机前先发出提示信号，让等待上机的游客及其他人员远离游乐设施，以防开机后碰伤，在确认周围无异常情况时再开机。

在游客产生恐惧、大声叫喊或身体不适时，能停机的要立即停机，让游客下来。

在游乐设施运行中，操作人员绝对不能离开岗位。一旦出现事故（故障）征兆时，应立即采取应急措施。

与该游乐设施有关的人员都必须知道紧急事故按钮的位置，以便需要紧急停车时，每个人都会操作。

2．各类游乐设施操作的专门注意事项

（1）观览车类游乐设施

1）大部分观览车（摩天轮）均为连续运行，上、下游客均不停车。对于这种运动方式的观览车，在上、下游客处应分别设置服务人员，一人负责开门并照顾下来的游客；一人照顾上去的游客并负责锁好两道门锁。

2）开始运营时，要隔 2 ~ 3 个吊厢再上游客，以免造成过分偏载。

3）学龄前儿童要有成人陪同乘坐，以免吊厢升高时，孩子因恐慌而出现意外。

4）观览车在运行过程中，操作人员不能离开操作室，要随时注意观察设备运转状况，出现异常情况要立即停机。

5）遇到风速大于 15 m/s（相当于 7 级风力）大风、雷雨等恶劣天气应立即停止运营。

（2）滑行车类游乐设施

1）按乘客须知规定（身高、年龄、身体状况等）接待游客，学龄前儿童不宜乘坐。

2）要认真检查游客的安全装置（如安全压杠、安全带等），确认有效后再开机。

3）设备运行中，密切关注游客及设备状况，遇异常情况应立即停机。

4）对于多车滑行车系列（如自旋滑车等），前面的车辆未进入滑行轨道前，不允许放行后面的车辆，以免发生碰撞。

5）当车辆停位不准时，要及时调整刹车装置，待停位准确后，方可继续载客运行。

6）当空压机发生故障或气压太低刹车无法保证时，车辆应停止运行。

7）遇到停电、设备故障等情况，操作人员应严格按照应急预案操作，将游客有序地疏散下来。

（3）自控飞机类游乐设施

1）一般应配备两名以上的操作人员，其中一人专门负责维护场内秩序，引导游客按序乘坐。

2）对于坐舱中有两个以上座位，而只有一人能操纵升降的游乐设施，要避免发生抢座现象。

3）检查每个游客是否系好安全带等安全装置。

4）运行中要注意观察，不允许游客坐在座舱的边缘或站立起来。

5）遇到发生故障坐舱不能下降的情况时，先告诉游客不要着急，等停机后，操作人员要及时打开泄压阀，使坐舱慢慢下降。

7）如果液压油管接头突然脱落或油管破裂，有高压油喷出，应立即停机。

8）遇到其他不正常情况或游客身体不适时，要及时停机。

注：陀螺类、飞行塔类、转马类等旋转运行的游乐设施的操作注意事项基本相同。

（4）碰碰车类游乐设施

1）按照身高要求接待游客，不能让身高不够的游客乘坐。

2）提醒和帮助游客系好安全带，并进行检查确认。

3）车辆运行中要注意观察，及时制止游客的不安全行为。

4）如遇紧急情况，立即按下紧急停止按钮，停止车辆运行。

5）游乐结束时，要提醒游客待车辆全部停稳后，才能解开安全带下车。

所有游乐设施在每日营运结束后，应逐个检查吊厢、车辆、座舱、坐椅等，检查火种，在确认无人的同时，清扫环境、保洁设备，有气动装置的游乐设施还要关闭空气压缩机，排除空压机储气罐内的气体和水分，如果设备上有多个辅助储气罐也要分别排除气体和水分。完成上述工作后，填写日常运行记录，切断总电源，关（锁）好操作室门窗以及进出口通道门。

第 2 节　安全防护装置及其设置

为了保障游客的游乐安全，游乐设施应当根据其性能、结构及运动方式的不同，设置相应形式的安全防护装置（以下简称安全装置）。

游乐设施乘客的安全多数是一种被动的安全。在碰撞或事故无法避免时，游乐设施乘坐物上的每位游客都应有机会获得尽可能完善、有效的保护。游乐设施安全装置的功能是对可能出现的危险加以限制，减轻或避免撞击、过压等事故造成的严重后果。

安全装置是直接关系到游客生命安全的关键装置，所以必须按照《游乐设施安全规范》GB 8408—2008 提出的要求进行设置。安全装置通过自身的结构功能限制，或防止游乐设施的某种危险，或限制运动速度、液（气）系统压力等危险因素。而且，安全装置应当符合《游乐设施安全防护装置通用技术条件》（GB 28265—2012）的要求。

一、常用安全装置类型和作用

1. 安全压杠、挡杆

游乐设施在运行时有可能导致乘人被甩出去的危险，必须设置乘人束缚装置（也用作约束乘人的不当行为）。按照“失效后安全”的设计理念，对于危险性较大的游乐设施，必要时应考虑设两套独立的束缚装置。这样对于保障乘客的安全具有至关重要的作用。束缚装置可采用安全压杠、挡杆、安全带等。

安全压杠、挡杆本身必须具有足够的强度和锁紧力，保证游客不被甩出或掉下，并在设备停止运行前始终处于锁定状态。安全压杠的锁定和释放机构通常可采用手动操纵、控制台操纵等方式。

压腿式安全压杠用无缝钢管或不锈钢钢管制成，安全压杠的主要作用是压住游客大腿部并拦住身体，在座舱有倾斜运动或摆动的游乐设施中应用较多，如“海盗船”“金龙滑车”“章鱼”“猴子爬杆”等，如图 4—6 和彩图 51 所示。

挡杆既可起到安全保险作用，也可作扶手之用，如图 4—7 所示。挡杆的锁紧方式采用较多的是插销式和弹簧撞击式，也有采用液压锁紧装置的。为防止液压锁紧装置中的电磁阀出现故障，发生挡杆锁不住的情况，最好再辅以插销、挂钩等装置。

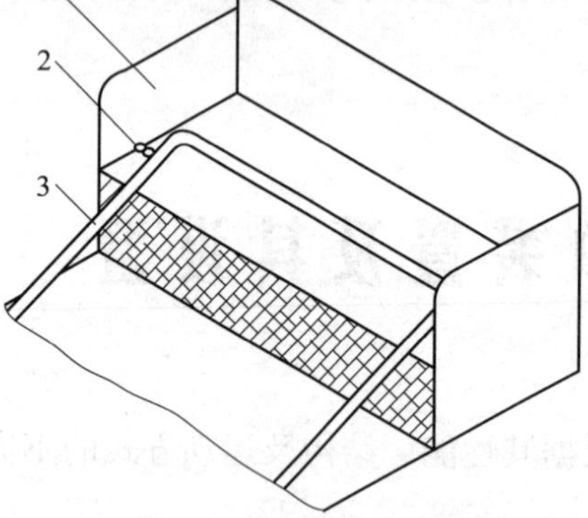

图 4—6　海盗船的安全压杠示意图

1—座席　2—锁紧装置　3—安全压杠

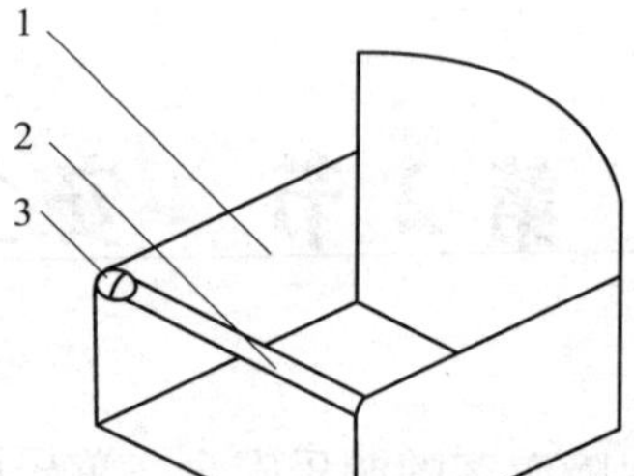

图 4—7　安全挡杆示意图

1—座席　2—挡杆　3—锁紧装置

护胸压肩式安全压杠用钢管制成，外加软包装，压在游客的双肩上，大都用在座舱垂直平面回转的游乐设施上，如图 4—8 和彩图 52，如“过山车”“流星锤”“摩天环车”等，以及失重过大的游乐设施上，如“探空飞梭”等。这种安全压杠的锁紧和打开，大多采用液压缸来完成，游客不能自行打开。压杠处于锁紧还是打开状态，均有信号显示，若

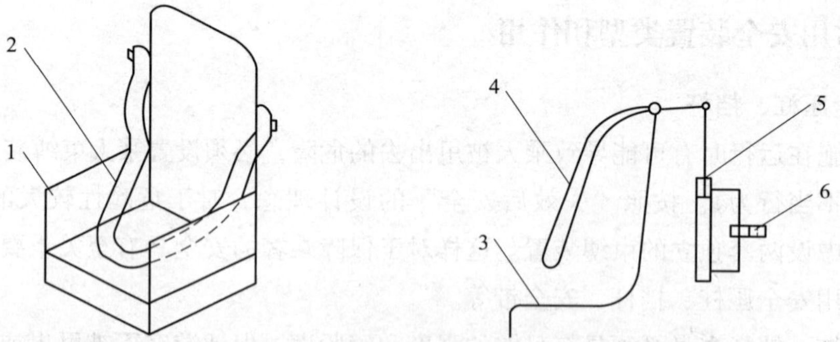

图 4—8　肩式安全压杠示意图

1，3—座席　2，4—压肩式安全压杠　5—液压缸　6—电磁阀

显示未锁紧，则游乐设施的启动按钮不起作用。安全压杠不应有影响安全的空行程，动作要可靠。

乘坐物有翻滚动作的游乐设施，其乘人的护胸压肩式安全压杠应有两套可靠的锁紧装置。

护胸压肩式安全压杠主要形式有齿条锁紧型、液压锁紧型、棘轮棘爪型、摩擦锁紧型等。

（1）齿条锁紧型。由锁紧弹簧、压杠臂、曲柄、曲轴、齿条、棘爪等部件组成，一般采用双齿条锁紧，用气缸打开压杠，如图 4—9 所示。

（2）液压锁紧型。由液压缸进行锁紧。锁紧时由换向阀和单向阀控制油路，使油缸油只向一个方向流动，这样油缸杆只能伸长或缩进，由此控制压杠只能压紧；打开时，油缸两侧油路连通，这样油缸杆可向两个方向运动，压杠则可以开启，如图 4—10 所示。

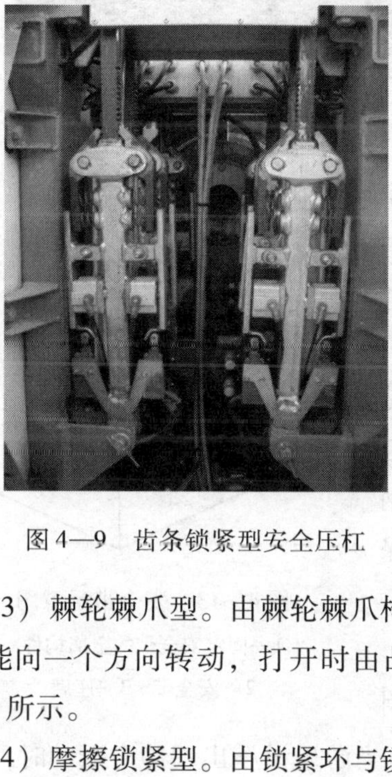

图 4—9　齿条锁紧型安全压杠

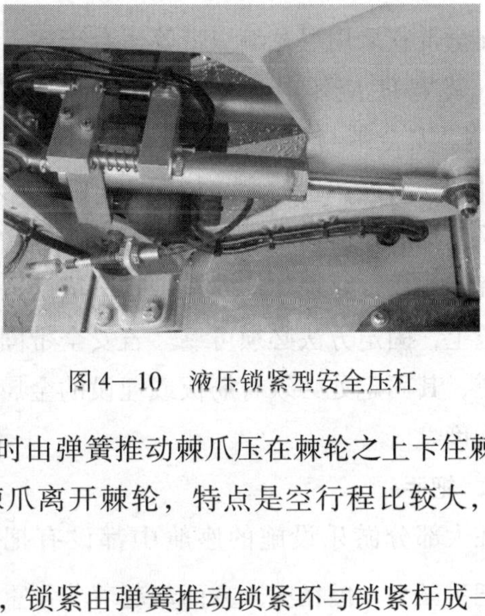

图 4—10　液压锁紧型安全压杠

（3）棘轮棘爪型。由棘轮棘爪构成，锁紧时由弹簧推动棘爪压在棘轮之上卡住棘轮使之只能向一个方向转动，打开时由凸轮推动棘爪离开棘轮，特点是空行程比较大，如图 4—11 所示。

（4）摩擦锁紧型。由锁紧环与锁紧杆构成，锁紧由弹簧推动锁紧环与锁紧杆成一角度并压在一起，特点是无空行程，但损坏时锁紧不可靠，如图 4—12 所示。

2. 安全带

安全带可单独用于轻微摇摆或升降速度较慢、没有翻滚、没有被甩出危险的游乐设施，一般还配辅助把手。比较常见的有“自控飞机”“碰碰车”“架空游览车”“小赛车”等。另外，安全带可作为一些运动激烈的游乐设施的辅助束缚装置（二次保护），如“探空飞梭”“摩天环车”“极速风车”等。

图 4—11　棘轮棘爪型安全压杠

图 4—12　摩擦锁紧型安全压杠

安全带宜采用尼龙编织带等适合于露天使用的材料制成，其宽度应不小于 30 mm，破断拉力不小于 6 000 N。安全带与机体的连接必须可靠，可以承受游客各种动作可能产生的力，如图 4—13 和彩图 53 所示。不要采用棉线带、塑料带、人造革带，因为这三种线带材质强度较弱，易损坏。安全带宜分成两段，分别固定在座舱上，固定方法必须可靠。若安全带固定在玻璃钢座舱上，其固定处必须有筋板或埋设的金属构件，以保证其强度。

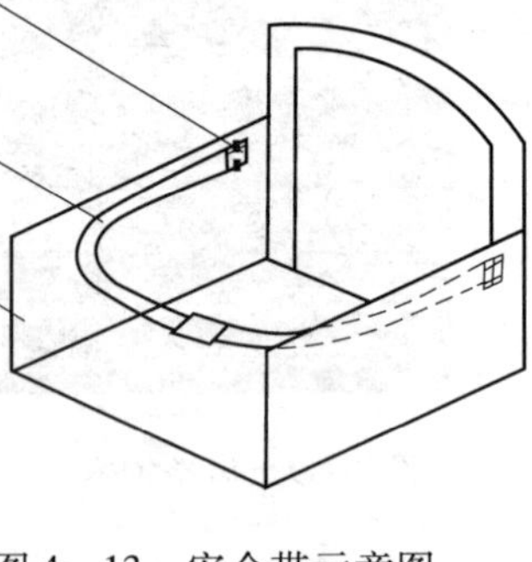

图 4—13　安全带示意图

1—固定安全带的金属构件

2—安全带　3—座席

3. 把手

在大部分游乐设施的座舱中都设有把手，见彩图 54。把手虽小，但在安全方面却起着非常重要的作用。当游乐设施出现冲击振动时，只要抓住把手，就能使身体保持平衡。在发生事故时，甚至座舱翻转 90°，在没有其他安全措施的情况下，只要游客牢牢抓住安全把手，也不会造成严重的人身伤害事故。

4. 锁紧装置

距地面 1 m 以上运转的游乐设施，如“观览车（摩天轮）”“太空船”等，其封闭式座舱的进出口门应设置从内部不能开启的两道锁紧装置或一道带保险的锁紧装置，以防止游乐设施在运动中，由于冲击、振动或锁紧装置失效，使舱门自行打开造成事故。例如

“摩天轮”的门，就是采用门把手上的一个撞块把门锁住，另外在吊舱门的外面再装一个插销，防止游客在运行过程中自行打开，如图4—14和彩图55所示。非封闭式吊舱的进出口处拦挡物，也应有带保险的锁紧装置，而且要保证运行中不会自行打开，如“双人飞天”等游乐设施。

5. 止逆行装置

沿斜坡向上牵引的提升系统，应设置防止乘人部分逆行的装置（特殊运行方式除外），如“疯狂老鼠”“过山车”等，如图4—15和彩图56所示。一旦游乐设施发生牵引链条断裂等故障，止逆行装置就能防止滑行车倒滑而造成事故。

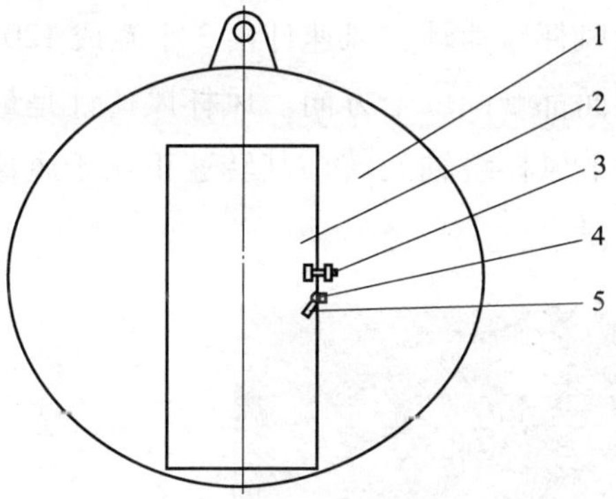

图4—14　两道门锁示意图

1—吊厢　2—吊厢门　3—插销　4—撞头　5—把手

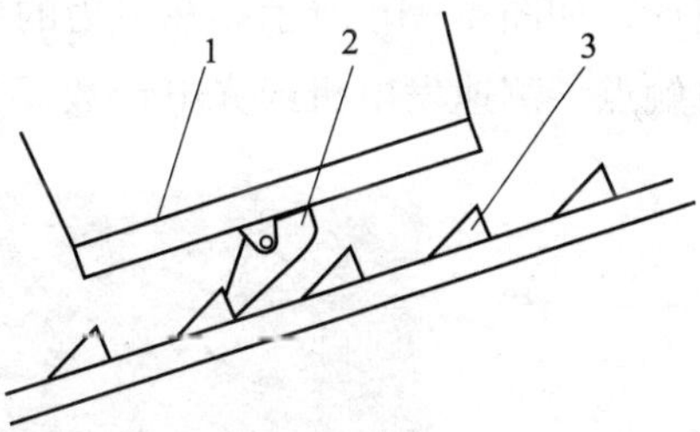

图4—15　止逆行装置示意图

1—车厢　2—止逆行装置　3—挡块

止逆行装置逆行距离的设计应使冲击负荷最小，最大冲击负荷时必须止逆可靠。

6. 运动限制装置

游乐设施在运行中超过预定位置有可能发生危险时，应设有限位控制和极限位置控制装置，控制装置应安全可靠。

绕水平轴回转并配有平衡重的游乐设施，乘人部分在最高点有可能出现静止状态（死点）时，应有防止或处理该状态的措施。

游乐设施无论是整体升降，还是每个座舱的分别升降，无论是液压升降、气动升降还是机械升降，在达到限定位置时必须有限位装置。否则，不仅游乐设施易遭到破坏，而且人身安全也受到威胁。常用的限位装置是限位开关，必要时可设两道限位，如“自控飞机”“海盗船”等，见彩图57。

在油缸或汽缸行程的终点，应设置限位装置。

7. 超速限制装置

有可能超速的游乐设施应设有防止超速的自动控制装置。如“观览塔”吊舱在运行时，特别是向下运行时由于各种原因而超过额定速度时要使吊舱停止，并切断曳引机电源。用限速器—安全钳的组合，限速器用来限制吊舱的运行速度，安全钳钳住吊舱运行的导向导轨，就能使吊舱停止运动。限速装置可以由电气、机械、液压（气动）、手动等组合构成，与游乐设施运动形式、速度和结构相关，无论何种构造都必须灵敏可靠。

8. 风速计

高度 20 m 以上的游乐设施，在高度 10 m 处应设置风速计，当风速大于 15 m/s（相当于 7 级风力）时，设备必须停止运行。风速计的设置起到了当风速过高时不能开车的保护作用。

风速计的种类较多，气象台站最常用的为风杯风速计，风速计由 3 个互成 120°固定在支架上的抛物锥空杯组成感应部分，空杯的凹面都顺向一个方向。风杯风速计是最常见的一种风速计，如图 4—16 所示。在风力的作用下风杯绕轴旋转，其转速正比于风速。转速可以用电触点、测速发电机或光电计数器等记录。

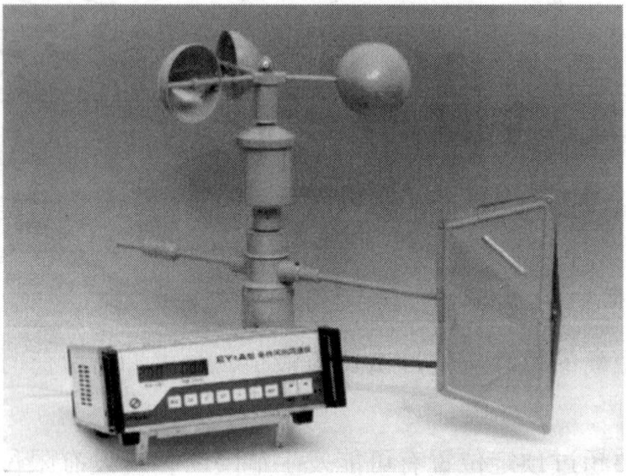

图 4—16　风杯风速计

9. 缓冲装置

在同一轨道、滑道、专用车道内，有两组以上（含两组）无人操作的单车或列车运行时（如“疯狂老鼠”“过山车”等），应设防止相互碰撞的自动控制装置和缓冲装置；当有人操作时（如“碰碰车”“高架自行车”等），每辆车辆的前后均应装设有效的缓冲装置，以防止撞击可能对乘客所造成的伤害，车辆的防冲撞缓冲装置突出车体应不小于 100 mm，如图 4—17、彩图 58、彩图 59 所示。

滑索游乐设施在同一滑索上运行不可能出现两人碰撞的情况，但滑行进站时，若速度过快，就会产生较大的冲击力，有可能对乘客造成伤害。为避免产生人身伤害，除有制动

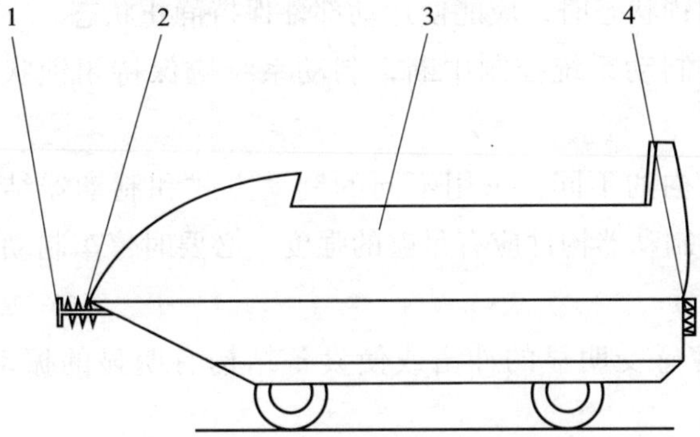

图 4—17　滑车缓冲装置示意图

1—撞头　2—弹簧　3—滑车　4—橡胶垫

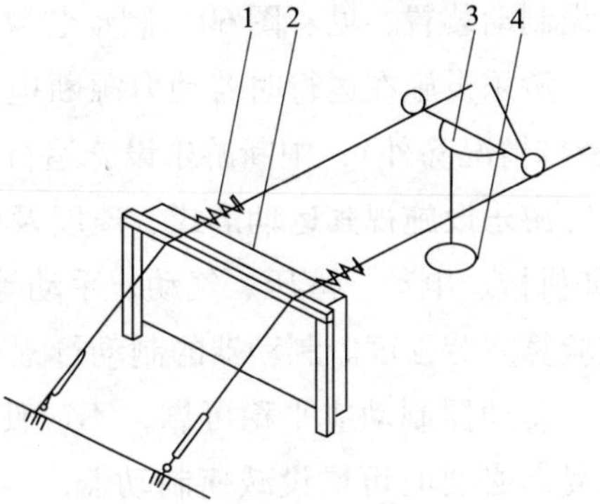

图 4—18　滑索缓冲装置示意图

1—缓冲弹簧　2—缓冲垫

3—滑行装置　4—吊挂带

装置外，还应设置缓冲装置。现在大部分滑索都采用了弹簧缓冲加缓冲垫的方式，如图 4—18 所示。缓冲弹簧要有足够长度，其长度应在 1.5 m 以上，以保证有足够的缓冲力，缓冲垫的材料常用泡沫塑料制成，厚度应大于 400 mm，并有足够的面积。

10. 过压保护装置

游乐设施的液压或气动系统中，应设有不超过额定工作压力 1.25 倍的过压保护装置，如图 4—19、图 4—20 所示。

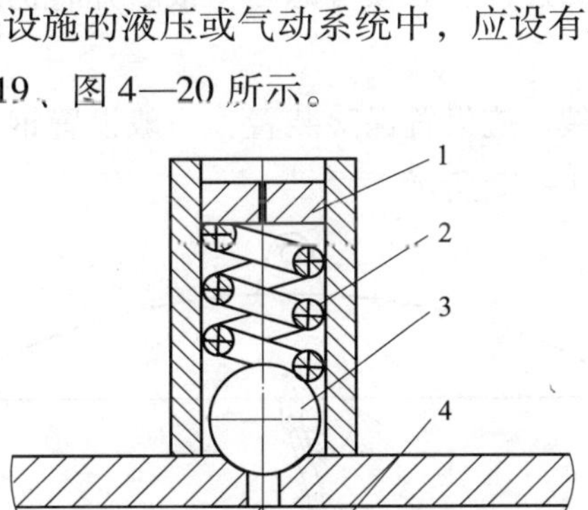

图 4—19　过压保护装置示意图

1—调压螺母　2—压紧弹簧

3—钢球　4—压力窗口

图 4—20　过压保护装置

11. 其他安全装置和安全措施

（1）制动装置。当动力电源切断后，停机过程时间较长或要求定位准确的游乐设施，应设制动装置，见彩图 60。制动装置在闭锁状态时，应能使运动部件保持静止状态。

游乐设施在运行时若动力源断电，或制动系统控制中断，制动系统应保持闭锁状态（特殊情况除外），中断游乐设施运行。

游乐设施视其运动形式、速度及其结构的不同，采用不同的制动方式和制动器结构（如机械、电动、液压、气动、手动等）。制动器构件应有足够的强度，必要时停车制动器应验算疲劳强度。制动器的制动行程可调节。

制动器制动应平稳可靠，不应使乘客感受明显的冲击或使设备结构有明显的振动、摇晃。必要时可增设减速制动器。

游乐设施车类的最大刹车距离，应限制在合理范围内：小赛车类不大于 7 m，在滑道内滑行的车不大于 8 m，脚踏车、内燃或电力单车等不大于 6 m，架空列车不大于 15 m。

（2）吊挂座椅、吊挂摆动舱的保险装置。吊挂乘人部分用的钢丝绳或链条等的数量不得少于两根，如各种飞椅等游乐设施的坐席，本来用 4 根钢丝绳吊挂就完全可以保持座椅的平衡，但为了乘客的安全，国家标准规定，必须另设 4 根保险钢丝绳，如图 4—21 和彩图 61 所示。这样，当一根钢丝绳或吊挂该绳的销轴断裂时，座椅在高速运行中，因还有一根保险绳牵引，不会失去平衡，与坐席部分的连接，必须考虑当一根断开时仍能够保持平衡。

为了防止坐席吊挂上部连接杆及焊接环断裂，应设置保险装置，一般设置钢丝绳作为保险。如双人飞天游乐设施的吊挂坐席，如图 4—22 所示。

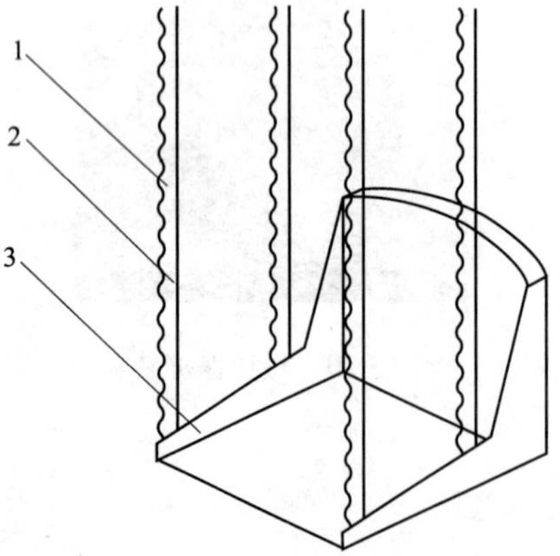

图 4—21　吊挂乘人部分保险示意图

1—保险绳　2—吊挂绳　3—座椅

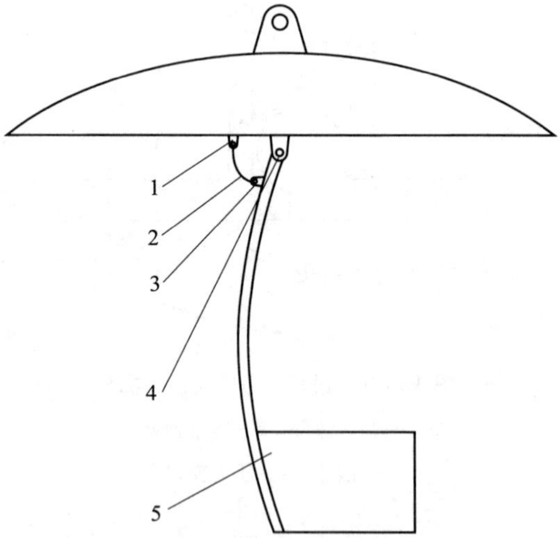

图 4—22　吊挂座席保险装置示意图

1，3—保险绳的吊挂点　2—保险绳　4—销轴　5—座席吊挂摆动舱在摆动过程中，若吊挂臂或上下销轴断裂，摆动舱就会坠落，加了保险绳后，可防止类似事故的发生，如图 4—23 所示。

保险绳的吊挂点（吊环）必须与吊挂座椅或吊挂臂的吊挂点（销轴）分开，这样不仅对吊挂座椅或吊挂臂起到了保险作用，对吊挂销轴也能起到保险作用。

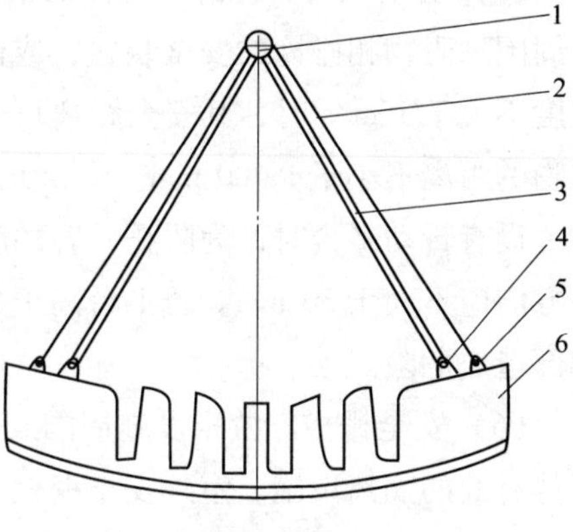

图 4—23　吊挂摆动舱保险装置示意图

1—吊挂轴　2—保险绳　3—吊挂臂

4—下吊挂销轴　5—钢丝绳吊环　6—船舱

（3）牵引杆的保险装置。有回转臂的游乐设施，其座舱都安装在回转臂的端部，座舱与回转臂用铰链连接，为了使座舱在任何高度都能保持垂直状态，还有牵引拉杆，此杆非常重要，一旦拉杆断开，座舱就会倾翻。所以一定要设保险装置，通常在拉杆旁应附设一根钢丝绳（见彩图 62），也有采用双拉杆形式的。

（4）蹦极游乐设施连接轴的安全装置。蹦极的座舱上下弹射是靠弹性绳的弹力，弹性绳与座舱的连接是通过安装在连接轴上的万向连接器，如图 4—24 所示。当连接轴断裂或轴端螺母松脱出现回转功能和定位功能失效的状况时，将会导致和弹性绳连接的万向连接器与座舱分离。但安装了环形圈保护装置，连接轴法兰或端部结构就会被限制在环形圈固定“铰链”支座的狭小空间内，从而达到了连接器与座舱不分离的安全保护的作用。

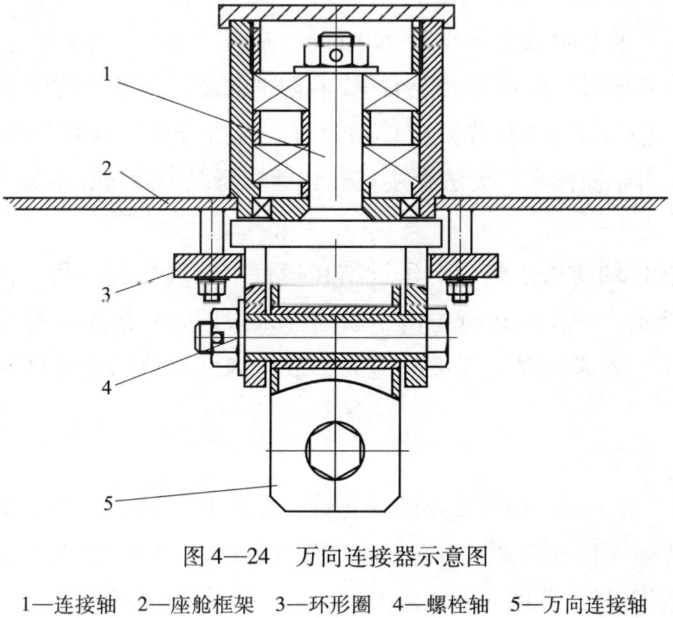

图 4—24　万向连接器示意图

1—连接轴　2—座舱框架　3—环形圈　4—螺栓轴　5—万向连接轴

（5）安全距离。凡游客身体的某个部位可伸到座舱以外时，应设有防止游客在运行中与周围障碍物相碰撞的安全装置，或留出不小于500 mm的安全距离。当全程或局部运行速度不大于1 m/s时，其安全距离可适当减少，但不应小于300 mm。从座席面至上方障碍物的距离不小于1 400 mm。专供儿童乘坐的游乐设施不小于1 100 mm。

设有转动平台时，为防止游客的脚部受到伤害，转动平台与固定部分之间的间隙，水平方向应不大于30 mm。若平台高于站台面时，其垂直方向的间隙应适当，不应对游客的脚部造成危险。

（6）安全栅栏。游乐设施周围及高出地面500 mm以上的站台上，应设置安全栅栏或其他有效的隔离设施。室外安全栅栏高度应不低于1 100 mm，室内儿童娱乐项目，安全栅栏高度不低于650 mm。栅栏的间隙和距离地面的间隙不大于120 mm。应为竖向栅栏，不宜使用横向或斜向的结构，见彩图63。

安全栅栏应分别设进、出口，在进口处宜设引导栅栏。站台应有防滑措施。

安全栅栏门开启方向应与游客行进方向一致（特殊情况除外）。为防止关门时对人员的手造成伤害，门边框与立柱之间的间隙应适当，或采取其他防护措施。

（7）进出口。边运行边上下游客的游乐设施，乘人部分的进出口不应高出站台300 mm。其他游乐设施乘人部分进出口距站台的高度应便于游客上下。

乘人部分的进出口应设门或拦挡装置，进出口处设置的拦挡装置大都采用环形链条，如“小火车”等，如图4—25和彩图64所示。门设置时要考虑到开启方向的安全性。

游乐设施进出口的台阶宽度不小于240 mm，高度为140 ~ 200 mm，阶梯的坡度应保持一致。进出口为斜坡时，坡度不大于1∶6，有防滑花纹的斜坡，坡度不大于1∶4。

（8）操作室。游乐设施的操作室应单独设置，视野开阔，有充分的活动空间和照明，如图4—26所示。对于操作人员无法直接观察到运转情况的盲区，应设置监视系统等安全措施。

（9）重要连接件的防松措施。游乐设施在运行中一般都有一些冲击和振动，有的冲击和振动还比较严重，在实际运行中由于紧固件未采用防松措施，螺栓、挡板、销轴等松动现象时有发生，若未及时发现极易造成事故，因此重要的连接件一定要采取防松措施。

常用的防松方法主要有：

1）采用各种防松垫圈，如弹簧垫圈、各种锁紧垫片（内、外齿锁紧垫圈、波形弹性垫圈、单耳止动垫圈等）和锁紧螺母防松，如图4—27和图4—28所示。

2）采用双螺母防松，如图4—29所示。

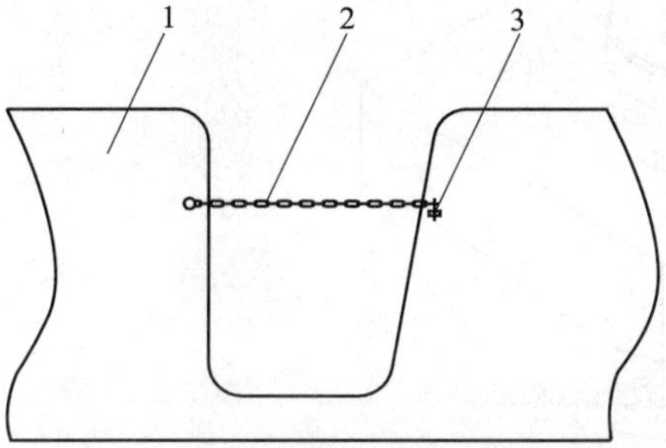

图 4—25　拦挡装置示意图

1—车厢　2—环形链条　3—插销

图 4—26　游乐设施操作室

弹簧垫圈

锁紧垫片

锁紧螺母

图 4—27　各种防松垫圈和螺母

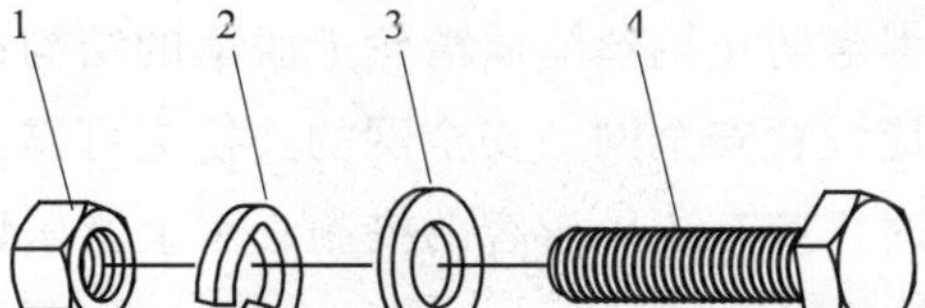

图 4—28　弹簧垫圈防松

1—螺母　2—弹簧垫圈　3—平垫圈　4—螺栓

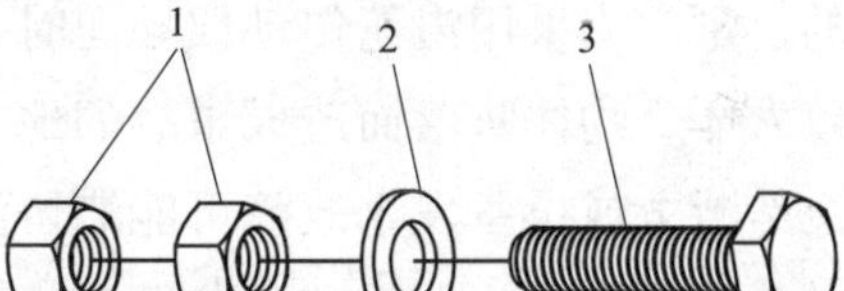

图 4—29　双螺母防松

1—螺母　2—平垫圈　3—螺栓

3）采用轴端挡板固定销轴防松，如图 4—30 所示。

两个固定轴端挡板的螺栓一定要放弹簧垫圈；另外，轴端挡板的安放，必须考虑销轴的受力方向，不能使轴端挡板承受压力。

4）采用各种螺纹胶、开口销防松，如图 4—31 所示。

此外，针对一些游乐设施的特殊性，还应有其他专门的安全装置和措施，例如，高度大于 15 m 的游乐设施应设避雷装置；地面行驶车辆的驱动、传动部分及车轮应有有效的

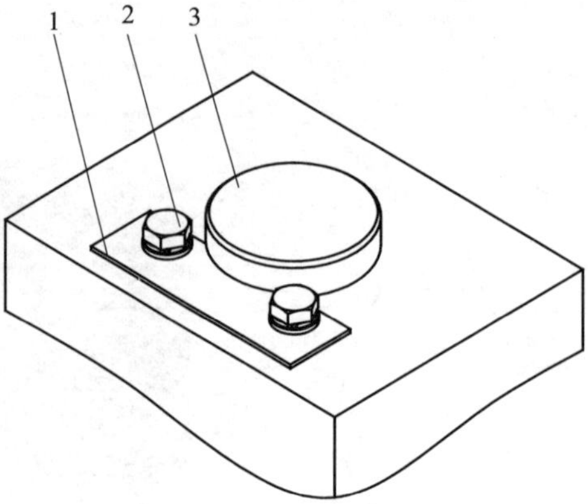

图 4—30　轴端挡板固定销轴示意图

1—轴端挡板　2—螺栓、弹簧垫圈　3—销轴

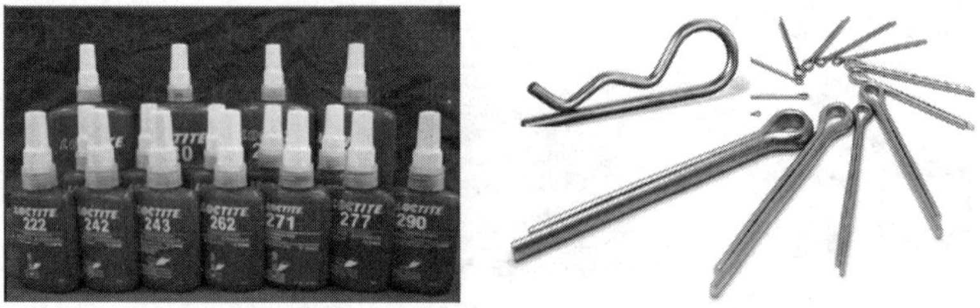

图 4—31　各种螺纹胶和开口销

覆盖防护；沿架空轨道运行的车辆，应设防侧翻装置；钢丝绳的终端在卷筒上应留有不少于三圈的余量。当采用滑轮传动或导向时，应考虑防止钢丝绳从滑轮上脱落的结构；在有可能导致人体、物体坠落而造成事故的地方，应设置安全网，安全网的连接应可靠；当动力电源突然断电或设备发生故障可能滞留游客时，应有疏导游客的措施；水上游乐设施均应配备救生人员、救生器材和设备等。

二、安全装置的设置

各种类型的游乐设施应根据安全技术要求设置安全装置和采取安全措施，而且在每次检查时，都应作为检查的重点。下面着重介绍几类典型游乐设施安全装置的设置和采取的安全措施。

1. “观览车（摩天轮）”的安全装置和措施

（1）吊厢门有在内部不能开启的两道锁紧装置。

（2）吊厢门、窗有防护栏杆。

（3）吊厢的吊挂轴处，应设保险措施。

（4）液压系统有过压保护装置。

（5）突然断电及设备发生故障时疏导游客的措施。

2.“海盗船”的安全装置和措施

（1）安全压杠应设有游客不能随意打开的锁紧装置。

（2）船体摆动限位装置。

（3）吊挂装置的保险措施。

（4）液压系统过压保险装置。

（5）突然断电及设备发生故障时疏导游客的措施。

3.“流星锤”的安全装置和措施

（1）座舱中安全压杠和把手。

（2）座舱门锁的保险装置。

（3）制动装置。

（4）突然断电及事故状态下疏导游客的措施。

4.“过山车”的安全装置和措施

（1）肩式安全压杠和保险措施。

（2）轨道及站台上的制动装置。

（3）车辆连接器的保护装置。

（4）提升段止逆行装置（特殊运行方式除外）。

（5）突然断电及事故状态下疏导游客的措施。

5.“疯狂老鼠”的安全装置和措施

（1）安全带和把手。

（2）缓冲装置。

（3）防车辆相互碰撞的自动控制装置。

（4）轨道及站台上的制动装置。

（5）提升段止逆行装置（特殊运行方式除外）。

（6）突然断电及故障状态下疏导游客的措施。

6.“空中列车”的安全装置和措施

（1）轨道上由两列列车以上运行时，有防止列车相撞的措施。

（2）制动装置。

（3）突然断电及故障状态下疏导游客的措施。

7.“架空游览车”的安全装置和措施

（1）安全带及把手。

（2）缓冲装置。

（3）故障状态下疏导游客的措施。

8.“双人飞天”的安全装置和措施

（1）安全压杠。

（2）坐席吊挂装置的保险措施。

（3）升降臂限位装置。

（4）液压系统过压保护装置。

（5）突然断电及故障状态下疏导游客的措施。

9.“飞行塔”的安全装置和措施

（1）升降限位装置。

（2）吊挂乘坐物的保险装置。

（3）液压系统的过压保护装置。

（4）突然断电及故障状态下疏导游客的装置。

10.“波浪秋千”的安全装置和措施

（1）座舱中的安全压杠和把手。

（2）吊挂臂摆动限位装置。

（3）吊挂轴保险装置。

（4）液压（或气动）系统过压保护装置。

11.“自控飞机”的安全装置和措施

（1）座舱中的安全带及把手。

（2）回转臂升降限位装置。

（3）飞机平衡拉杆的保险装置。

（4）液压系统过压保护装置。

（5）突然断电及故障状态下疏导游客的措施。

12.“章鱼”的安全装置和措施

（1）座舱中的安全压杠。

（2）液压系统中的过压保护装置。

（3）突然断电及故障状态下疏导游客的措施。

13.“滑索”的安全装置和措施

（1）滑车吊挂点的保险措施。

（2）下站台的制动装置。

（3）下站台的缓冲装置。

（4）故障情况下疏导游客的措施。

14．“滑道”的安全装置和措施

（1）滑车上的制动装置。

（2）终点的制动装置。

（3）必要的安全标志和警示标志牌。

15．“蹦极”的安全装置和措施

（1）肩式压杠及安全带。

（2）弹性绳的断绳保护措施。

（3）弹力绳万向连接器的保险装置。

（4）卷扬机过卷保护装置

16．“小赛车”的安全装置和措施

（1）赛车的驱动和传动部分的覆盖防护。

（2）车辆的防撞装置。

（3）车场的车辆防撞装置。

（4）加速和制动标志。

三、安全装置的日常检查

游乐设施的安全装置是保证游乐设施安全运营和保护游客安全必不可少的重要组成部分，也是操作人员在日常运行中操作和检查的重点部位，必须严格按照安全操作规程和日常安全检查制度进行。以下介绍各主要安全装置的检查要点。

1．安全压杠

游乐设施运行时，若有可能导致游客被甩出去的，必须设置相应型式的安全压杠；安全压杠本身必须具有足够的强度和锁紧力，保证游客不被甩出或掉下，并在设备停止运行前始终处于锁定状态。

护胸压肩式安全压杠的检查要点：安全压杠不应有影响安全的空行程，动作应可靠，锁紧装置应锁紧，辅助束缚装置（如安全带等）应完好。

（1）液压（气压）锁紧的安全压杠

1）压杠的发泡或缓冲装置应无开裂、脱落等现象。

2）压杠在压紧状态时，端部的游动量不得大于35 mm。

3）压杠压紧过程中，动作应缓慢，施加给游客的最大力应合适。

4）液压锁紧系统应无渗漏（或漏气）现象。

5）锁紧和释放机构应能够手动开启。

6）释放机构游客应不能随意打开，而操作人员能方便、迅速进行操作。

（2）机械锁紧的安全压杠

1）压杠的锁头、锁扣应安装牢靠、无松动现象。

2）锁扣弹簧无失效现象。

3）压杠、锁头、锁扣无锈蚀、开裂、脱焊等现象。

2. 安全带

安全带可单独用于轻微摇摆或升降速度较慢、没有翻转、游客没有被甩出危险的设施上，使用安全带一般应配备辅助把手。对运动激烈的设施，安全带可作为辅助束缚装置。

安全带的检查要点：

（1）采用尼龙编织带等适合露天使用的高强度带子。

（2）安全带的宽度应大于 30 mm。

（3）安全带表面应光洁，无磨损、抽丝、开裂等现象。

（4）安全带连接处应没有脱线情况。

（5）安全带锁头、锁扣应完好，无锈蚀、变形、开裂现象。

（6）安全带的固定应牢固可靠，可以承受游客各种动作产生的力。

3. 乘人舱门锁紧装置

距地面 1 m 以上封闭座舱的门，必须设游客在内部不能开启的两道锁紧装置或一道带保险的锁紧装置。非封闭座舱进出口处的拦挡物，也应有带保险的锁紧装置。

锁紧装置的检查要点：

（1）逐一手动检查每处锁紧装置，感官判断，确保能锁紧。

（2）两道锁紧装置均可靠有效，无损坏情况。

4. 制动装置

大部分运行速度较快的游乐设施都采用了制动系统，主要有电动机制动（电气和机械制动）和车辆制动（机械制动）两种方法，以达到停止或减速的目的。

车辆机械制动装置的检查要点：

（1）在运行中，动力电源断电或制动系统控制中断，制动系统应保持锁闭状态。

（2）制动应平稳，不应让游客感到明显的冲击或使设备有明显的振动和摇晃。

（3）制动闸瓦的磨损应在规定的范围内。

（4）制动的液压或气压装置动作应正常可靠。

（5）试运行检查。

5. 车辆止逆行装置

为了防止车辆倒行而发生事故，沿斜坡牵引的提升系统，应设置防止乘人部分逆行的装置（特殊情况除外，如“太空飞车”在提升时由驱动轮驱动）。

止逆行装置的检查要点：

（1）安装应牢固，动作应可靠。

（2）无明显变形、磨损和裂纹。

（3）试运行检查。

6. 缓冲装置

可能发生碰撞的游乐设施（如碰碰车、高架自行车、疯狂老鼠、高空飞行塔等）都应当装设适当的缓冲装置。游乐设施常用的缓冲装置主要有：弹簧缓冲器、聚氨酯（橡胶）缓冲器、液压缓冲器等。

缓冲装置的检查要点：

（1）弹簧缓冲器的撞头（或撞杆）的压缩和复位应灵敏、平稳，能起缓冲作用。

（2）聚氨酯（橡胶）缓冲器应无老化、开裂、破损、脱落等现象。

（3）橡胶充气缓冲轮胎的充气应适当，无漏气。

7. 吊挂乘坐物的保险措施

吊挂乘人部分用的钢丝绳或链条不得少于两根，与座席部分的连接必须考虑一根断开时能够保持平衡。

吊挂乘人部分保险措施的检查要点：

（1）逐一检查吊挂乘人部分的钢丝绳（或链条）固定应可靠。

（2）钢丝绳（或链条）应无明显的磨损、锈蚀、断丝（或开裂）。

（3）保险钢丝绳（或链条）应无磨损、锈蚀、断丝（或开裂）。

除必须掌握以上常用安全装置及附件的操作与日常检查外，操作人员还应针对不同种类的游乐设施，参照产品使用说明书、安全操作规程、日常安全检查制度等技术文件资料的要求，在实践中，熟悉和掌握自己所负责日常操作的游乐设施特点、日常检查重点以及操作要领等，保证其能够安全运营。

第 3 节　电气安全防护

游乐设施的电气系统是设备运行的指挥控制中心，一旦电气发生故障就会危及游客的人身安全。因此，采取合理、可靠、完善的电气保护，也是保证游乐设施安全运营的重要条件之一。

一、电击防护

1. 电击伤害

电击是指电流流经人体，使其产生病理生理效应。电击伤害是指当人体同时触及不同电位的导电部分时，电位差使电流流经人体，称之为“触电”。

当人体接触电流很小时对人无害，比如一些用于诊断和治病的医疗电气设备，这种电接触称为微电接触。当通过人体的电流较大、持续时间过长时，则可使人受到伤害甚至死亡，这种电接触称作电击。

电流通过人体时引起的心室纤维性颤动是电击致死的主要原因，只要电流小于30 mA，人体就不致因发生心室纤颤而电击致死。因此，国际和国内都将防电击的高灵敏漏电保护器的额定动作电流值定为30 mA。

2. 直接接触电击防护

直接接触电击是指人与带电部分（既电气设备正常工作时带有电流的相线和中性线）直接接触引起的电击，例如人在检修电气线路时没有切断电源，人体触及破损的导线而引起的电击。

直接接触电击的基本防护原则是：应当使危险的带电部分不会被有意或无意地触及。

最常用的直接接触电击防护措施包括：绝缘、屏护、间距等。这些措施是各种电气设备都必须考虑的通用安全防护措施，其主要作用是防止人体触及或过分接近带电体造成触电事故，以及防止短路、故障接地等电气事故。

（1）绝缘。所谓绝缘就是使用不导电的物质将带电部分隔离或包裹起来，以对触电起保护作用的一种电气安全措施。良好的绝缘是保证电气设备和电气线路安全运行，防止人身触电事故和火灾事故最基本、最可靠的手段。

在实际应用中，固体绝缘是一种使用最为广泛，且最为可靠的绝缘物质。在强电作用下，绝缘物质可能被击穿而丧失其绝缘性能。一旦固体绝缘物质被击穿以后，则不可逆地完全丧失了其电气绝缘性能。因此，电气设备和电气线路的绝缘选择必须与电压等级相配合，而且还应当与使用环境及运行条件相适应，以保证绝缘性能的安全可靠。

此外，由于腐蚀性气体、蒸汽、潮气、导电性粉尘、机械作用等原因，均可能使绝缘物质的绝缘性能降低甚至破坏。而且，日光、风雨等环境因素的长期作用，也可能使绝缘物质老化而逐渐丧失其绝缘性能。

电气设备的正常运行条件之一就是其绝缘材料的绝缘程度（即绝缘电阻的数值），绝缘电阻是电气设备和电气线路最基本的绝缘指标。当受热和受潮时，绝缘材料就会老化，绝缘电阻就会降低，从而造成电气设备漏电或短路事故的发生。为了避免事故的发生，就要求经常（特别是受热、受潮以后）测量电气设备的绝缘电阻，判断其绝缘程度是否能达到要求。兆欧表（也称绝缘电阻表）是测量绝缘电阻最常用的仪器，使用起来既方便又可靠。但如果使用不当，会给测量结果带来不必要的误差，所以应当掌握正确使用兆欧表测量绝缘电阻的方法。

对于游乐设施工作电压不大于 50 V 的电源变压器，其初、次级绕组间应采用相当于双重绝缘或加强绝缘水平的绝缘隔离。变压器的初、次级绕组间的绝缘电阻应不小于 7 MΩ；变压器绕组对金属外壳间的绝缘电阻应不小于 2 MΩ。

电压有效值大于 50 V 的带电回路与接地装置之间的绝缘电阻应不小于 1 MΩ。

通过绝缘电阻的测量，可以在一定程度上判定游乐设施中电气设备绝缘的好坏，判断这些电气设备（如电动机、变压器等）的受热、受潮情况等。以防因绝缘电阻降低或损坏而造成漏电、短路、电击等电气事故。

这里简单介绍用兆欧表测量绝缘电阻的方法。

兆欧表主要由作为电源的手摇发电机（或其他直流电源）和作为测量机构的磁电式流比计（双动线圈流比计）组成。测量时，实际上是给被测物加上直流电压，测量其通过的泄漏电流，在表的盘面上读到的是经过换算的绝缘电阻值。

在兆欧表上有三个接线端，分别标为接地 E，电路 L 和屏蔽 G。一般测量仅用 E、L 两端，E 通常接地或接设备外壳，L 接被测线路，如电动机、电器的导线、电动机绕组等，如图 4—32 所示。

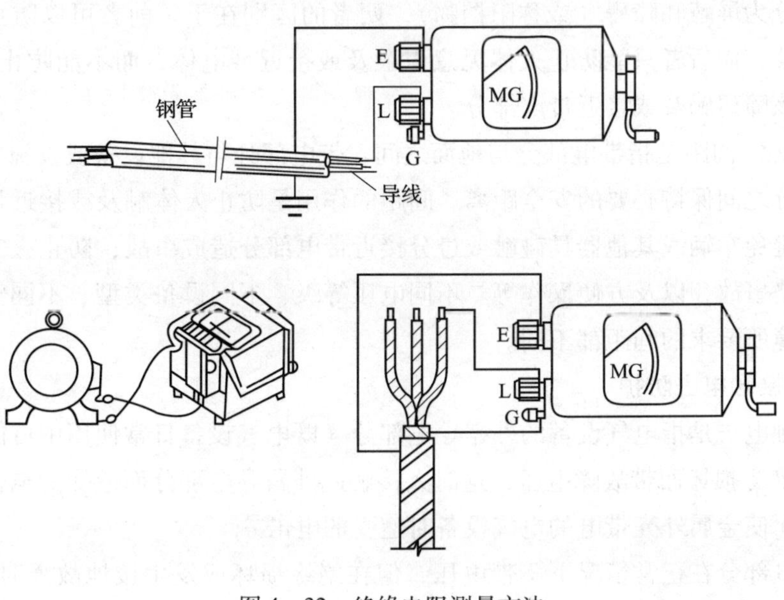

图 4—32　绝缘电阻测量方法

使用兆欧表测量绝缘电阻时，应注意下列事项。

1）应根据被测物的额定电压正确选用不同电压等级的兆欧表，所用兆欧表的工作电压应高于绝缘物的额定工作电压。一般情况下，测量额定电压500 V以下的线路或设备的绝缘电阻，应采用工作电压为500 V或1 000 V的兆欧表。

2）兆欧表接线端应用单股绝缘导线单独连接，不能用双股绝缘导线，以免测量时因双股线或绞线绝缘不良而引起误差。

3）测量前，必须断开被测物的电源，并进行放电。测量结束也应进行放电，放电时间一般不应短于2~3 min。

4）测量前，应对兆欧表进行检查。首先，使兆欧表接线端处于开路状态，转动摇把，观察指针是否在“∞”位；然后，再将E和L两端短接，慢慢转动摇把，观察指针是否迅速指向“0”位。

5）进行测量时，摇把的转速应由慢至快，到120 r/min左右时，发电机输出额定电压。摇把转速应保持均匀、稳定，一般摇动1 min左右，待指针稳定后再进行读数。

6）测量过程中，如指针指向“0”，表明被测物绝缘失效，应停止转动摇把，以防表内线圈发热烧坏。

（2）屏护。屏护是一种对电击危险因素进行隔离的手段，即采用遮栏、罩盖、箱匣等把危险的带电部分与外界隔离开来，以防止人体触及或接近带电部分所引起的触电事故。屏护还能起防止电弧伤人、防止电弧短路和便于检修作业的作用。

屏护可分为屏蔽和障碍（或称阻挡物），两者的区别在于，前者可以防止人体有意识触及带电部分；而后者只能防止人体无意识触及或接近带电体，而不能防止有意识移开、绕过或翻越该障碍触及或接近带电部分。

（3）间距。间距是指带电部分与地面之间，带电部分与其他设备或设施之间，带电部分与带电部分之间保持必要的安全距离。间距的作用是防止人体触及或接近带电部分造成触电事故；避免车辆或其他器具碰触或过分接近带电部分造成事故；防止火灾、过电压放电及各种短路事故，以及方便操作等。不同电压等级、不同设备类型、不同安装方式、不同的周围环境所要求的间距都不同。

3. 间接接触电击防护

间接接触电击是指电气设备的外露导电部分（既电气设备日常使用中可能被触及的导电部分）因绝缘损坏而带故障电压，这时人接触此外露导电部分而遭受的电击。例如人挪动绝缘损坏而使金属外壳带电的电气设备时遭受的电击。

外露导电部分在正常情况下不带电压，但在绝缘损坏或发生接地故障时可能带电压，称为“漏电”。例如电气设备的金属外壳、电气线路等。

由于电气设备在结构上不会让人直接接触带电部分，直接接触电击事故很少；相反，因人随时可能接触外露导电部分，间接接触电击事故发生的可能性就大得多。

间接接触电击防护措施主要包括：自动切断供电电源；采用双重绝缘或加强绝缘的电气设备；将有触电危险的场所绝缘，构成不导电环境；采用不接地的局部等电位连接保护或采取等电位均压措施；采用安全（特低）电压；实行电气隔离等。

（1）自动切断供电电源。自动切断供电电源这一保护措施，是指采用适当的开关电器，当设备绝缘损坏后，在规定时间内自动切断损坏设备的电源，以防止因人体接触危险电压的时间过长而引起触电伤亡事故。因此，这一保护措施的基本原则是：电气设备的任何故障所产生的故障电流，在保证人身安全所要求的时间内及时被切断。

（2）双重绝缘或加强绝缘。通常具有双重绝缘结构的电气设备，不需要采取保护接地或其他特殊的安全措施，就具备一定的预防间接接触触电的功能。因此，这种设备的应用范围日益广泛。某些场所，如果采用普通电气设备，难以采取其他安全措施，或不足以保证安全的，则可采用双重绝缘结构的电气设备；手持电动工具和移动式电气设备，由于使用地点不固定，其结构可以采用双重绝缘；特别潮湿或有腐蚀性介质的场所，所使用的电动机多为双重绝缘结构。此外，某些家用电器或器械的外壳和手柄，也采用双重绝缘结构。

（3）安全电压。安全电压是指在各种不同环境条件下，人体接触到带电体后，各部分组织（如皮肤、心脏、呼吸器官、神经系统等）不发生任何损害的电压。安全电压一方面是相对于电压的高低而言，但更主要的是指对人体安全危害甚微或没有威胁的电压。

安全电压是为了防止触电事故而采用的由特定电源供电的电压系列，其供电要求实行输出与输入电路的隔离，以及与其他电气系统的隔离。这个电压系列的上限值，在正常和故障情况下，任何两导体间或任一导体与地之间均不得超过交流（50～500 Hz）有效值50 V。

《特低电压（ELV）限值》（GB/T 3805—2008）规定了《建筑物电气装置的电压区段》（GB/T 18379—2001）中定义的Ⅰ区段电压等级的限值，用以指导正确选择人体在正常和故障两种状态下使用各种电气设备，并处于各种环境下可触及导电零件的电压限值。

我国相关国家标准规定工频有效值42 V、36 V、24 V、12 V、6 V为安全电压的额定值，可以根据场所特点，采用安全电压标准规定的交流电安全电压等级。

1）42 V（空载上限小于等于50 V）可供在有触电危险的场所内使用的手持式电动工具上使用。

2）36 V（空载上限小于等于43 V）可供在矿井、多导电粉尘等场所使用的行灯上使用。

3）24 V、12 V、6 V（空载上限分别小于或等于 29 V、15 V、8 V）三挡可供某些人体可能偶然触及的带电体的设备选用。在金属容器内、隧道内、矿井内等狭窄、行动不便的工作地点，以及周围有大面积接地导体的环境中，应采用 24 V 或 12 V 的安全电压。当电气设备采用 24 V 以上安全电压时，必须采取防止直接接触带电体的措施，其电路必须与大地绝缘。

各等级的安全电压应根据使用场所、操作人员条件、使用方式、供电方式和线路状况等多种因素进行选用，安全电压的选用见表 4—4。

表 4—4　　各等级安全电压的选用

安全电压（V）	用途
42	手提式照明灯、无特殊安全措施、有触电危险的场所使用的手持式电动工具等
36	矿井、易导电、多粉尘、生产场所及变电站等场所使用的灯具等
24	比较危险的场所、工作场地狭窄、湿热场所、工作人员可能偶然接触的带电体
12	
6	

《游乐设施安全规范》（GB 8408—2008）中的 6.4 安全防护对游乐设施采用的安全电压作出了明确的规定。

标准中的 6.4.4 规定，乘客易接触部位（高度小于 2.5 m 或距离小于 500 mm 范围内）的装饰照明电压应采用不大于 50 V 的安全电压。

标准中的 6.4.5 规定，由乘人操作的电器开关应采用不大于 24 V 的安全电压，对于工作电压难以满足上述要求的设备，其开关的操作杆和操作手柄等类似结构，应符合《家用和类似用途电器的安全　第一部分：通用要求》（GB 4706.1—2005）中的有关规定。

标准中的 6.4.6 规定，轨道带电在地面行驶的游乐设施，如儿童小火车等，轨道电压应不大于 50 V。架空行驶的游乐设施，如架空列车等，滑接线高度低于 2.5 m 处应设置安全栅栏和安全标志。

游乐设施采用的变压器应符合《电力变压器、电源装置和类似产品的安全》（GB 19212）的要求。

（4）电气隔离。所谓电气隔离，就是将电源与用电回路作电气上的隔离，即将用电的分支电路与整个电气系统隔离，使之成为一个在电气上被隔离的、独立的不接地安全系统，以防止在裸露导体故障带电情况下发生间接触电危险。

4. 电气火灾

电气火灾一般是指由于电气线路、用电设备或器具以及供配电设备出现故障时释放的热能（如高温、电弧、电火花），以及非故障性释放的能量（如电热器具的炽热表面），在具备燃烧条件下引燃本体或其他可燃物而造成的火灾，也包括由雷电和静电引起的火灾。

电气火灾主要可以分为以下四种。

（1）漏电火灾。所谓漏电，就是线路的某个地方因为某种原因（自然或人为原因，如潮湿、高温、破损、摩擦、腐蚀、老化等）使导线的绝缘或支架材料的绝缘能力下降，导致导线与导线之间、导线与大地之间有一部分电流通过，这种现象就是漏电。

当漏电发生时，泄漏电流在流入大地途中，如遇电阻较大的部位，就会产生局部高温，致使附近的易燃或可燃物着火，从而引起火灾。此外，漏电点产生的火花，同样也会引起火灾。

（2）短路火灾。电气线路中的导线绝缘破损后，导致导线与导线之间在某一点碰在一起，引起电流突然大量增加的现象叫做短路。

由于短路时电阻突然减小，电流突然增大，其瞬间的发热量也很大，大大超过了线路正常工作时的发热量，并在短路点易产生强烈的火花和电弧，不仅能使绝缘层迅速燃烧，而且能使金属熔化，引起附近的易燃或可燃物燃烧，造成火灾。

（3）过负荷火灾。所谓过负荷是指当导线中通过的电流量超过了安全载流量时，导线的温度不断升高，这种现象就叫导线过负荷。

当导线过负荷时，加快了导线绝缘层老化变质。当严重过负荷时，导线的温度会不断升高，甚至会引起导线的绝缘层发生燃烧，并引燃导线附近的易燃或可燃物，从而造成火灾。

（4）接触电阻过大火灾。凡是导线与导线，导线与开关、熔断器、仪表、电气设备等连接的地方都会有接头，在接头的接触面上形成的电阻称为接触电阻。当有电流通过时，接头就会发热，这是正常现象。如果接头处理良好，接触电阻不大，则接头的发热就会很小，可以保持正常工作温度。如果接头中有杂质、连接不牢靠或其他原因使接头接触不良，会造成接触部位的局部电阻过大，当电流通过接头时，此处就会过热，形成高温。

在有较大电流通过的电气线路上，如果在某处出现接触电阻过大现象，就会在接触电阻过大的局部范围内产生极大的热量，使金属变色甚至熔化，引起导线的绝缘层燃烧，并引燃附近的易燃或可燃物，从而造成火灾。

二、接地与避雷

1. 保护接地

保护接地是为了防止电气设备的金属外壳、配电装置的构架等可能带电危及人身和设备安全而进行的接地。保护接地就是将正常情况下不带电，而在绝缘损坏后或其他情况下可能带电的外露导电部分用导线与接地体可靠连接起来的一种保护方式。接地保护一般用于配电变压器中性点不直接接地（三相三线制）的供电系统中，以保证当电气设备因绝缘损坏而漏电时产生的对地电压不超过安全范围。

接地保护与接零保护统称保护接地，是为了防止人身触电事故，保证电气设备正常运行所采取的一项重要安全技术措施。这两种保护的不同点主要表现在三个方面。

一是保护原理不同，接地保护的基本原理是限制漏电设备对地的泄漏电流，使其不超过某一安全范围，一旦超过某一整定值保护器就能自动切断电源；接零保护的原理是借助接零线路，使设备在绝缘损坏后形成单相短路时，利用短路电流促使线路上的保护装置迅速动作。

二是适用范围不同，TT 系统通常适用于农村公用低压电力网，该系统属于保护接地中的接地保护方式；TN 系统（TN 系统又可分为 TN－C，TN－C－S，TN－S 三种）主要适用于城镇公用低压电力网和厂矿企业等电力用户的专用低压电力网，该系统属于保护接地中的接零保护方式。

当前我国现行的低压配电系统，通常采用的是 TT 或 TN－C 系统，实行单相、三相混合供电方式。即三相四线制 380/220 V 配电，同时向照明负载和动力负载供电。

三是线路结构不同，接地保护系统只有相线和中性线，三相动力负荷可以不需要中性线，只要确保设备良好接地就行了，系统中的中性线除电源中性点接地外，不得再有接地连接；接零保护系统要求无论什么情况，都必须确保保护中性线的存在，必要时还可以将保护中性线与接零保护线分开架设，同时系统中的保护中性线必须具有多处重复接地。

根据国家标准规定，游乐设施低压配电系统的接地形式应采用 TN－S 系统或 TN－C－S 系统。

（1）TN－S 系统。TN－S 系统即三相五线制供电系统，在该系统中，中性线与保护线采取分开的接线方式，由三根相线、一根中性线和一根保护接地线组成，如图 4—33 所示。

（2）TN－C－S 系统。TN－C－S 系统即中性线与保护线在系统的一部分是合一的。由于有许多供电系统仍采用 TN－C 系统，可采取在 TN－C 系统接至游乐设施之前，将 PEN 线分成 N 线和保护接地线，形成 TN－C－S 系统，如图 4—34 所示。

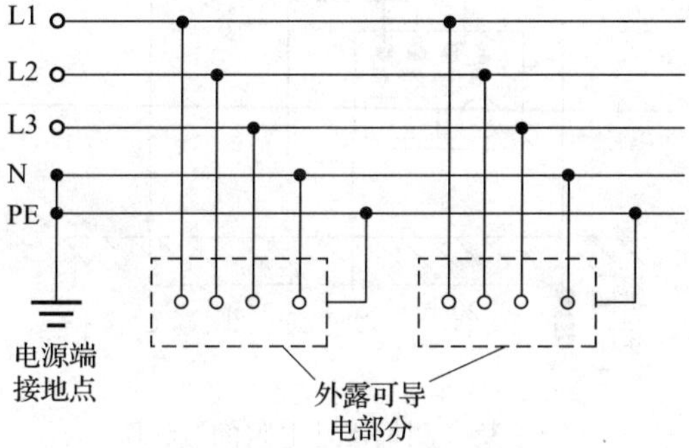

图 4—33　TN－S 系统

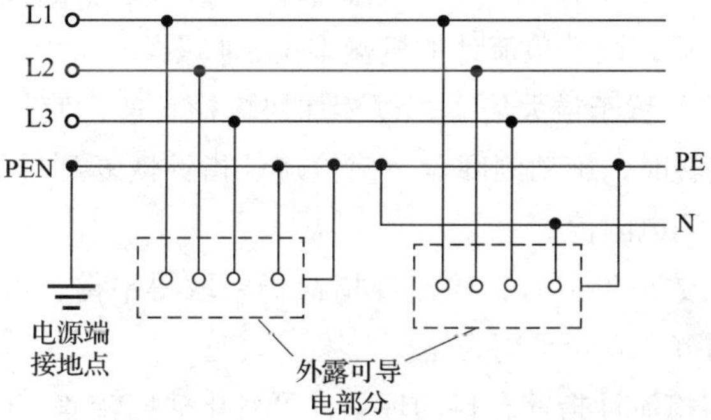

图 4—34　TN－C－S 系统

游乐设施电气设备中正常情况下不带电的金属外壳、金属管槽、电缆金属保护层、互感器二次回路等必须与电源线的地线（PE）可靠连接，低压配电系统保护重复接地电阻应不大于 10Ω。接地装置的设计和施工应符合相关标准的规定。

2．接地电阻的测试

接地电阻测试适用于测量各种电力系统、电气设备、避雷针等接地装置的电阻值。接地电阻测试仪一般由手摇发电机、电流互感器、滑线电阻、检流计等组成，其工作原理采用基准电压比较法。

测量接地电阻值时，把仪器上的 E 端接 5 m 导线；P 端接 20 m 导线；C 端接 40 m 导线，导线的另一端分别连接被测物的接地极 E′，电位探棒 P′和电流探棒 C′，而且 E′，P′，C′应保持直线，其间距为 20 m。

测量接地电阻时接线方式如图 4—35 所示。

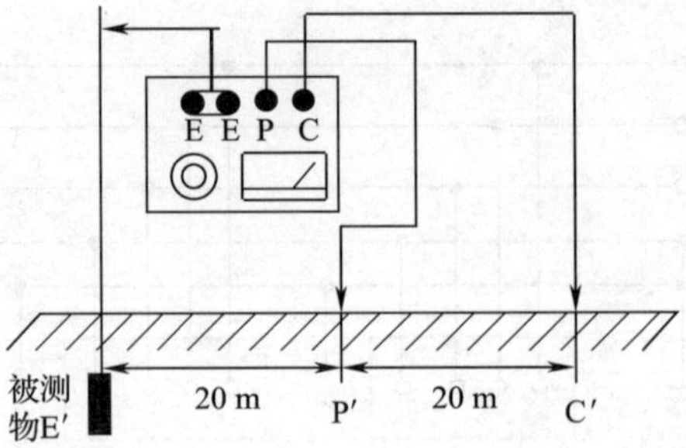

图 4—35　测量接地电阻的接线图

使用接地电阻测试仪测量接地电阻时，应注意下列事项：

（1）使用前检查测试仪器是否完整，所有接线端接线应正确无误。

（2）仪器与接地极 E′、电位探棒 P′和电流探棒 C′连接应牢固接触。

（3）仪器放置水平后，调整检流计的机械零位，归零。

（4）将“倍率开关”置于最大倍率，逐渐加快摇柄转速，使其达到 150 r/min。当检流计指针向某一方向偏转时，旋动刻度盘，使检流计指针恢复到“0”位，此时刻度盘上读数乘上倍率挡即为被测电阻值。

（5）如果刻度盘读数小于 1 时，检流计指针仍未取得平衡，可将“倍率开关”置于小一挡的倍率，直至调节到完全平衡为止。

（6）如果发现仪器检流计指针有抖动现象，可变化摇柄转速，以消除抖动现象。

（7）禁止在有雷电或被测物带电时进行测量。

3. 避雷措施

避雷装置是利用其高出被保护物的突出地位，把雷引向自身，然后通过引下线和接地装置，把雷电流泄入大地。

根据保护的对象不同，接闪器可选用避雷针、避雷线、避雷网、避雷带、避雷器等。避雷针主要用于建筑物和构筑物的保护；避雷线主要作为电力线路的保护；避雷网和避雷带主要用于建筑物的保护；避雷器是防止雷电侵入波的一种保护装置。

《游乐设施安全规范》（GB 8408—2008）国家标准规定，高度大于 15 m 的游乐设施和滑索上、下站及钢丝绳等应装设避雷装置，高度超过 60 m 时还应增加防侧向雷击的避雷装置。引下线宜采用圆钢或扁钢，圆钢直径不应小于 8 mm，扁钢截面不应小于 48 mm^2，其厚度不应小于 4 mm。当利用设备金属结构架做引下线时，截面和厚度不应小于上述要求，在分段机械连接处应有可靠的电气连接。引下线宜在距地面 0.3～1.8 m 之间装设断接卡或连接板，并应有明显标志。避雷装置的接地电阻应不大于 30 Ω。避雷装置的设计和施工应符合《建筑物防雷设计规范》（GB 50057—2010）的规定。

特别注意：当出现雷雨天气时，游乐设施应当立即停止运营，并及时疏散游客。游客不要在避雷装置（尤其是避雷装置的接地引线）附近避雨。

三、其他电气防护措施

游乐设施的其他电气防护措施包括：过流保护、过载保护、过压保护、欠压保护、缺相保护、短路保护、剩余电流保护（漏电保护）等。

1. 过流保护

过流保护常采用过电流继电器来实现，其原理是将过电流继电器线圈串接在被保护线路中，当电流达到其整定值，过电流继电器动作，其常闭触头串接在接触器线圈所在的支路中，使接触器线圈断电，再通过主电路中接触器的主触头断开，使电动机电源及时切断。

2. 过载保护

过载是指电动机运行电流超过其额定电流但小于 1.5 倍额定电流的运行状态，此运行状态在过电流运行状态范围内。若电动机长期过载运行，其绕组温升将超过允许值而使绝缘老化或损坏。过载保护要求不受电动机短时过载冲击电流或短路电流的影响而瞬时动作，通常采用热继电器作为过载保护元件。

3. 过压保护

当被保护线路的电源电压高于一定数值时，保护器切断该线路；当电源电压恢复到正常范围时，保护器自动接通。

4. 欠压保护

当线路电压降低到临界电压时，保护电器的动作，称为欠电压保护，其任务主要是防止设备因过载而烧毁。当线路电压低于临界电压，保护电器才动作的称为失压保护，其主要任务是防止电动机自启动。

5. 缺相保护

线路电源缺相时，会产生负序电流分量，三相电流不均衡或过大，引起电动机迅速烧毁。为了保障电动机的安全运行，使其在发生缺相运行时能及时停止电动机的运行，避免造成电动机烧毁事故，一般的电动机都装有缺相保护装置。

6. 短路保护

当电气控制线路中的电器或配线绝缘遭到损坏、负载短路、接线错误时，都将产生短路故障。短路时产生的瞬时故障电流是额定电流的十几至几十倍，将造成电气设备或配电线路损坏，产生的电弧能引起火灾。

短路保护要求能在短路故障发生后的极短时间内切断电源，常用方法是在线路中串接熔断器或低压断路器。低压断路器动作电流整定为电动机启动电流的 1.2 倍。

7. 剩余电流保护（漏电保护）

剩余电流保护是指当电网漏电电流超过设定值时，具有能自动切断电路或发出信号的功能。

低压配电系统中装设剩余电流动作保护装置（亦称漏电保护器）是防止人身触电事故的有效措施之一，也是防止因漏电引起电气火灾和电气设备损坏事故的技术措施。但安装漏电保护器后并不等于绝对安全，运行中仍应以预防为主，并应同时采取其他防止触电和电气设备损坏事故的技术措施。

漏电保护器是用于在电路或电器绝缘受损发生对地短路时防止人身触电和电气火灾的保护电器，其适用范围是交流 50 Hz、额定电压 380 V、额定电流 250 A。对于游乐设施，安装在水泵房、游泳池等潮湿场所的电气设备以及使用非安全电压的装饰照明设备，应有漏电保护器。漏电保护器的技术条件应符合《剩余电流动作保护器的一般要求》（GB/Z 6829—2008）和《剩余电流动作保护装置安装和运行》（GB 13955—2005）的有关规定，其技术额定值应与被保护线路或设备的技术参数相匹配；用于直接接触电击防护时，应选用0.1 s、30 mA 高灵敏度快速动作型漏电保护器。在间接接触防护中，采用自动切断电源的漏电保护器时，应正确地与电网的接地方式相配合。

以上都是一些常见的电气保护措施，可以选择采用，如闸刀开关上安装熔丝或熔断器，组成了兼有通断电路和短路保护功能的开关电器；断路器可以进行失压、欠压、过载和短路保护；自动开关既能控制电路的通断，又能起短路、过载、欠压等保护功能；漏电保护器用于对设备或线路的漏电保护等。

第5章

事故预防与应急处置

第 1 节　事 故 预 防

近年来，为了满足人们在游乐中寻求惊险、刺激的需要，游乐设施正在逐渐向高空、高速、高刺激性的方向发展。随着游乐设施运行高度、运转速度、摆动角度等的不断增大，游客身体和设施设备承受的冲击载荷也不断增加，发生事故的可能性也随之增多，游乐设施的安全问题也越来越引起社会各方面的高度重视。

一、游乐设施事故的统计分析

对游乐设施事故进行统计分析，找出事故发生的特点和规律，采取相应的预防措施，是加强游乐设施安全管理，预防游乐设施事故的重要手段。

游乐设施事故主要是由于管理不善、人的不安全行为、设备的不安全状态等因素所造成，根据对我国游乐设施事故发生的主要原因的调查分析，导致人身伤害和设备事故的各种因素所占的比例分别如图 5—1、图 5—2 所示。

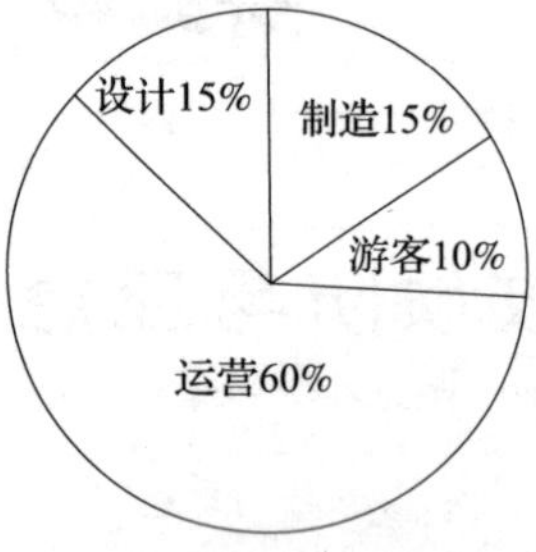

图 5—1　人身伤害事故比例

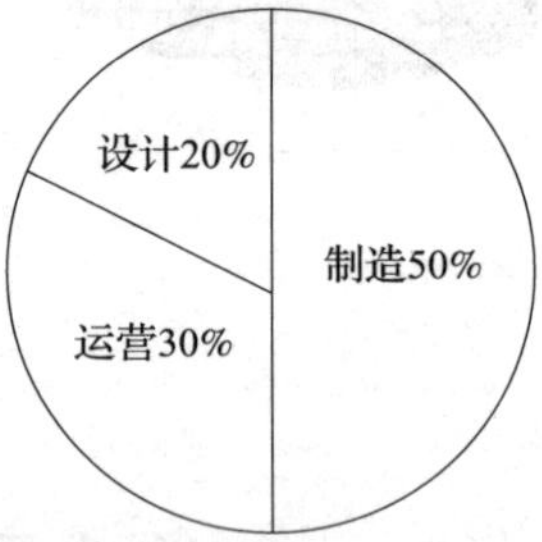

图 5—2　设备事故比例

1. 设计缺陷

（1）设计的安全系数不够。没有按照有关技术规范和标准对游乐设施安全系数的要求进行设计，致使一些游乐设施的安全系数小于规定值，有的没有考虑设备的动载系数，给游乐设施的运行留下了安全隐患，容易导致事故的发生。

（2）结构不合理。结构设计不合理主要是没有考虑结构对施工质量的影响，表现在连接设计的不合理导致应力集中而造成事故，这种情况在焊接件上的表现尤其突出。如 1998 年，某公园的“飞椅”在运营时发生事故，导致一人死亡、多人受伤的严重后果，主要原因是主轴与转盘的连接设计不合理，载荷仅靠一道焊缝连接，结果疲劳裂开导致转盘整体飞出造成事故。

（3）安全装置不合理。安全装置设计不合理就会导致保护功能失效，在出现异常情况时不能起保护作用。虽然安全装置十分重要，但由于安全装置设计不合理造成的人身伤亡事故还是有所发生。如2001年，某游乐园的“探空飞梭”在运行中，因安全压杠液压连杆设计有缺陷，使连杆端部受弯曲力矩影响而断裂，导致游客从座椅中被甩出，坠落死亡。

（4）安全尺寸达不到要求。安全距离的设计未达到标准规定的≥500 mm的要求，或有的间隙、高度等尺寸大于标准规定的要求，就会造成事故。如1997年，某公园一名儿童从转马上摔下，手和脚被绞进转台的间隙，导致一条胳膊截肢，原因是该设备的转台间隙尺寸超过标准的规定。

2. 制造质量问题

（1）加工质量达不到要求

1）零部件的热处理不符合要求。

2）配合件的间隙不符合要求：设备的配合件间隙过大，会造成运行不平稳；间隙过小，会发生转动困难，甚至过热。

3）零部件加工质量达不到要求：有些游客易触及的部位存在毛刺、尖角、锐边等；有的安全装置不灵活、不牢固或锁不紧；有的轨道不平整、弯曲变形或弯曲过渡不圆滑等。

（2）外购件质量差。外购件质量差的主要现象包括：电器元件失灵，液压阀件及油缸动作不灵活且漏油，减速机噪声大，玻璃钢容易开裂，轮子使用寿命短等。

3. 安装调试问题

安装调试没有达到要求主要表现为：传动系统未调整好（运转不平稳），控制系统未调整好（有时误动作），轨道不平不直，车轮与轨道间隙未调整好（运行时摆动、振动和噪声较大）。

4. 运营问题

（1）管理不善

1）违章运营。如2000年，某娱乐公司的“滑道”发生冲撞事故，造成1人死亡，5人重伤。这次事故的主要原因是管理上存在严重缺陷，违反了雨雪天禁止运行的规定，同时存在领车员也未按比例配备，没有向游客宣传安全注意事项等情况，导致了管理不善的责任事故。

2）秩序混乱，无人管理。有些游乐园缺少现场管理，特别是在游客多时，游客抢上抢下，秩序混乱。还有的设备在运行时，进出口门不关，游客随意进入，很容易发生事故。

3）没有安全注意事项。在游客易注意的明显位置没有“乘客须知”、警示标志和安全注意事项等。

4）安全装置损坏或缺失。如有的游乐园在安全栅栏损坏后不及时修复，导致设备运行过程中，有游客进入而发生人身伤害事故。

（2）操作不当

1）运行前没有认真检查和确认安全装置。如2004年，某游乐园的“天旋地转”发生事故，其主要原因是由于操作人员在设备运营前没有检查安全压杠是否完好，其实安全压杠连锁保护系统已失去作用，而且操作室与站台的操作人员又没有相互确认，在安全压杠还未锁好的情况下就启动设备，造成两名游客受伤的事故。

2）游客尚未坐好，未系好安全带就开机。如2004年，某公园“天旋地转”发生事故，直接原因为操作人员严重违反操作规程，没有锁紧安全压杠，也没有扣好安全带，就启动游乐设施，导致一名游客从2 m高的座位脱离，坠落到地面，造成重伤事故。

3）操作人员无证操作。如2003年，某公园发生“高空揽月”甩人事故，就是由于操作人员没有经过培训考核上岗操作，不熟悉操作规程，检查不到位，致使设备在运行中安全带松脱，导致一名游客从3 m高处被甩出，造成伤害。

4）操作人员业务不熟练。如2002年，某公园“观光塔”吊厢发生从约15 m处坠落的事故，造成2人重伤。事故直接原因是操作人员在吊厢急速下降过程中，不知所措，没有采取相应的应急措施。

（3）维护保养不好

1）日常检查不到位。

2）非专业人员维修。如2004年，某公园的“太空飞车”损坏，没有请专业人员进行维修，而是操作人员自己把车厢与车架用一个螺栓连接起来，在运行时车厢与车架分离，使车内两名游客与车厢一起跌落受重伤。

3）不及时更换已损坏的安全装置。如已老化或损坏的安全带没有及时更换，不能承受人体负荷，起不到保护作用。

4）不及时维修已损坏的设备。如1998年，某公园的“摩天轮”窗户玻璃破损后，没有及时修复，设备在运行过程中，一名游客把头伸出窗外看风景，被卡在吊厢与旋转的吊杆之间，当场死亡。

通过对游乐设施事故的调查、统计和分析可以看出，这些事故中只有很小一部分是由于单一的设计缺陷，或制造质量，或运营管理等原因造成的。大部分事故是既有设计原因，也有制造原因，又有运营（包括操作、管理、维护保养等）原因等综合因素所造成。

另外，由于少数游客不遵守游乐设施乘客须知，不听从操作人员的劝阻等原因，也很容易发生事故。

二、游乐设施事故的预防

根据《特种设备安全监察条例》对游乐设施事故的分级，主要是按照死亡（或受伤）人数、直接经济损失以及高空滞留时间这三个方面来认定，同时要考虑社会影响等因素。大型游乐设施事故的预防和危险源的控制，主要做法是加强安全管理、严格控制设备的不安全状态和人的不安全行为。

1. 控制设备的不安全状态

控制设备的不安全状态主要包括提高设备安全性和降低设备故障率两个方面。

（1）提高设备安全性。首先要设计出具有先进技术，采用优质材料，安全装置齐全，操作灵活方便的游乐设施。再从制造、安装、改造、修理以及维护保养等方面保证质量，以提高游乐设施的本质安全水平，减少危险因素和事故隐患。

目前，我国采取对游乐设施制造、安装、改造、修理单位依法实施许可；对游乐设施产品实施设计文件鉴定；对应当进行型式试验的游乐设施或者试制游乐设施新产品实施型式试验等手段，来保证游乐设施的本质安全。

所谓的本质安全，就是游乐设施应当满足以下基本安全技术条件。

1）直接安全技术措施。在设计、制造中，通过质量控制来保证游乐设施的本质安全，以预防可能发生的事故和危害。

2）间接安全技术措施。为了防止直接安全技术措施失效，直接安全措施不能或不完全能实现安全保护时，为游乐设施设计的一种或多种安全防护装置，以最大限度预防、控制事故或危险的发生。

3）指示性安全技术措施。就是除了直接和间接安全技术措施外，游乐设施还应当采用报警装置、安全警示标志等措施，以提醒、警告操作人员和游客注意安全，防止事故的发生，并在发生危险时及时疏散游客。

4）安全教育和培训措施。对操作人员进行经常性的安全教育和培训，是保证游乐设施安全运营非常重要的环节。当然，游客在游玩前要认真阅读乘客须知，严格遵守安全注意事项也十分重要。

（2）降低设备故障率。故障是游乐设施在运行过程中，由于性能（包括安全性能）低下而不能实现预定功能（包括安全功能）的现象。只有设备的整个系统以及各个元器件的性能始终能够得到保证，才能降低设备的故障率。设备运行中的故障是不可避免的，而且具有随机性、渐近性或突发性。造成设备故障的原因很多也很复杂，有的是设计、制造时存在的问题；有的是设备在运行过程中出现的疲劳、磨损、老化等问题；有的是由于操作人员、维护保养人员工作的失误；有的是由于一些隐患没有能够及时发现；还有的是受环境因素、天气因素或其他因素的影响，但是，故障的发生还是有规律可循的。因此，应当及时寻找到发生故障的规律，通过对设备的检查分析、维护保养，可以使多数故障预先得到控制，把故障和事故隐患消除在萌芽状态。

2. 控制人的不安全行为

事故预防的重要环节之一，就是控制人的不安全行为或失误。人为失误具有随机性和偶然性，往往是不可预测的意外行为。而且，人为失误的原因也比较复杂，一般可分为病理机制失调、非理智行为和无意识行为三种。人为失误的规律、发生概率是可以通过观察、统计和分析得到结果的，然后再来进行控制。

游乐设施事故中人的不安全行为主要包括操作人员的不正确操作和游客的不正确乘坐。要控制人的不安全行为，操作人员必须持证上岗，严格按照安全操作规程进行操作，并督促游客遵守“乘客须知”的要求。游乐设施运营单位还应当对操作人员进行经常性的安全教育和培训，在保护游客安全的同时，也要保护自身的安全。另外，游客也应当具有自我保护意识，严格按照“乘客须知”的要求进行游乐。

3. 加强运营安全管理

游乐设施的运营安全管理是一项直接关系到广大游客安全的重要工作，每个游乐园（场）都应当特别重视，始终把它放在最重要的位置。针对游乐设施可能发生的危险，建立安全管理体系（包括建立安全管理机构、各项规章制度等），高处作业人员安全意识，重点抓好游乐设施运营前、运营中以及定期检查和维护保养等方面的安全管理。

加强安全管理的主要环节包括：

（1）充分识别存在的危险源，根据风险评价的结果，明确控制的要求。

（2）实行分级分类管理，建立健全各项岗位责任制和安全管理制度。

（3）加强各项安全检查与监督，使安全管理工作真正落到实处。

（4）从事故预防的角度出发，对事故隐患进行调查和分析，制定防范措施。

游乐设施一旦发生事故，应当按照《特种设备安全法》《特种设备安全监察条例》和《特种设备事故报告和调查处理规定》的规定进行调查和处理，坚决做到事故处理“四不放过”的原则，即事故原因未查清不放过；事故责任者和群众没有受到教育不放过；没有制定出防范措施不放过和事故责任者没有受到处理不放过。

第2节 异常情况辨识与处置

游乐设施在运营过程中，设备可能会出现突发性的故障，若处置不当，往往会造成设备损坏和人身伤害事故。当设备发生故障或将要发生事故前，往往有很多异常征兆出现，操作人员和服务人员应当及时正确处置，最大限度地避免或减轻事故（故障）造成的损害。

一、异常情况辨识

游乐设施异常情况的辨识主要是在游乐设施运行中，根据其运行状态，判定产生异常情况的部位和原因，并且在拆卸局部零部件的情况下了解设备状况的综合技术。

游乐设施异常情况的辨识应具备两种功能：一是在不拆卸机械零部件的情况下，能定量测试和评价游乐设施相应部位所承受的应力、磨损、劣化与性能；二是辨别运行的可靠性，确定零部件异常现象的修复方法。

1. 异常情况基本辨识方法

游乐设施异常情况的辨识包括两个部分：一是辨识游乐设施正常状况的初级技术，主要由现场作业人员在运行中实施的简易辨识技术；二是为了决策运行安全的专门分析技术，主要由专业技术和维修人员实施的精密辨识技术。

（1）简易辨识技术

1）游乐设施整机及零部件所受磨损及应力趋向控制和异常磨损的检测。

2）游乐设施运行的劣化情况的趋向控制和早期发现。

3）游乐设施运行性能的趋向控制和异常检测。

4）游乐设施运行的监测和保护。

5）指出呈现异常情况表现的结构或零部件。

（2）精密辨识技术。精密辨识技术的目标，是对被简易辨识技术判定为“有异常”的部位进行专门的辨识，以便采取必要的措施和维修技术，它应具备以下功能。

1）异常情况的型式和种类。

2）游乐设施异常情况的检查分析与排除。

3）了解、分析异常情况的原因。

4）了解、分析异常情况在运行状态下的危险程度及其发展结果。

5）分析、消除异常情况的状态和方法。

（3）取得辨识异常情况的方法。取得辨识异常情况的方法主要有两种，一是感官直接观察与判断；二是仪器仪表检测与分析。感官直接观察可取得零部件及元器件状况的第一手资料，然后根据实践经验作出判断。这种方法只能对观察到的零部件等作出定性判断，再采用便携式仪器来充实感官观察能力。仪器仪表检测是采用专门的故障诊断分析仪，通过对游乐设施零部件的振动、噪声、温度的测量，磨损微粒的分析和设备性能的测试等，来对异常情况进行定量分析。

2. 振动与声响异常情况的感官辨识

机械设备故障的仪器仪表辨识技术（精密辨识技术）在我国得到广泛的应用，并取得了一些成绩，但其在游乐设施的异常情况辨识中的应用才刚刚开始。这项技术大都用于及时掌握机械设备的运行状态，属于预防性手段，还需要配备完整的监测系统，因而还存在一定的局限性。

在游乐设施运行现场对异常情况进行感官辨识，是指采用人体感觉器官的功能和实际工作经验的积累相结合的判断方法，对游乐设施的某些异常情况进行辨识。游乐设施的异常振动和声响是最常见的异常情况，它占的比例很高。引起异常情况的原因很多，只要结合振动与声的产生、传播原理，运用人体感官对游乐设施振动与声响异常情况产生的原因进行分析，经过多次反复实践，就能达到准确、迅速的辨识目的，即能迅速找到异常点，使游乐设施的维修工作顺利进行。

应用仪器仪表辨识技术的同时，结合人体感官辨识的方法，可以使游乐设施异常情况得到正确快捷的处理。

（1）感官辨识的程序。用人体感官判断游乐设施异常振动与声响时，通常是围绕异常部位机械零部件走一走，听一听，并注意观察一些明显的特征。通过宏观地看、听、嗅、摸等方法取得的异常情况信息，有利于分析异常情况产生的原因以及声响传播的方向。采用感官贴近零部件仔细鉴别的方法，还能了解和掌握异常情况的特性与规律。

对于游乐设施振动与声响异常情况的感官辨识，一般可参照下列程序进行：

1）首先确定异常情况所在的位置。这里所说的位置是指属于游乐设施的哪个机构，哪种工况。这时对可疑的机构在不同的工况下开动，即可直接察觉出异常情况的可疑点。

2）了解异常情况的变化规律。在游乐设施振动与声响异常区域周围，感知异常振动的强弱，或谛听异常声响的强烈程度，可以判断异常振动与声响随运行变化的规律。

3）确定异常振动与声响类别。从声响的方向性，凭听觉确定机构中存在的声响类别，如撞击声、咔咔声、轰隆声、雷鸣声、嗡嗡声、尖叫声等，将异常声响与正常噪声区别开，以及确定声响在机构或系统中发生的位置。这些异常声响可能分别来自传动机构、驱动装置、连接件、接触点、机座、电气元件、液压系统等的振动。

4）掌握振动与声响随时间变化的规律。在游乐设施异常情况现场感官辨识时，可以发现振动与声响随着时间变化的一些规律，如间歇性、持续性、脉冲性等规律。对于可见的振动，能用肉眼清晰地分辨振动异常情况的表现，对于轻微的振动，几乎不可能用肉眼分辨，可用手触摸来进行鉴别。异常振动强弱可用两只手分别去触摸系统中两个相邻的零部件外壳部位，从感觉上获得异常振动传递的信息。

5）确定异常振动源或响声源。探讨振动传播及响声辐射的指向及其原因，寻找和确定系统中哪个零部件是响声辐射体，或哪些零部件与结构件是受激振动体。分析对发出异常声响有影响的因素，针对受振动体、声响辐射体，分析引起异常情况的可能因素，采用逐个排除法，确定振动源或声响源。

6）确定修理方案。根据对振动与声响异常判断结果，确定维修方案，采用由简到繁和机电联合的修理原则对异常情况进行检修，认真做好检修记录和修后检验、信息反馈等工作。

（2）感官辨识的注意事项

1）振动与声响的特征。机械振动是产生声响的因素，但机械振动本身并不直接发出声响。一般是通过激励振动或固体传动的接触过程产生声响，从机件表面向外辐射声波。异常振动有低频振动，一般没有清晰或强烈的声响，或只是声响较弱，感官难以从机械传动的正常运行声响中分辨清楚。还有就是高频振动，这种振动是产生强烈声响的根本原因。

2）感官辨识振动与声响异常的条件。在游乐设施传动机构运行状态下，对其振动与声响异常情况进行感官辨识，确定原因后，才能停机拆卸、检查相关零部件或元器件。因为这类异常情况在停机状态下是无法辨识的。因此，游乐设施的振动与声响异常情况源没有确定之前，切忌随意拆卸，避免检修过程复杂化。

3）重视系统中零部件特征。在感官辨识游乐设施振动与声响异常情况时，应细心研究传动机构中零部件的形状特征、动刚度、材料阻尼力、壁厚、表面积和表面平滑程度等特点。系统中若有多个空腔壳形零部件时，通常以阻尼力低、动刚度小、薄壁且与空气接触面积大，绕本身轴线做旋转运动的壳形件容易激励诱发振动，通过壁面向外表面辐射异常声响而成为发声器。因而在异常情况的感官辨识过程中应该充分重视声响技术的应用，根据声响的相关特性（如传递原理、指向性等），认真仔细查找振动源，不要简单地认为，能够听到声响的部位就是异常点（振动源和声响源）。

4）异常的振动与声响因素。根据实际经验可知，强烈的声响或剧烈的振动往往是由于一些极为平常的因素引起的。如机械连接或接头松动、电气元件接触不良、三相电源电压不平衡引起系统产生电磁振动，它们在游乐设施声响与振动异常情况中占有很大比例。只要有了认识，其异常情况的原因查找并不困难，借助于常用仪器仪表的配合，感官辨识能收到很好的效果，对异常情况的检修也简单、可靠了。因而可以将“松动”“接触不良”“电磁振动”等视为振动与声响异常情况的突破口。同时，感官辨识时必须详细地了解游乐设施的维护保养情况，良好的维护保养能够消除异常的振动与声响。

5）感官辨识的作用。感官辨识方法是直接依靠人体感官功能，以及实践经验来完成的。因此，仪器仪表与人体感官功能对游乐设施异常情况的辨识各具特色。感官辨识方法不受环境条件的约束，不受设备和机构系统的局限，具有速度快、简单易行的特点。尤其在游乐设施运行现场，随时随地可对异常情况进行辨识。尽管现代辨识诊断仪器仪表发展很快、应用也很广，但感官辨识方法在游乐设施运行现场仍然是一种不可缺少的辨识手段和方法。

二、异常情况（故障）的排除方法

游乐设施在运行过程中，机械零部件、电气控制和液压系统的元器件等，不可避免地会发生有形磨损，并引发故障，导致同一异常情况（故障）的原因可能不是一一对应的关系。因此要对异常情况（故障）进行分析，准确地查找出原因，并采取相应的方法来进行排除，从而恢复设备的安全技术性能。

1．机械传动系统常见异常情况（故障）及排除方法见表5—1。

表5—1　　机械传动系统异常情况（故障）及排除方法

部位	异常（故障）及损坏情况	产生原因	排除方法
开式齿轮	有冲击	齿侧间隙不适当	进行调整
	磨损严重	接触面太小，有偏啮合	进行调整
		润滑不良	加润滑脂
减速器	温升不正常	超载	找出原因解决
		润滑不良	加润滑油
	有异常声响	齿折断	换齿轮
		润滑不良	加润滑油
		底座移动	将底座固定好

续表

部位	异常（故障）及损坏情况	产生原因	排除方法
V 带传动	打滑	皮带张紧力不够	将皮带张紧
		皮带轮未固定好	将皮带固定好
	磨损严重	两皮带轮槽不对中	进行调整
		张紧力过大	将皮带调松
销齿传动	不平稳	齿轮与销齿间隙过大	进行调整
		销齿轮径向跳动大	
		销齿轮节距变化大	
链传动	不平稳	两链轮不在一个平面上	进行调整
		链垂度过大	将垂度调小
钢丝绳传动	打滑	张紧力不够	加大张紧力
	磨损严重	钢丝绳与轮槽不对	进行调整
		润滑不良	加润滑脂

2．液压系统常见故障及排除方法见表 5—2。

表 5—2　　液压系统故障排除方法

部位	异常（故障）及损坏情况	产生原因	排除方法
液压马达及油泵	马达不启动	油压力不够	调整溢流阀压力
		叶片或柱塞卡死	进行检修
	有异常声响	轴承损伤	换轴承
		叶片或柱塞损坏	进行检修
		连接键松动	更换键
	油泵供油不足	叶片或柱塞严重磨损内泄严重	进行检修
	泵有异常噪声	油面过低吸油不足	给油箱加油
		吸油管或滤油器堵塞	进行清理
		吸油管漏气	将接头拧紧
	泵不出油	吸油管或滤油器堵塞	进行清理
		叶片或柱塞卡死	进行检修
		联轴器键损坏	更换键

续表

部位	异常（故障）及损坏情况	产生原因	排除方法
换向阀	阀芯不动作	油有杂质，阀芯卡死	换油或过滤油
		阀芯或阀体变形	更换阀
		电磁线圈烧坏	换线圈
	阀不吸合	线路接错双向带电	检查电气线路
		线圈进水或油	检修密封圈
		阀芯卡死	检修阀芯
		吸合不良	进行检修
		电压太低	找出原因后解决
溢流阀	不起作用	阀内弹簧损坏	换弹簧
	溢流压力变化	压力调整杆未锁紧	进行检修
油缸	有异常声响	端盖密封圈润滑不良	加强润滑
		上下销轴位置偏差太大	进行调整
	漏油	密封圈损坏	换密封圈
	爬行	密封圈与缸体配合过紧	换密封圈
刹车系统	刹车过快或不能刹车	背压阀压力调整不当	调整背压阀
		背压阀出现故障	检查背压阀

3. 电气系统常见故障及排除方法见表5—3。

表5—3　　电气系统故障及排除方法

故障部位	故障及损坏情况	产生原因	排除方法
电动机	有异常声响	轴承损坏	换轴承
		转子定子间隙不正	检修电动机
		电刷松动	调整电刷
		转子轴向窜动	找出原因后固定好
	温升不正常	超载	找出原因解决超载
		受潮	烘干电动机
		轴承转动不灵活	检修轴承
	不运转	继电器未吸合	检查继电器
		电压太低	找出原因解决
		电线接头脱落	将接头固定好
	底座移动	与减速器不同心	调整同心度
		地脚螺栓松动	将地脚螺栓拧紧

续表

故障部位	故障及损坏情况	产生原因	排除方法
继电器	不吸合	线圈烧坏	更换
		接头松动	拧紧接头
	吸合不良	触头有脏物	清洁触头
		触头烧坏	更换
	烧坏	受潮	更换
		绝缘老化	更换
		匝间短路	更换
受流装置	有明显火花	电刷与滑线（或滑环）接触不良	调整电刷或滑线
		压紧力不够	调整压力
		滑环与回转中心不同心	调整同心度
	电刷（滑块）磨损太快	滑线（或滑环）表面粗糙	打光表面
		滑线（或滑环）局部烧损	修理
		电刷（或滑块）材质耐磨性差	更换材质
	绝缘电阻低于标准值	绝缘层潮湿	采取防水措施
		绝缘材料性能不佳	更换绝缘材料
限位开关	不起限位作用	弹簧损坏	换弹簧
		摆杆不复位	修复
		接触不良	清理脏物
	限位不准	安装位置移动	拧紧固定螺栓
接近开关	不起作用	接近件的距离过大	调整距离
		开关本身损坏	换开关
按钮 脚踏开关	失灵	弹簧损坏	换弹簧
		接触不良	清洁触点
		进水后锈蚀	清洁
机体	带电	无接地线	设接地线
		接地线断开	修复
		接头脱落与机体相接	将导线接好
		绝缘损坏	更换绝缘件

4. 升降系统（液压控制）常见故障及排除方法见表5—4。

表5—4　　升降系统液压故障及排除方法

常见故障	产生原因	排除方法
座舱不升	溢流阀调定溢流压力太低	将溢流压力调高
	换向阀芯卡死或线圈烧毁不换向	检修换向阀
	油泵没供油	检查油泵
	漏油严重，造成压力过低	检查管路及油缸
	管路堵塞	检查管路
	由游客控制升降的座舱	
	按钮接触不好	检修按钮
	继电器未吸合或接触不良	检修继电器
	导线接头断开	接好导线
座舱上升慢	油泵供油量不足	检查油泵
	溢流阀调定压力偏低	溢流阀压力调高
	管路堵塞	检查管路
	超载	减轻载荷
座舱不降	换向阀芯卡死，不换向	检修换向阀
	换向阀线圈烧坏	换线圈
	管路堵塞	检查管路
	由游客控制升降的座舱	
	按钮接触不好	检修按钮
	继电器未吸合或接触不良	检修继电器
	导线接头断开	接好导线
座舱到位后停不住	阀芯不到位	检修换向阀
	内部泄漏严重	检修，内部阀更换
升降时座舱抖动	按钮接触不良（由游客控制时）	检查按钮
	换向阀吸合不良，阀芯频繁动作	检修换向阀
上升或停止时座舱振动较大	溢流压力偏高	把压力调高
	液压缸缓冲失灵	检修液压缸
	液压回路缓冲环节没起作用	检查缓冲件

5．车辆和轨道常见故障及排除方法见表 5—5。

表 5—5　　车辆和轨道故障及排除方法

故障部位	故障及损坏情况	产生原因	排除方法
车辆	运行不平稳	底轮、侧轮与轨道间隙过大	调整间隙
		车轮松动	紧固车轮
		轨道不平，不直	调整轨道
	车辆运行中冲击振动严重	轨道接缝间隙过大	填补间隙
		轨道对接焊缝不平或开裂	处理焊缝
		曲线轨道不圆滑	换曲线轨道
	停车位置不准	刹车未调整好	调整刹车机构
	车轮磨损快	材质欠佳	更换
		车轮与轨道间隙调整不适当(侧轮)	调整间隙
	车轮磨损不匀	车轮转动不灵活	检修轴承
	导电滑块易掉	滑块架自由度不够	调整滑块架
		滑块架补偿量不够	调整滑块架
		滑线不平不直	调整滑线
	车辆脱轨（设在地面上的轨道）	轨道局部变形严重	更换轨道
		与轨道接触的地面高出轨道	修整地面
轨道	轨道不平不直	安装时未调整好	重新调整
		架空轨道地基下降	处理地面
	架空轨道摇晃	立柱地脚螺栓松动	拧紧螺栓
		立柱刚度不够	加固立柱
	轨道有裂纹	冲击振动严重	消除冲击振动因素
		使用时间过长	更换轨道

6．碰碰车常见故障及排除方法见表 5—6。

表 5—6　　碰碰车故障及排除方法

故障部位	故障及损坏情况	产生原因	排除方法
碰碰车	车辆不启动	导线接头松动	固定好接头
		导电杆与上极板接触不好	检查导电杆
		接地轮与地板接触不好	检查车轮与地板

续表

故障部位	故障及损坏情况	产生原因	排除方法
碰碰车	车辆时走时停	上极板或地板锈蚀	除锈或更换
		地板灰尘太多	清理灰尘
		上极板或地板局部变形	矫正上极板或地板
		上极板局部破损	更换上极板
	车体带电	绝缘损坏	更换绝缘件

第 3 节　应急预案和措施

游乐设施一旦发生事故或突发设备故障造成游客高空滞留等情况时，游乐设施运营单位应当能够正确处置，迅速有效地开展救援行动。为最大限度地减少对游客的伤害，运营单位应当事前制定应对各种可能突发状况的应急预案，建立应急救援指挥机构，配备相应的救援人员、营救设备和急救物品，并定期进行演练。

一、应急救援的基本原则和任务

游乐设施应急救援工作应当始终坚持“安全第一、预防为主”的方针和“以人为本、常备不懈”的理念，贯彻“争分夺秒、重视抚慰、应急优先、人工救援辅佐、恢复运转”的原则。实际操作中，应当针对现场不同类型的设备、发生的不同情况，采取不同的应急措施。在保障游客安全的同时，还要保证作业人员的自身安全，防止次生事故的发生。

游乐设施的主要危险和可能故障表现在：环境因素、设备故障（包括机械故障和电气故障）、管理不当和操作失误，以及游客因素等方面。这些因素可能导致游客的滞留、伤害，甚至死亡。应急救援的任务主要包括如下内容。

1. 抢救受伤人员

抢救受伤人员是应急救援工作的首要任务，在现场应急救援作业中，是减少事故损失的关键。

2. 控制危险源

及时有效地控制造成事故的危险源是应急救援工作的重要任务，只有控制住危险源，才能防止事故的进一步扩大，才能有效地进行应急救援。

3. 疏散游客

由于大部分游乐设施事故发生突然、扩散迅速、后果严重，应当组织、帮助和指导游客采取正确的保护措施和方法，并将游客迅速疏散到安全区域。

4. 保护现场

保护现场的目的是防止次生事故的发生，有利于事故的调查分析。

5. 查清事故原因

事故发生后应当及时调查事故发生的原因和事故性质，评估事故波及的范围以及危害程度，查明人员伤亡情况、经济损失情况等。

二、应急预案

《大型游乐设施安全监察规定》要求游乐设施运营单位应当制定应急预案，建立应急救援指挥机构，配备相应的救援人员、营救设备和急救物品。对每台（套）游乐设施还应当制定专门的应急预案。

1. 应急预案的主要内容

（1）游乐设施基本情况、技术参数、图纸等。

（2）危险目标和可能的故障。

（3）应急救援组织结构、职责、权限和义务。

（4）应急救援响应、救援措施和方法。

（5）与社会救援力量的应急联动机制。

（6）救援人员、营救设备和急救物品的配备。

（7）善后工作和事故处理。

（8）应急救援总结及情况报告。

2. 应急装备和急救物品

游乐设施运营单位应当根据本单位实际情况（如游乐园规模；设备数量、种类、等级等）配备救援人员、营救设备和急救物品，具体如下。

（1）个人防护用品。如安全绳、安全带、安全帽、防护鞋等。

（2）游乐设施的备用零部件。如螺栓、压板、楔块、钢丝绳、槽钢、工字钢、钢管、安全装置等。

（3）工装设备。如扶梯、液压升降平台、高空作业车、流动式起重机、电动砂轮切割机、电焊机、气割机、备用发电机等。

（4）通讯设备。如电话、对讲机、手机、传真机等。

（5）消防设备。如各种灭火器具、砂土等。

（6）医疗救护设备。如止血带、担架、夹板、氧气瓶、救护车等。

（7）其他用具。如各种通用钳工工具、电工工具、应急照明灯具等。

（8）专用工具。如游乐设施制造单位配备的专用工具、特制扳手等。

三、应急预案演练

应急预案演练的目的是为应急预案指挥者和应急救援人员提供一次实战模拟训练的机会，使参与应急救援的人员熟悉必要的应急救援知识，为现场的事故应急救援提供和积累宝贵经验。按照规定，游乐设施运营单位应当每年至少对每台（套）游乐设施组织 1 次应急救援演练，以提高应急救援的技术水平和熟练程度。演练情况应当记录备查。

1. 应急预案演练的目的

（1）识别异常情况和故障类别、部位。

（2）检验救援知识的运用。

（3）熟悉正确使用救援器材的方法和现场急救处理的方法。

（4）训练和巩固救援程序和内容。

（5）锻炼救援人员的体能、心理适应性和机动性。

（6）协调现场内外的组织工作（包括人员调动、联系方式、岗位责任制、相关资料等项内容）。

（7）评估预案程序和内容的缺陷。

（8）改进措施和建议。

2. 突发故障处理的一般原则

（1）按下紧急停止按钮。

（2）切断总电源，使游乐设施停止运行。

（3）关闭进出口，禁止无关人员入内。

（4）安抚游客（或说明情况），稳定情况。

（5）使用救援设备（或器材），针对具体情况进行应急处置。

（6）引导游客安全有序撤离现场。

（7）报维修部门紧急检修。

3. 发生事故后的处置

（1）立即停止游乐设施运行，并及时有序地疏导游客至安全地带，做好游客的安抚工作；操作人员应当同游客一起及时采取自救、互救措施，减少人员伤亡及财产损失。

（2）打电话给“119”报警和“120”急救中心请求救援。

（3）向单位负责人报告。

（4）保护好事故现场。

（5）配合有关部门开展事故调查。

应急预案演练一般分为演练准备、演练实施和演练总结三个阶段。应急预案演练结束后，应当对其达到的效果作出总结和评价，分析应急预案的有效性，根据演练过程中发现的问题，及时完善、更新和修订应急预案的内容。

四、各类游乐设施的应急措施

游乐设施在运营过程中，有时会发生突发性的设备故障或人身伤害事故。当故障与事故发生或将要发生时，操作人员和服务人员必须沉着镇静，采取正确的应急措施进行处理，以减轻故障（或事故）造成的损害。

表 5—7 归纳给出了游乐设施大部分常见故障（或事故）的原因，以及对应的应急和预防措施。

表 5—7　　游乐设施常见异常现象的应急和预防措施

异常现象	原因	应急措施	预防措施
各种误操作	操作人员精神负担过重、工作疲惫、注意力分散	设备停机，操作人员休息或者更换操作人员	合理安排人员
各种误动作	操作人员与服务人员配合出错	按急停按钮，疏导游客，有人员伤害应及时救助	明确各岗位人员责任和相互配合方式
	检测信号失灵，信号干扰	按急停按钮，疏导游客，进行设备检查、维护	加强日常设备检查维护
乘人部分剧烈摇摆、非正常翻滚	设备故障	按急停按钮，疏导游客，查找原因	加强日常设备检查维护
乘人部分超速	电气控制系统错误	按急停按钮，紧急情况下切断总电源，疏导游客，进行设备检查	加强设备日常检查维护
发生物理挤压、碰撞、剪切或缠绕	游客违反乘坐规定	按急停按钮，疏导游客，及时联系相关医疗救助部门	做好游客安全文明乘坐宣传
	秩序混乱、场地管理不善	设备停机，救助伤员，疏散游客	加强现场管理
高空、高速坠物	机械连接失效	按急停按钮，疏导游客，及时联系相关医疗救助部门	加强日常设备检查维护
	游客携带物品飞出	设备停机，疏导游客，救助伤员	宣传安全乘坐须知

续表

异常现象	原因	应急措施	预防措施
人员高空坠落	安全装置失效	按急停按钮，疏导游客，设备停机，及时救助伤员，并送医院救治	加强设备日常检查，强化服务人员对安全装置的检查确认
大臂停止在某一角度，使游客停留在距地面某高度上	动力源突然中断	在判断安全的前提下应迅速切换电源，按操作规程手动控制大臂下降，使游客处于安全状态	配备备用电源
		按操作规程，手动控制油缸回油使大臂下降，并控制下降速度，特别是行程末端应缓慢下降	操作人员熟悉应急救援方法
	阀体等处油路堵塞，也可能造成油缸回油不畅	应按操作规程手动控制油缸回油使大臂下降，并控制下降速度，特别是行程末端应缓慢下降	定期检查、清洁液压油
	机械卡死	根据设备情况固定可动部分或故障部分，进行高空救援	注意设备运行有无异常声响；配备专用高空救援设备
油、气管等突然爆裂伤害	油、气压系统问题	按急停按钮，疏导游客，进行设备检查	加强设备日常检查
	管路老化、油压过高、接头失效	按急停按钮，疏导游客，进行设备检查	加强设备日常检查
设备整体倾翻	结构性损伤	自救的同时请求外部支援，保护现场	加强设备日常检查
人员触电伤害	漏电	按急停按钮，切断总电源，疏导游客，进行设备检查	加强设备日常检查
恶劣天气或灾害（雷电、台风、地震等）	天气或灾害	按急停按钮，设备停机，疏导游客	根据天气预报和实际情况，安排设备是否运行

根据设备类别，各类游乐设施在出现紧急情况时应当采取如下具体措施。

1. 自控飞机类游乐设施

（1）当座舱的平衡拉杆出现异常，座舱倾斜或座舱某处出现断裂情况时，应立即停机使座舱下降，同时告诉游客一定要紧握扶手。

（2）当运行中突然停电时，座舱不能自动下降，操作人员应迅速打开手动阀门泄油，将停留在空中的游客降到地面。若未停电，换向阀因故不能换向时，亦可采用此办法将游客降到地面。

（3）在运行中，设备出现异常振动、冲击和声响时，要立即按动紧急停止按钮，切断电源，将游客疏散。经过检查，排除故障后，再开机运营。

2. 观览车类游乐设施

（1）在观览车上升过程中，有游客产生恐惧时，要立即停车并反转，将恐高的游客疏散下来。不要等转动一圈后再停下来，时间长可能会出现意外。

（2）当发现吊箱门未锁好时，要立即停车并反转，操作人员将两道门锁均锁好后再开机。

（3）当运转中突然停电时，要及时通过广播向游客说明情况，让游客耐心等待。立即采用备用动力源（或手动卷扬）将游客疏散下来。

3. 转马类游乐设施

（1）当游客不慎从马上掉下来时，操作人员应立即提醒游客不要下转盘，否则可能会发生危险。

（2）当有游客将东西掉进或脚挤进转盘与站台间隙中时，要立即停机。

4. 陀螺类游乐设施

（1）当升降大臂不能下降时，先停机，然后手动打开泄压阀，使大臂徐徐下降。

（2）当吊椅悬挂轴断裂时，因有二次保护钢丝绳，椅子不会掉下来，但要立即告诉游客抓紧扶手，同时停机，将吊椅放下。

5. 滑行车类游乐设施

（1）正在向上拖动着的滑行车，若设备或游客出现异常情况时，应按动紧急停止按钮，停止设备运行，然后将游客从安全通道疏散下来。

（2）如果滑行车因故停在斜坡的最高点上，应从车头开始，依次向后，帮助游客沿安全通道进行疏散。注意一定不要从车尾开始疏散，否则滑行车重心前移，有可能导致自动下滑，造成事故。

6. 赛车类游乐设施

（1）当小赛车冲撞拦挡物翻车时，操作人员应立即赶到出事现场，并采取救护措施。

（2）小赛车进站不能停车时，操作人员应立即上前，拉动后制动器的拉杆，协助停车，以免冲撞其他车辆。

（3）车辆出现故障，操作人员在跑道内排除故障时，绝对不能再发车，以免冲撞。故障不能马上排除时，要及时将车辆移到跑道外面。

7. 碰碰车类游乐设施

（1）车辆的激烈碰撞，使游客胸部或头部碰到方向盘而受伤时，操作人员要立即停电，采取救护措施。

（2）突然停电时，操作人员要切断电源总开关，并将游客疏散到场外。

（3）万一有游客触电，要立即采取正确、有效的急救措施。

8. 水上游乐设施

（1）如有游客落水，应迅速利用救护器材（船、木板、救生圈、救生衣等），采用间接救护方法进行水上救护。

（2）如果现场没有救护器材，可采用直接救护方法，由救生人员进行水上救护。

（3）万一有游客溺水，救护上岸后要立即采取正确、有效的急救措施。

五、游乐设施意外情况的现场应急处置

游乐设施在运行中可能会发生游客身体不适、停电、设备故障、天气突然变化，以及人员伤亡等意外情况，这就要求操作人员在现场进行紧急处置，只有方法正确、处置得当、救援到位，才能保证游客的安全，下面介绍几种现场应急处置方法。

1. 游客身体不适的应急处置方法

在游乐设施运行过程中，操作人员应当时刻注意观察游客的状态。如发现有游客身体不适或示意停机时，要立即通过广播或扩音器通知游客抓紧坐稳，做好紧急停机准备，然后按下紧急按钮。待设备停稳后立即搀扶身体不适游客下车，并根据游客的身体状况，采取相应的安抚或救护措施。

对于一些停机后不能及时疏导游客的游乐设施（如摩天轮等），操作人员首先应当通过广播安慰身体不适的游客，再根据其乘坐的座舱位置，确定用最快速度使身体不适游客返回地面的方法（如让摩天轮反转等）。虽然各类游乐设施差别较大，但对身体不适游客的应急处置原则是一样的，就是用最短的时间、最快的速度将身体不适游客安全疏导到地面，同时要避免对其他游客的伤害。

2. 游客滞留高空的应急处置方法

一些运行高度比较高的游乐设施（如摩天轮、过山车、自控飞机等），遇到停电、机械故障、恶劣天气等因素的影响，容易造成设备停运，把游客滞留在高空。此时，操作人员应当立即停机，切断电源，按应急预案报告单位负责人，并通知相关人员开展应急救援。

（1）过山车滞留游客的处置。当过山车因停电、机械故障等因素停留在提升段时，应急救援人员应当立即赶到现场，沿安全走道到达车辆位置。固定车辆后，从上至下，用手

动方式逐一为游客打开安全压杠，并搀扶游客下车。游客应当按照安排依次沿着安全走道回到地面。

如果过山车由于机械故障卡在滑行轨道（特别是最高端）上时，应急救援人员首先应当将车辆固定住，以避免在救援过程中因车辆滑动而造成人员伤害，再用扶梯或升降平台将游客安全有序地撤离到地面，对身体有不适的游客进行帮助或送医院治疗。如果运营单位不能自行解决时，应当按照应急预案，请求社会救援力量的支援。

（2）摩天轮滞留游客的处置。摩天轮因停电等因素停止转动时，操作人员应当在判断安全的情况下，立即启动备用电源，并按规定通知和疏导游客。如果是由于设备故障引起的，应当迅速查明故障原因，待排除故障后再平稳启动。如果故障短时间内无法排除，应急救援人员应当根据游客的数量等确定相应的救援方式，如果不能自行解决，应当按照应急预案，请求社会救援力量的支援。

（3）自控飞机等滞留游客的处置。对于自控飞机等采用液压或气动升降的游乐设施，一旦发生游客滞留时，操作人员应当通过广播或扩音器通知游客抓紧坐稳，同时迅速手动打开泄压阀门，使座舱慢慢下降到地面，然后搀扶游客出舱。在进行此项操作时，要控制好泄压速度，以避免下降速度过快可能对游客造成的伤害。

3. 遇到恶劣天气的应急处置方法

游乐设施运营过程中，如果突然遇到恶劣天气（如雷雨、大风等），操作人员一般应当立即停止设备运行，并将游客疏散到安全地带躲避。

对于一些不能立即停机撤离游客的游乐设施（如摩天轮等），当座舱强烈摆动时，操作人员要用广播通知游客抓紧坐稳，并根据游客的分布情况，选择最快撤离游客的运行方式，将游客疏导到地面。在此过程中，应当监测座舱摆动情况，如果风大时要停止设备运转，并告诉游客，待风小后再继续运转，直至将所有游客都安全转移到地面。

4. 人员伤亡事故的应急处置方法

如果游乐设施在运行中，发生人员伤亡事故，现场操作人员应当立即停止设备运行，第一时间报告单位负责人，并向医疗救护机构求援。运营单位相关人员得知情况后应当迅速赶到现场处置；应急救援人员展开救援，使受伤人员离开设备，转移到安全地带；采取现场紧急救护措施。视受伤人员实际情况，请医生到现场诊断治疗或送医院救治。

六、应急救援

游乐设施的应急救援就是当游乐设施发生突发性事故或故障时，能够按照应急预案的要求，在统一领导和统筹有序的指挥下，调配人力和物力资源，各岗位人员各司其职、各负其责，采取有效的应急处置和救援措施，最低限度地减少人员伤亡和财产损失，降低不良的社会影响，同时要保障游客和作业人员的生命安全和健康，防止次生事故的发生。

游乐设施是指在特定区域内运行、承载游客游乐的载体，一般为机械、电气、液压等系统的组合体。游乐设施产生故障时会造成游客恐慌、受困以及其他危险事故。常见故障有突然停机、机械断裂、高空坠落等。

1. 应急要点和提示

（1）游客在游玩过程中出现身体不适、感到难以承受时应及时大声提醒工作人员停机。

（2）出现非正常情况停机时，游客千万不要乱动和自己解除安全装置，应保持镇静，听从工作人员指挥，等待救援。

（3）出现意外伤亡等紧急情况时，游客切忌恐慌、起哄、拥挤，工作人员应及时组织人员疏散、撤离。

（4）认真阅读“游客须知”，听从工作人员讲解，掌握游玩要点。患有高血压、心脏病等人员不要游玩与自己身体不适应的项目。

（5）监护未成年人游玩。

2. 现场应急处置和警戒

事故发生后，安全保卫人员应立即赶赴事故现场（包括救援现场）进行现场保护和警戒，迅速组织游客和现场人员撤离事故现场或危险区域，设置警示标志，封锁事故现场或危险区域。必要时，可以请求公安部门派员协助维护现场秩序，封锁事故现场，保障道路顺畅，实施救援等。事故现场应当开辟保证应急抢险人员和急救车辆出入的专用通道和安全通道。

3. 应急救援中的医疗服务

医疗救援人员应当依照预案的要求，积极跟进救援，为受伤人员提供及时的现场医疗救治和受惊游客的心理抚慰，对受伤较重人员，要根据伤情及时提供座椅、担架、开水、药品等帮助，适时进行转移治疗。对危重伤（病）人员应当立即联系附近医院或急救中心请求救助。

4. 保护应急救援人员安全

参加应急救援的人员应当按照应急预案的要求，配备各种安全防护用品、救援设备和急救物品。服从应急救援指挥部的指挥、调动，按照要求进入和撤离现场，能正确使用救援装备和急救物品。在各种情况下，能够依托现有的资源和装备熟练地开展应急救援、自救和互救。

5. 报道和求助

（1）应急救援过程中的新闻报道工作由应急救援指挥部门指定专人负责，按照及时主动、准确把握、正确引导、讲究方式、注重效果、遵守纪律、严格把关的原则进行。

（2）应急救援指挥部门在启动应急预案的同时，应根据事态发展和事故现场需要，在向当地人民政府报告的同时，决定是否请求政府依据有关规定调动和征用有关单位人员、物资、器材、场地等，实施社会救援。社会救援力量包含部队、武警、公安、消防、医疗等单位，以及特种设备检测检验机构、临近的游乐设施制造单位等。

6. 设备和物资保障

（1）应急救援设备和急救物品应当列表，要求明确类型、数量、性能、存放位置、管理责任人及其联系方式等。

（2）制定设备、物资（经费）支持工作程序。

7. 救援结束和善后处理

当受困人员得到解脱、受伤人员得到救治、其他人员得到疏散、事故因素得到消除后，应急救援指挥部门可以根据实际情况宣布救援结束。如果发生重特大事故，应当取得有关管理部门同意后，方可宣布应急救援结束。

善后处理包括以下内容。

（1）做好被救人员的抚慰工作，做好伤亡人员家属的安抚、理赔、抚恤、保险等善后工作。

（2）全面检查游乐设施，确定消除事故（故障）隐患后，方可重新投入运营。发生人身伤亡事故的，设备应当经安全检验合格后，方可重新投入运营。

（3）对使用过的营救设备和急救物品进行全面检查、保养、补充和更换，并按规定存放。

七、常用的现场紧急救护方法

针对游乐设施的运营特点，以及可能造成的人身伤害（如触电、溺水、外伤等），常用的现场紧急救护方法如下。

1. 触电的紧急救护

根据电流通过人体的路径及触及带电体的方式，一般可将触电分为单相触电、两相触电和跨步电压触电。发生触电事故时，现场急救的具体操作可分为迅速脱离电源、简单诊断和对症处理等步骤。

（1）迅速脱离电源。一旦发生触电事故时，切不可惊慌失措，束手无策。首先要使触电者脱离电源，脱离电源的方法有以下几种。

1）切断电源。当电源开关或电源插头就在事故现场附近时，可立即将开关关闭或将电源插头拔掉，使触电者脱离电源。

2）用绝缘物移去带电导线。当带电导线触及人体引起触电，且不能采用其他方法脱离电源时，可用绝缘的物体（如木棒、竹竿、手套等）将电源线移开，使触电者脱离电源。

3）用绝缘工具切断带电导线。出现触电事故，必要时可用绝缘的工具（如带有绝缘柄的电工钳、木柄斧等）切断导线，以断开电源。

4）拉拽触电者衣服，使触电者摆脱电源。若现场不具备上述三种条件，而触电者的衣服干燥时，救护者可用包有干手巾、干衣服等干燥物的手去拉拽触电者的衣服使其脱离电源。

总之，在现场要因地制宜，灵活运用各种方法，迅速、安全地使触电者脱离电源。同时必须注意触电者脱离电源后，因不再受电流刺激，肌肉会立即放松，故有可能会自行摔倒，造成新的外伤（如颅底骨折等），特别是当现场在高处时，危险性更大。因此，在脱离电源时应当辅以相应措施，避免发生二次事故。此外，脱离电源时，除应注意自身安全外，还要注意不可误伤他人。

（2）触电急救方法。触电人员经过简单诊断后，一般可按下列处理方法进行急救。

1）触电人员神志清醒，但感乏力、头昏、心悸、出冷汗，甚至有恶心或呕吐，应让其就地安静休息，以减轻心脏负荷，加快恢复。情况严重时，应小心将触电人员送往医院，请医务人员检查治疗，在送往医院的路途中，需严密观察触电人员状况，以免发生意外。

2）触电人员呼吸、心跳尚存在，但神志不清。要使其仰卧，保持周围空气流通，注意保暖，并且立即通知医疗部门，或用担架将触电人员送往医院，请医务人员抢救。与此同时还要严密观察，做好人工呼吸和胸外心脏按压急救的准备工作，一旦触电人员出现“假死”情况应立即进行抢救。

3）假如检查发现触电人员已处于“假死”状态，应立即针对不同类型的“假死”进行对症处理。若呼吸停止，则用口对口人工呼吸法维持气体交换；若心脏停止跳动，则用胸外心脏按压法来重新维持血液循环；若呼吸、心跳全停，则需要同时施行胸外心脏按压和口对口人工呼吸等，并立即向医疗部门告急求救。

抢救工作不能轻易中止，即使在送往医院的途中，也要继续进行抢救，边送边救直至心跳、呼吸恢复为止。

2. 中暑的紧急救护

中暑是由于在高温环境下人体体温调节功能紊乱，而引起的中枢神经系统和循环系统障碍。除了高温、烈日暴晒外，活动强度过大、时间过长、睡眠不足、过度疲劳等均为常见的诱因。

高温环境下，一旦发现户外活动中有人颜面潮红、呼吸急促、大量出汗、身体摇摆或昏倒，应立即进行现场急救，以免虚脱。应选择阴凉通风的地方，让中暑者就地安静平卧，松开或脱掉其衣服，用东西将头及肩部垫高，以冷湿的毛巾覆在中暑者的头上，如有水袋或冰袋更好。将海绵浸渍酒精，或毛巾浸冷水，用来擦拭身体，尽量降低中暑者的体温到正常温度。然后测量中暑者的体温或脉搏，若脉搏在110次/min以下，则表示体温仍可忍受，若达到110/min次以上，应停止使用降温的各种方法，观察约10 min，若体温继续上升，再重新给予降温。中暑者恢复知觉后，应补给一些含盐的水分。

要注意观察中暑者体征变化（呼吸、脉搏、体温），如果出现血压降低、虚脱时应立即平卧，迅速将其送至医院，采取综合措施进行救治。

3. 溺水的紧急救护

据统计，溺水死亡率为意外死亡总数的10%。溺水是由于大量的水灌入肺内，或冷水刺激引起喉痉挛，造成窒息或缺氧，若抢救不及时，4 ~6 min内即可出现死亡。溺水者的现场紧急救护必须争分夺秒地进行，切不可急于送医院而失去宝贵的抢救时机。

发现有人溺水，应该立刻进行救援。如果溺水者并未昏迷，救护者应从溺水者的后方向其靠拢，以免被溺水者抱住，以至无法动弹沉入水中。如果溺水者已经昏迷，救护者可从正面向其靠近。

（1）当将溺水者救至岸上后，应迅速检查溺水者身体情况。由于溺水者多有严重的呼吸道阻塞，要立即清除口鼻内淤泥、杂草、呕吐物，然后再进行控水处理。

（2）迅速进行控水（倒水）处理。所谓控水处理，是利用头低、脚高的体位，将吸入的水倒出来。最简便的方法是，救护者一腿跪地，另一腿出膝，将溺水者的腹部放在膝盖上，使其头下垂，然后再按压其腹、背部。也可利用地面上的自然地形，将头置于下坡处的位置，以及利用小木凳、大石头等作垫高物来控水均可。

（3）对呼吸已停止的溺水者，应立即进行人工呼吸。如溺水者呼吸心跳均已停止，应立即进行人工呼吸和胸外心脏按压。

溺水者经现场急救处理，在呼吸心跳恢复后，要采取保暖措施，立即送往附近医院。在送医院途中，仍需不停地对溺水者做人工呼吸和心脏按压，以便于医生抢救。

4. 外伤的紧急救护

外伤是机械因素引起人体组织或器官的破坏，根据发生地点、受伤部位、受伤组织、致伤因素及皮肤完整性来进行分析。严重外伤会引起全身反应，局部表现有伤区疼痛、肿胀、压痛，骨折脱位时有畸形及功能障碍。严重外伤还可能有致命的大出血、休克、窒息、意识障碍等。急救时应先防治休克，保持呼吸道通畅，对伤口包扎止血，并进行伤肢固定，将伤员安全、平稳、迅速地转送到医院作进一步处理，开放性伤口要及时进行清创术。

（1）止血。血液是维持生命的重要物质，成年人血容量约占体重的8%，即4 000～5 000 mL，如出血量为总血量的20%（800～1 000 mL）时，会出现头晕、脉搏增快、血压下降、出冷汗、肤色苍白、少尿等症状，如出血量达总血量的40%（1 600～2 000 mL）时，就会有生命危险。出血伤员只要稍拖延几分钟急救就会危及生命。因此，外伤出血是最需要急救的危重症之一，止血术列外伤急救技术之首。外伤出血分为内出血和外出血。内出血主要是送医院救治，外出血是现场急救的重点。

现场止血方法常用的有五种，使用时要根据具体情况，可选用一种，也可以把几种方法结合使用，以达到最快、最有效、最安全的止血目的。

1）指压动脉止血法。适用于头部和四肢某些部位的大出血。方法是用手指压迫伤口近心端动脉，将动脉压向深部的骨骼上，阻断血液流通。这是一种不要任何器械、简便、有效的止血方法，但因为止血时间短暂，常需要与其他方法结合进行。

2）直接压迫止血法。适用于较小伤口的出血，用无菌纱布直接压迫伤口处，压迫约10 min。

3）伤口包扎止血法。适用于各种伤口，是一种比较可靠的非手术止血法，也是目前最常用的止血方法。先用无菌纱布覆盖压迫伤口，再用三角巾或绷带用力包扎，包扎范围应该比伤口稍大。

4）填塞止血法。适用于颈部和臀部较大而深的伤口，先用镊子夹住无菌纱布塞入伤口内，如一块纱布止不住出血，可再加纱布，最后用绷带或三角巾包扎固定。

5）止血带止血法。止血带止血法只适用于四肢大出血，当其他止血法不能止血时才采用。止血带有橡皮止血带、气性止血带（如血压计袖带等）、布制止血带等，其操作方法各不相同。

（2）包扎。伤口包扎在急救中应用范围较广，可起到保护创面、固定敷料、防止污染和止血、止痛作用，有利于伤口早期愈合。包扎材料可采用三角巾和绷带两种。包扎应做到动作轻巧，不要碰撞伤口，以免增加出血量和疼痛。接触伤口面的敷料必须保持无菌，以免增加伤口感染的机会。包扎要快且牢靠，松紧度要适宜，打结避开伤口和不宜压迫的部位。各种不同受伤部位（头部、颈部、胸部、背部、腹部、四肢等）的包扎方法各有不同，应根据具体情况进行。

（3）固定。由于外伤等原因破坏了骨的连续性或完整性，称为外伤性骨折。其原因有直接外力（受外力直接打击发生的骨折，如碰撞事故引起的骨折多属此类）；间接外力（如从高处跌下，足先着地，引起的脊椎骨折）；肌肉拉力（如骤然跪倒时发生的髌骨骨折，投掷物体不当时引起的肱骨骨折等）。

固定是针对骨折的急救措施，可以防止骨折部位移动，具有减轻伤员痛苦的功效。同时，能有效地防止因骨折断端的移动而损伤血管、神经等组织造成的严重并发症。实施骨折固定先要注意伤员的全身状况，如心脏停搏要先复苏处理；如有休克要先抗休克或同时处理休克；如有大出血要先止血包扎，然后固定。急救固定的目的不是让骨折复位，而是防止骨折断端的移动，所以刺出伤口的骨折端不应该送回。固定时动作要轻巧，固定要牢靠，松紧要适度，皮肤与夹板之间要垫适量的软物，尤其是夹板两端骨突出处和空隙部位更要注意，以防局部受压引起缺血坏死。

避免骨折断端刺伤皮肤、血管和神经。固定肢体使伤员安静以减轻疼痛，便于运送，避免在搬运与运送中增加伤者的痛苦，固定的注意事项如下。

1）本着先救人后治伤的原则，对呼吸、心跳停止者应立即进行胸外心脏按压和人工呼吸。有大出血时，应先止血，再包扎，最后再固定骨折部位。

2）对于大腿、小腿和脊柱骨折，应就地固定，不要随便移动伤员。

3）骨折固定的目的，只是限制肢体活动，不要试图整复。如患肢过度畸形不便固定时，可依伤肢长轴方向稍加牵引和矫正，然后进行固定。

4）对四肢骨折断端固定时，先固定骨折上端，后固定骨折下端。若固定顺序颠倒，会导致断端再度错位。

5）固定材料不能与皮肤直接接触，要用棉花等柔软物品垫好，尤其骨突出部和夹板两头更要垫好。

6）夹板要扶托整个伤肢，将骨干的上、下两个关节固定住。绷带和三角巾不要直接绑在骨折处。

7）固定四肢时应露出指（趾），随时观察血循环，如有苍白、青紫、发冷、麻木等情况，应立即松开重新固定。

8）开放性骨折禁用水冲，不涂药物，保持伤口清洁。外露的断骨严禁送回伤口内，避免增加污染和刺伤血管、神经。

9）疼痛严重者，可服用止痛剂和镇静剂。固定后迅速送往医院。

5. 胸外心脏按压

胸外心脏按压，即按压胸部时使血液向前流动，其机制是由于胸腔内压力普遍增加，以致胸内压力 > 颈动脉压 > 头动脉压 > 颈静脉压。正是这个压差使血液流向颈动脉，流向头部，再回流到颈静脉。

胸外心脏按压适用于各种创伤、电击、溺水、窒息、心脏疾病、药物过敏等引起的心搏骤停。

（1）操作方法。患者仰卧在硬板上或地上，如果是系软床应加垫木板。救护者把一只手的手掌根部放于患者胸骨下2/3处，另一手重叠于上。两臂伸直，依靠救护者身体重量向脊柱方向作垂直而有节律的按压。按压时用力须适度，略带冲击性，每次按压使胸骨向下压陷3~4 cm，随后放松，使胸骨复原，以利心脏舒张。按压频率成人为80~100次/min，小儿为90~100次/min，按压与放松时间比例以0.6:0.4为宜，直至心脏恢复跳动。

在胸外按压的同时要进行人工呼吸，不要为了观察脉搏和心率而频频中断心肺复苏，按压停歇时间一般不要超过10 s，以免干扰复苏成功。

（2）注意事项

1）首先检查患者呼吸道是否阻塞。口腔内如有异物应及时清除，为人工呼吸或气管插管打下基础。因为维持循环与呼吸功能同等重要，两者缺一不可。

2）准确、及时判断心跳停止，果断有效地进行胸外心脏按压，是保障抢救成功的关键。在胸外按压的同时建立良好的静脉通路，以保障复苏药物及时有效地发挥作用。

3）救护者动作要准确、熟练、到位。应注意按压正确部位、操作手法的准确性，按压应平稳、均匀、有规律。

4）按压部位不宜过低，以免损伤肝、胃等内脏。压力要适宜，过轻不足以推动血液循环；过重会使胸骨骨折，导致气血胸。

5）胸外心脏按压救援应坚持20~30 min，如遇低温、溺水、触电、药物中毒、高血钾症等患者，可适当延长心肺复苏实施的时间。

6. 人工呼吸

人工呼吸是一种用于自主呼吸停止时的急救方法。通过徒手或用机械装置使空气有节律地进入肺内，然后利用胸廓和肺组织的弹性回缩力使进入肺内的气体呼出，如此周而复始以代替自主呼吸。适用于心脏骤停以及因麻醉、电击、中毒、溺水、颈椎骨折等伤病所引起麻痹的患者。

在进行口对口人工呼吸时，使患者仰卧平地或硬板上，两臂在身旁紧贴身躯，用手帕擦去口腔内异物。一手掌按前额，另一手的食指和中指置于颏骨下，上抬下颏部，使头颅后仰，这样可使舌根与后咽壁分离，遮盖气管开口的会厌软骨翘起，上呼吸道得以通畅。口对口吹气时，按于前额手的拇指和食指夹住鼻翼，口对鼻吹气时，则可将上抬下颏的手掌代替中、食指，以拇指、食指封闭口唇，救护者作深吸气后，俯身以口唇包围患者口（鼻）部，用力缓慢呼气，将气压入肺脏。吹气时应见到胸廓扩张。每次吹气时间约1~1.5 s，气量800~1 000 mL为宜，开始第1~2次量可多些。每次吹气后，移开口唇，让患者肺内气随胸廓回缩排尽，再重复吹气，约12次/min。每次吹气应当用深吸气的前部分呼气，以保证最高含氧浓度。每隔5~10 s，测摸患者颈动脉搏动，如脉搏消失，胸前亦听不到心跳，即进行胸外心脏按压，与人工呼吸交替进行。每2次吹气后，以80~100

次/min 的频率进行胸外心脏按压 15 次。人工呼吸和胸外心脏按压交替 4 次后，检查颈动脉搏动，若心脏跳动恢复，呼吸未出现，则继续人工呼吸。如有两人在场，则一人做人工呼吸，另一人做胸外心脏按压，按压与吹气的比例可调整为 5∶1。

7．伤员的搬运

搬运伤员的目的是迅速、安全地将伤员运送到医院，使伤员能得到及时的救治。因此，在救护中必须熟悉各类伤员的搬运方法，选用各种便于运送的工具，做好伤员的运送工作。

（1）常用的搬运方法

1）单人搬运法。适用于轻伤员。常用的方法有：掮法、背法、抱法、腰带抱运法等。

2）双人搬运法。适用于头、胸、腹部受伤的重伤员。常用的方法有：椅托式搬运法、拉车式搬运法等。

3）担架搬运法。担架是比较舒适的一种搬运工具，是搬运伤员最常用的方法，只要条件许可，应尽量采用担架进行搬运。尤其是对于脊椎损伤的伤员必须采取这一办法，对颈椎受伤的伤员还要放置颈托。首先，将担架放在伤员的伤侧，把坚硬物品从口袋中取出。由两名担架人员，单腿跪在伤员健侧，一人托住伤员的头部和肩背部，另一人托住伤员腰臀部和膝下部，伤员能合作者，嘱其双手抱住担架员颈部，这样互相协作，同时起立，将伤员轻放在担架上。其次，伤员躺在担架上，体位以舒适为宜，最好用被褥垫平，空隙处用衣物或软草等填实，以免在途中摇晃，担架上的扣带应固定好。

（2）搬运伤员的注意事项

1）搬运前，要尽可能做好初步急救处理。如情况允许，一般应先止血、包扎、固定后再搬运。

2）应根据伤情、地形等情况，选用不同的搬运方法和运送工具，确保伤员安全。

3）动作要轻而迅速，避免和减少震动。

八、火灾事故的防范

1．基本概念

燃烧是指物质在较短的时间内完成氧化的过程，同时伴有发热和强烈发光的现象。燃烧是有条件的，它必须是可燃物质、助燃物质和火源这三个基本条件的相互作用才能发生。上述三个基本条件在数量上的变化，可以使燃烧速度改变甚至停止燃烧。火灾可分为以下几种类型。

（1）闪燃。闪燃是指易燃或可燃液体挥发出来的蒸气与空气混合后，遇火源发生一闪即灭的燃烧现象。发生闪燃现象的最低温度点称为闪点。

（2）着火。着火指可燃物质在空气中受到外界火源直接作用，开始起火持续燃烧的现象。这个物质开始起火持续燃烧的最低温度点称为燃点。

（3）自燃。自燃指可燃物质在空气中没有外来明火源的作用，靠热量的积聚达到一定的温度时而发生的燃烧现象。

（4）爆炸。爆炸指物质在瞬间急剧氧化或分解反应产生大量的热和气体，并以巨大压力急剧向四周扩散和冲击而发生巨大响声的现象。可燃气体、蒸气或粉末与空气组成的混合物遇火源能发生爆炸的浓度称爆炸极限，其最低浓度称为爆炸下限，最高浓度称为爆炸上限。低于爆炸下限时遇明火既不爆炸也不燃烧，高于爆炸上限时，虽不爆炸，但可燃烧。

2. 火灾事故

游乐设施可能发生的火灾事故主要是由电气短路、设备过载、散热不良等因素引起的，也有可能是人为因素（如乱扔烟头等）引起的。操作人员一旦发现火情后，应当立即切断电源、停止设备运行、及时疏散人员、隔离现场，并且要采取有效的灭火措施，同时视火情向消防部门报警。

遇到电气设备着火，操作人员可使用干式灭火器、二氧化碳灭火器等进行灭火，千万不要用水、泡沫等进行灭火。遇到油类物品着火，可使用干燥的沙土进行灭火。遇到其他可燃物着火可用水、泡沫灭火器等进行灭火。

一般来说，在起火后的10 min内是最关键的扑救时间。由于火灾发展迅速，超过这段时间，普通的灭火方法就无济于事了。因此，在火灾初始阶段，现场操作人员在疏散游客的同时，应当积极采用一切可以采用的手段，包括灭火器、沙子、水等，迅速扑灭初始的火苗，并尽快离开危险区域。

3. 防火措施

（1）根据燃烧必须是可燃物、助燃物和火源这三个基本条件的相互作用才能发生的原理，采取措施，防止燃烧三个条件的同时存在或避免它们的相互作用，是防火的最基本的理论。

（2）火灾的发展过程可分为四个阶段。

1）酝酿期。可燃物在热的作用下蒸发析出气体、冒烟和阴燃。

2）发展期。火苗串起，火势迅速扩大。

3）全盛期。可燃物全面着火，燃烧面达到最大限度，温度迅速升高。

4）衰灭期。可燃物减少，火势渐弱，终至熄灭。

（3）防火的主要措施

1）在游乐园（场）应严格划分区域，可能发生火灾的设施、设备要严格管理。

2）配备相应的消防器材。

3）严格控制和消除着火源，如采取严禁烟火、接地避雷、隔离、控温等措施。

4）控制可燃物。如采用不易燃或不可燃材料代替可燃材料；防止可燃物跑、冒、滴、漏；防止游客携带危险品进人游乐场所，更不能携带危险品参加游乐活动。

5）应严格监视酝酿期的特征，以便及时采取扑救措施。

6）一旦火灾发生，应立即报警，并采取有效的灭火措施。

7）平时应加强对操作人员的防火、灭火教育与训练，以防发生火灾时惊慌失措，失去最佳的扑救时间，造成人员伤亡和财产损失。

第 6 章

法律法规知识

游乐设施的安全运营与社会公共安全和人民生命、财产安全密切相关，自 2000 年《特种设备质量监督与安全监察规定》（国家质量技术监督局第 13 号令）将游乐设施纳入特种设备目录进行安全监督管理以来，国务院、国家质检总局，以及地方政府部门陆续颁布实施或修订了一系列相关的行政法规、规章、安全技术规范、国家标准等。

目前，我国政府对特种设备安全监督管理的法规规范基本可分为五个层次，即法律、法规、行政规章、安全技术规范和国家标准。主要的法律法规有《中华人民共和国特种设备安全法》和《特种设备安全监察条例》。相关的行政规章包括《大型游乐设施安全监察规定》和《特种设备作业人员监督管理办法》，以及上海市地方法规《上海市大型游乐设施运营安全管理办法》等。安全技术规范是将上述这些行政法规、规章的原则规定具体化，对游乐设施的安全性能和相应的设计、制造、安装、改造、修理、使用、检验检测等作出的强制性规定的一系列文件。安全技术规范中也大量引用了有关游乐设施的国家标准，国家标准是安全技术规范的重要基础和补充。

第 1 节　法 律 法 规

安全监察用于特种设备领域最早在 1963 年 5 月 28 日，国务院批准原劳动部《关于加强各地锅炉和受压容器安全监察机构的报告》中，将政府负责锅炉和压力容器的行政管理工作称为安全监察，并在以后的十几年中一直使用。在 1982 年 2 月 6 日国务院颁布的《锅炉压力容器安全监察暂行条例》中正式使用了安全监察概念，使其法制化。

我国政府对特种设备的安全监察工作一贯十分重视。1955 年，在原劳动部设立锅炉安全检查总局，开展了对锅炉、压力容器、起重机械的监督管理工作。1982 年 2 月 6 日，国务院颁布的《锅炉压力容器安全监察暂行条例》，对安全监察工作，确保锅炉、压力容器安全运行，有效防范事故发生，起了极大的促进作用，锅炉、压力容器的运行状况有了一定的保证，事故情况有了一定程度的改善，恶性事故大大减少。2003 年，国务院颁布了《特种设备安全监察条例》（以下简称《案例》），并且于 2009 年进行了修改。《条例》对特种设备的安全工作发挥了重要作用。各级质量技术监督部门在加强特种设备的安全监督管理，确保特种设备安全运行，防范各类特种设备事故的发生等方面做了大量工作，取得了一定的成效。

“以人为本、立法为民”是我国立法工作始终坚持的一项根本原则。近年来，随着我国经济的快速发展，特种设备数量迅猛增长，安全保障压力不断增大，人民群众对安全保障的要求也不断提高，现有的行政法规已不能适应新时期特种设备安全工作的需要。立法就是要解决实践中普遍存在的突出问题。面对严峻的特种设备安全形势，面对群众的呼声和实践中迫切需要通过立法加以解决的问题，全国人大常委会高度关注，国家质检总局积极配合，国务院法制办、各有关部门大力支持，本着对人民生命安全高度负责的精神，把人民群众的生命和财产安全放在第一位。经过充分酝酿、深入调研，三次在常委会会议审议，出台了特种设备安全法。将特种设备领域的安全保障上升到国家法律层面，进一步明确企业在特种设备安全上要承担主体责任，发挥政府监督作用，履行政府的行政监督职能。让企业自觉守法，政府严格执法，社会公众发挥对特种设备安全的监督和督促作用，是加强特种设备安全工作，减少和防止事故发生的基本保障。用法律去规范特种设备的生产、经营、使用、检验、检测和监督管理，以保证人民群众生命财产的安全，促进经济社会的发展。从法律上明确调整范围，理顺监管体制，落实企业安全主体责任，从制度上、源头上有效防范、减少和遏制特种设备重大事故的发生，以保障人民生命和财产的安全。

2013 年 6 月 29 日，中华人民共和国主席习近平签署 2013 年中华人民共和国主席令第 4 号，公布已由中华人民共和国第十二届全国人大常委会第三次会议于 2013 年 6 月 29 日通过的《中华人民共和国特种设备安全法》（以下简称《特种设备安全法》），自 2014 年 1 月 1 日起施行。《特种设备安全法》主要为加强特种设备安全工作，预防特种设备事故，保障人身和财产安全，促进经济社会发展而制定。

一、《特种设备安全法》

《特种设备安全法》适用于特种设备的生产（包括设计、制造、安装、改造、修理）、经营、使用、检验、检测和特种设备安全的监督管理。

《特种设备安全法》共分七章一百零一条，内容包括生产、经营、使用，检验、检测，监督管理，事故应急救援与调查处理、法律责任等。该法明确，特种设备安全工作应当坚持安全第一、预防为主、节能环保、综合治理的原则。

《特种设备安全法》确立了“企业承担安全主体责任、政府履行安全监管职责和社会发挥监督作用”三位一体的特种设备安全工作新模式，进一步突出特种设备生产、经营、使用单位是安全责任主体，加大对违法行为的处罚力度，督促生产、经营、使用单位及其负责人树立安全意识，切实承担保障特种设备安全的责任。

针对生产环节，《特种设备安全法》对特种设备的设计、制造、安装、改造、修理等生产活动规定了行政许可制度；规定了有缺陷的特种设备召回制度等。还规定了大型游乐设施等特种设备的设计文件鉴定，产品的型式试验，安装、改造、重大修理的施工告知，以及监督检验等要求。

针对经营环节，《特种设备安全法》禁止销售、出租未取得许可生产、未经检验和检验不合格的特种设备或者国家明令淘汰和已经报废的特种设备。还对进口的特种设备作出了相应的规定。

针对使用环节，《特种设备安全法》要求所有特种设备必须经检验合格，并向特种设备监管部门办理使用登记后方可使用；使用单位要落实安全责任，建立设备档案，对设备安全运行情况定期开展安全检查，进行经常性维护保养，并按规定进行定期检验；一旦发现设备出现故障，应当立即停止运行，进行全面检查，消除事故隐患；对存在严重事故隐患、无改造、修理价值，或者达到报废条件的特种设备建立报废制度。

法律的有效实施需要全社会共同的努力，这就需要每个人都能自觉增强安全意识。该法特别强调，公众乘坐或者操作的电梯、客运索道、大型游乐设施应当遵守安全使用说明和安全注意事项的要求，服从有关工作人员的管理和指挥；遇到运行不正常时，应当按照安全指引，有序撤离。

针对检验、检测环节，《特种设备安全法》规定，检验、检测机构要经过核准，检验、检测人员要经过考核取得资格，并对检验、检测结果和鉴定结论负责等。

针对监管环节，《特种设备安全法》明确将学校、幼儿园、医院、商场、公园等公众聚集场所的特种设备列为安全监督检查的重点对象，并规定了实施安全监督检查的方式、程序等。《特种设备安全法》还规定，特种设备监管部门应当定期向社会公布特种设备安全状况。同时，要求监管部门对依法办理使用登记的特种设备建立完整的监督管理档案和信息查询系统，便于公众查询，充分发挥社会监督作用，保障公众的知情权。

《特种设备安全法》规定特种设备发生事故后，事故发生单位应当按照应急预案采取措施，组织抢救，防止事故扩大，并向相关部门报告，不得瞒报、迟报或谎报事故情况等。根据事故情况，组织事故调查组进行事故调查，有关部门和单位应当依法追究事故责任单位和人员的责任。

《特种设备安全法》还确定了各个环节的相应法律责任。

二、《特种设备安全监察条例》

2003 年 2 月 19 日，国务院第 68 次常务会议通过了《特种设备安全监察条例》（国务院第 373 号令，自 2003 年 6 月 1 日起施行），以法规形式对特种设备的设计、制造、安装、改造、维修、使用，以及检验检测、安全监察等全过程的基本制度进行了规定，为特种设备安全监察工作的法制化、科学化奠定了基础。《特种设备安全监察条例》自颁布日起，对于加强特种设备的安全管理，防止和减少事故，保障人民群众生命、财产安全发挥了重要作用。

2009年1月14日，经国务院第46次常务会议通过，修订后的《特种设备安全监察条例》正式公布，自2009年5月1日起施行，这对于进一步加强特种设备安全监察工作，提升质监部门服务经济社会大局的有效性，都具有重要的意义。

1.《特种设备安全监察条例》在第九十九条第七款中对纳入特种设备目录的大型游乐设施进行了明确的定义。

大型游乐设施是指用于经营目的，承载乘客游乐的设施，其范围规定为设计最大运行线速度大于或者等于2 m/s，或者运行高度距地面高于或者等于2 m的载人大型游乐设施。

2.《特种设备安全监察条例》在第二章中对大型游乐设施的生产（此处的生产为广义的生产，具体包括设计、制造、安装、改造、维修等行为）有着明确的规定。

大型游乐设施的设计文件，应当经国务院特种设备安全监督管理部门核准的检验检测机构鉴定，方可用于制造，应当进行型式试验的特种设备产品、部件或者试制特种设备新产品、新部件、新材料，必须进行型式试验和能效测试。大型游乐设施出厂时，应当附有安全技术规范要求的设计文件、产品质量合格证明、安装及使用维修说明、监督检验证明等文件。

大型游乐设施的制造、安装、改造单位，应当经国务院特种设备安全监督管理部门许可，方可从事相应的活动。大型游乐设施的制造、安装、改造单位应当具备下列条件。

（1）有与大型游乐设施制造、安装、改造相适应的专业技术人员和技术工人。

（2）有与大型游乐设施制造、安装、改造相适应的生产条件和检测手段。

（3）有健全的质量管理制度和责任制度。

大型游乐设施的维修单位，应当有与大型游乐设施维修相适应的专业技术人员和技术工人以及必要的检测手段，并经省、自治区、直辖市特种设备安全监督管理部门许可，方可从事相应的维修活动。

大型游乐设施的安装、改造、维修，必须由依照本条例取得许可的单位进行。大型游乐设施的安装、改造、维修的施工单位应当在施工前将拟进行的特种设备安装、改造、维修情况书面告知直辖市或者设区的市的特种设备安全监督管理部门，告知后方可施工。

大型游乐设施的制造、安装、改造、重大维修过程，必须经国务院特种设备安全监督管理部门核准的检验检测机构按照安全技术规范的要求进行监督检验；未经监督检验合格的不得出厂或者交付使用。大型游乐设施的安装、改造、维修的施工单位应当在验收后30日内将有关技术资料移交使用单位，使用单位应当将其存入该特种设备的安全技术档案。

3.《特种设备安全监察条例》在第三章中对大型游乐设施的使用管理要求进行了明确规定。

大型游乐设施的使用单位，应当使用符合安全技术规范要求的设备，严格执行本条例和有关安全生产的法律、行政法规的规定，保证特种设备的安全使用。

大型游乐设施在投入使用前或者投入使用后 30 日内，使用单位应当向直辖市或者设区的市的特种设备安全监督管理部门登记，登记标志应当置于或者附着于该特种设备的显著位置。使用单位还应当建立大型游乐设施的安全技术档案，安全技术档案应当包括以下内容。

（1）产品设计文件、制造单位、产品质量合格证明、使用维护说明等文件以及安装技术文件和资料。

（2）定期检验和定期自行检查的记录。

（3）日常使用状况记录。

（4）日常维护保养记录。

（5）运行故障和事故记录。

大型游乐设施使用单位应当对在用设备进行经常性日常维护保养，并定期自行检查。

大型游乐设施使用单位对在用设备应当至少每月进行一次自行检查并作出记录，在自行检查和日常维护保养时发现异常情况的，应当及时处理。

大型游乐设施使用单位应当按照安全技术规范的定期检验要求，在安全检验合格有效期届满前 1 个月向特种设备检验检测机构提出定期检验要求。检验检测机构接到定期检验要求后，应当按照安全技术规范的要求及时进行安全性能检验和能效测试。未经定期检验或者检验不合格的特种设备，不得继续使用。

大型游乐设施出现故障或者发生异常情况，使用单位应当对其进行全面检查，消除事故隐患后，方可重新投入使用。大型游乐设施存在严重事故隐患，无改造、维修价值，或者超过规定使用年限，使用单位应当及时予以报废，并应当向原登记的特种设备安全监督管理部门办理注销。

大型游乐设施运营使用单位应当设置安全管理机构或者配备专职的安全管理人员，安全管理人员应当对在用设备使用状况进行经常性检查，发现问题的应当立即处理；情况紧急时，可以决定停止使用特种设备并及时报告本单位有关负责人。

大型游乐设施的运营使用单位应当结合本单位的实际情况，配备相应数量的营救装备和急救物品，设备在每日投入使用前，应当进行试运行和例行安全检查，并对安全装置进行检查确认。

大型游乐设施的运营使用单位应当将大型游乐设施的安全注意事项和警示标志置于易于为乘客注意的显著位置，乘客应当遵守使用安全注意事项的要求，服从有关工作人员的指挥。

大型游乐设施运营使用单位的主要负责人应当熟悉相关安全知识，并全面负责大型游乐设施的安全使用，主要负责人至少应当每月召开一次会议，督促、检查大型游乐设施的安全使用工作。

大型游乐设施作业人员及其相关管理人员应当按照国家有关规定，经特种设备安全监督管理部门考核合格，取得国家统一格式的特种作业人员证书，方可从事相应的作业或者管理工作。作业人员在作业中应当严格执行特种设备的操作规程和有关的安全规章制度，在作业过程中发现事故隐患或者其他不安全因素，应当立即向现场安全管理人员和单位有关负责人报告。

4.《特种设备安全监察条例》第六章对游乐设施的事故作了以下规定。

（1）有下列情形之一的为一般事故

1）事故造成 3 人以下死亡，或者 10 人以下重伤，或者 1 万元以上 1 000 万元以下直接经济损失的。

2）高空滞留人员 1 h 以上 12 h 以下的。

一般事故由设区的市的特种设备安全监督管理部门会同有关部门组织事故调查组进行调查。

（2）有下列情形之一的为较大事故

1）事故造成 3 人以上 10 人以下死亡，或者 10 人以上 50 人以下重伤，或者 1 000 万元以上 5 000 万元以下直接经济损失的。

2）高空滞留人员 12 h 以上的。

较大事故由省、自治区、直辖市特种设备安全监督管理部门会同有关部门组织事故调查组进行调查。

（3）有下列情形之一的为重大事故

1）事故造成 10 人以上 30 人以下死亡，或者 50 人以上 100 人以下重伤，或者 5 000 万元以上 1 亿元以下直接经济损失的。

2）高空滞留 100 人以上，并且时间在 24 h 以上 48 h 以下的。

重大事故由国务院特种设备安全监督管理部门会同有关部门组织事故调查组进行调查。

（4）有下列情形之一的为特别重大事故

1）事故造成 30 人以上死亡，或者 100 人以上重伤，或者 1 亿元以上直接经济损失的。

2）高空滞留 100 人以上，并且时间在 48 h 以上的。

特别重大事故由国务院或者国务院授权有关部门组织事故调查组进行调查。

5.《特种设备安全监察条例》第七章则明确了相应的法律责任。

（1）大型游乐设施的设计文件，未经国务院特种设备安全监督管理部门核准的检验检测机构鉴定，擅自用于制造的，由特种设备安全监督管理部门责令改正，没收非法制造的产品，处5万元以上20万元以下罚款；触犯刑律的，对负有责任的主管人员和其他直接责任人员依照刑法关于生产、销售伪劣产品罪、非法经营罪或者其他罪的规定，依法追究刑事责任。应当进行型式试验的产品，未进行型式试验的，由特种设备安全监督管理部门责令限期改正；逾期未改正的，处2万元以上10万元以下罚款。

（2）未经许可，擅自从事大型游乐设施的制造、安装、改造的，由特种设备安全监督管理部门予以取缔，没收非法制造的产品，已经实施安装、改造的，责令恢复原状或者责令限期由取得许可的单位重新安装、改造，处10万元以上50万元以下罚款；触犯刑律的，对负有责任的主管人员和其他直接责任人员依照刑法关于生产、销售伪劣产品罪、非法经营罪、重大责任事故罪或者其他罪的规定，依法追究刑事责任。

（3）大型游乐设施出厂时，未按照安全技术规范的要求附有设计文件、产品质量合格证明、安装及使用维修说明、监督检验证明等文件的，由特种设备安全监督管理部门责令改正；情节严重的，责令停止生产、销售，处违法生产、销售货值金额30%以下罚款；有违法所得的，没收违法所得。

（4）未经许可，擅自从事大型游乐设施的维修或者日常维护保养的，由特种设备安全监督管理部门予以取缔，处1万元以上5万元以下罚款；有违法所得的，没收违法所得；触犯刑律的，对负有责任的主管人员和其他直接责任人员依照刑法关于非法经营罪、重大责任事故罪或者其他罪的规定，依法追究刑事责任。

（5）大型游乐设施安装、改造、维修的施工单位，在施工前未将拟进行的特种设备安装、改造、维修情况书面告知直辖市或者设区的市的特种设备安全监督管理部门即行施工的，或者在验收后30日内未将有关技术资料移交使用单位的，由特种设备安全监督管理部门责令限期改正；逾期未改正的，处2 000元以上1万元以下罚款。

（6）大型游乐设施的运营使用单位有下列情形之一的，由特种设备安全监督管理部门责令限期改正；逾期未改正的，责令停止使用或者停产停业整顿，处1万元以上5万元以下罚款。

1）每日投入使用前，未进行试运行和例行安全检查，并对安全装置进行检查确认的。

2）未将安全注意事项和警示标志置于易于为乘客注意的显著位置的。

（7）运营使用单位有下列情形之一的，由特种设备安全监督管理部门责令限期改正；逾期未改正的，责令停止使用或者停产停业整顿，处2 000元以上2万元以下罚款。

1）未依照本条例规定设置安全管理机构或者配备专职、兼职的安全管理人员的。

2）作业人员未取得相应特种作业人员证书，上岗作业的。

3）未对作业人员进行特种设备安全教育和培训的。

（8）发生特种设备事故，有下列情形之一的，对运营使用单位，由特种设备安全监督管理部门处5万元以上20万元以下罚款；对运营使用单位主要负责人，由特种设备安全监督管理部门处4 000元以上2万元以下罚款；属于国家工作人员的，并依法给予处分；触犯刑律的，依照刑法关于重大责任事故罪或者其他罪的规定，依法追究刑事责任。

1）主要负责人在本单位发生设备事故时，不立即组织抢救或者在事故调查处理期间擅离职守或者逃匿的。

2）主要负责人对特种设备事故隐瞒不报、谎报或者拖延不报的。

（9）对事故发生负有责任的单位，由特种设备安全监督管理部门依照下列规定处以罚款。

1）发生一般事故的，处10万元以上20万元以下罚款。

2）发生较大事故的，处20万元以上50万元以下罚款。

3）发生重大事故的，处50万元以上200万元以下罚款。

（10）对事故发生负有责任的单位主要负责人未依法履行职责，导致事故发生的，由特种设备安全监督管理部门依照下列规定处以罚款；属于国家工作人员的，并依法给予处分；触犯刑律的，依照刑法关于重大责任事故罪或者其他罪的规定，依法追究刑事责任。

1）发生一般事故的，处10万元以上20万元以下罚款。

2）发生较大事故的，处20万元以上50万元以下罚款。

3）发生重大事故的，处50万元以上200万元以下罚款。

（11）作业人员违反操作规程和有关的安全规章制度操作，或者在作业过程中发现事故隐患或者其他不安全因素，未立即向现场安全管理人员和单位有关负责人报告的，由特种设备使用单位给予批评教育、处分；情节严重的，撤销作业人员资格；触犯刑律的，依照刑法关于重大责任事故罪或者其他罪的规定，依法追究刑事责任。

第2节　行政规章

行政规章是指国务院各部委以及各省、自治区、直辖市的人民政府和省、自治区的人民政府所在地的市以及国务院批准的较大市的人民政府根据宪法、法律、行政法规等制定和发布的具有普遍约束力的规范性文件，行政规章的效力低于行政法规和法律。自2 000年以来，国家质检总局陆续制定了一系列与特种设备安全监察相关的行政法规，有效地加强、规范了包括大型游乐设施在内的特种设备的安全管理。上海市人民政府于 2010 年颁布了《上海市大型游乐设施运营安全管理办法》。

一、《上海市大型游乐设施运营安全管理办法》

2010 年 7 月 23 日上海市人民政府令第 47 号公布了《上海市大型游乐设施运营安全管理办法》（以下简称《管理办法》），自 2010 年 10 月 1 日起施行。《管理办法》是上海市政府根据《特种设备安全监察条例》等有关法律、法规，总结多年来上海对大型游乐设施（以下简称游乐设施）的管理经验，结合本市实际情况制定的。

1.《管理办法》共分六章四十条，主要规范了以下五个方面的内容。

（1）明确上海市质量监督、安全生产、绿化市容、旅游、体育等行政管理部门和区（县）人民政府对游乐设施安全运营的管理职责。

（2）规范游乐设施注册登记和作业人员的管理。

（3）明确运营单位应当承担的安全管理责任。

（4）强化质量监督等部门的监管责任。

（5）对行政机关工作人员、运营单位的违法行为设定了相应的法律责任。

2.《管理办法》明确了运营单位从购买游乐设施到投入运营前应当遵守的规定。

（1）查验环节。运营单位必须对购买或者租赁的游乐设施相关材料进行查验，以确保设施是正规厂家合法生产的。查验材料主要包括：生产厂家制造许可证、产品质量合格证、设计文件鉴定报告、型式试验报告和产品使用说明书。如果设施已登记使用过，即所谓的二手设施，还应当查验安全技术档案和质量监督行政管理部门出具的特种设备注册登记证明。

（2）安装自检环节。运营单位对设施进行安装时，应当选择具有相应安装资格的单位进行安装。安装完成后，安装单位应当对游乐设施的安全技术性能进行自检。自检合格后，应当向运营单位出具自检合格报告。

（3）监督检验环节。设施安装完成后，运营单位还不能直接使用，必须凭自检合格报告向特种设备检验检测机构申请监督检验，取得安全检验合格标志。

（4）注册登记环节。设施正式投入运营前，运营单位应当去所在区（县）的质量监督行政管理部门办理设施注册登记手续。运营单位在取得安全检验合格标志并办理了注册登记手续后，方可将游乐设施投入运营。

3. 由于出现了出租经营、委托经营等运营模式，导致设施登记人和实际运营人不一致，实践中有时存在责任推诿的情况。《管理办法》特别明确了出租经营、委托经营等情形下的责任主体问题。

（1）明确设施登记人为责任主体。

（2）因转让、出租、委托经营等情形导致实际运营单位发生变动的，新的运营单位应当办理设施登记变更手续。

（3）未办理登记变更手续的，原运营单位不得将设施移交给他人使用，如果发生安全责任事故，仍由其承担责任。

针对部分公园、体育场、游乐场等将场地租赁给他人安置游乐设施，导致场地提供者与运营单位相分离的情况，为发挥公园等经营管理者的作用，《管理办法》规定公园等经营管理者应当督促、协助运营单位加强安全管理；并要求公园等经营管理者发现事故隐患或者其他异常情况的，应当要求运营单位及时处理，并向监管部门报告。

4. 针对部分运营单位人员配备不齐，内部管理混乱的问题，《管理办法》明确规定了运营单位应当为大型游乐设施配备以下三类作业人员。

（1）安全管理人员，有条件的单位可以设置安全管理机构。

（2）操作人员。

（3）维修保养人员。

如果运营单位没有维修能力，应当将维修工作委托给具有相应维修资格的单位承担。对于以上三类人员，都应当根据国家有关规定，取得相应的特种设备作业人员资格证书。

5.《管理办法》还要求运营单位对安全管理人员、操作人员和维修保养人员定期进行安全教育和培训，保证其具备与岗位职责相适应的技术能力和安全作业知识。对于作业人员的培训记录，运营单位应当至少保存 3 年备查。

6.《管理办法》明确了运营单位安全管理人员或者安全管理机构的职责。

（1）检查操作人员、维修保养人员的作业情况和各项记录。

（2）制止和纠正操作人员、维修保养人员的违章作业行为。

（3）对事故隐患或者其他异常情况报告，及时处理。

（4）发生停电、恶劣气候、火灾等紧急情况时，作出停止使用的决定。

（5）发生事故时，组织本单位人员开展应急救援工作。

7.《管理办法》明确了运营单位操作人员应当履行的职责。

（1）在游乐设施每日投入运行前进行试运行，确认运行正常、安全装置有效。

（2）指导乘客使用安全装置和正确乘坐大型游乐设施，并向乘客讲解相关的安全注意事项。

（3）及时制止和纠正乘客违反安全注意事项的行为，如制止和纠正无效，有权拒绝其乘坐游乐设施。

（4）发现事故隐患或者其他异常情况时，立即停止设施运转，及时向安全管理人员报告，并向乘客说明情况。

（5）发生事故后疏散乘客，与暂时不能离开设施的乘客保持联络，对受伤人员采取紧急救治措施。

（6）完整填写每日运行日志。

8.《管理办法》明确了运营单位维修保养人员应当履行的职责。

（1）按照安全技术规范的要求开展日检、月检和年检。

（2）根据安全技术规范和实际使用状况，对游乐设施进行日常保养。

（3）对检查或者保养中发现的事故隐患或者其他异常情况，及时组织维修并向安全管理人员报告。

（4）完整填写维修保养日志。

9.《管理办法》还对“嘉年华”式的游乐活动提出了监管要求。因“嘉年华”式的游乐活动往往采用高刺激性的移动式游乐设施，短期内人流密集，又属于流动性经营，与传统运营方式相比，安全风险较大。对此，《管理办法》规定：承办单位应当在活动举办前60日，将活动名称、时间、地点、主要内容、负责人、运营单位以及游乐设施名称、数量等情况书面告知监管部门。同时要求监管部门对这类活动的安全管理进行指导，督促运营单位申请监督检验、设备登记和开展人员培训，并在运营过程中加强现场监督检查。

10.《管理办法》对安全注意事项和警示标志也作出了进一步明确，细化了安全注意事项和警示标志的内容，要求运营单位根据游乐设施的运行特点，在醒目位置设置安全注意事项和警示标志，标明以下内容。

（1）乘坐游乐设施的禁忌病症。

（2）乘客身高、年龄等限制。

（3）必须由成年人陪同乘坐的要求。

（4）禁止乘客进入的区域。

（5）乘坐游乐设施需要注意的其他事项。

游客在乘坐游乐设施前，应当仔细阅读安全注意事项和警示标志的内容，并严格遵守这些规定，以确保自身和其他乘客安全。

11.《管理办法》还特别对“超期服役”的老旧游乐设施采取的管理措施提出了要求。根据《特种设备安全监察条例》，特种设备满足以下两个条件之一的，运营单位应当及时予以报废：一是存在严重事故隐患，无改造、维修价值的；二是超过安全技术规范规定使用年限的。对于部分超过设计使用年限的游乐设施，如果尚未达到报废条件，不宜强制要求报废。但考虑到其继续使用又有一定风险，对这些“超期服役”的设施，《管理办法》规定运营单位应当委托具备游乐设施相应制造资格的单位进行安全评价，确定继续使用的条件和期限，并报监管部门备案。

12. 为了加强游乐设施运营的监管，将质量监督等部门的监管责任落实到位，《管理办法》在强化监管部门的监管职责方面作了以下规定。

（1）确立了安全检查和现场巡查制度。《管理办法》要求质量监督部门对运营单位应当定期进行安全检查，并经常性地组织开展现场巡查，在节假日前和旅游旺季到来前应当增加巡查次数。

（2）要求建立检查和巡查记录。为规范执法，明确责任，《管理办法》要求质量监督部门记录检查和巡查的内容、发现的问题、处理结果等，并由检查和巡查人员签字后保存备查。

13. 明确了实施监督检查的处置措施，《管理办法》规定，运营单位违反安全管理规定或者游乐设施存在安全隐患的，质量监督部门可以根据实际情况作出暂停使用、停止使用或者需要进一步技术鉴定的决定。对有证据表明不符合安全技术规范要求或者存在严重事故隐患的游乐设施，可以依法采取查封或者扣押措施。

14. 确立了信息公布制度，为保障公众知情权，《管理办法》要求质量监督部门每年向社会公布一次游乐设施安全状况，内容应当包括游乐设施数量、种类以及事故情况、原因分析、防范对策等。

二、《大型游乐设施安全监察规定》

2001 年 2 月 23 日，原建设部与原国家质量技术监督局共同签署发布了《游乐园管理规定》（建设部国家质量技术监督局令第 85 号），对游乐园及游乐设施的安全管理起到重要作用。随着大型游乐设施行业的快速发展，大型游乐设施的设备数量、种类等都有了较大幅度的提高，85 号令已经越来越无法适应游乐园和游乐设施的发展速度以及人民群众对游乐园安全的更高要求。因此，有必要制定专门有关大型游乐设施安全监察的部门规章。

2010 年 3 月，国家质检总局在北京召开了制定《大型游乐设施安全监察规定》的首次会议，会上起草组听取了大型游乐设施设计单位、制造单位、使用单位、检验检测机构、安全监督管理部门的多方意见，形成了修订《大型游乐设施安全监察规定》的基本思路。起草组在随后的两年多时间内，经历了多次研讨、修改、征求意见和反馈修改。《大型游乐设施安全监察规定》（以下简称《规定》）已于 2013 年 4 月 23 日，经国家质检总局局务会议审议通过。2013 年 8 月 15 日国家质检总局以第 154 号令公布，自 2014 年 1 月 1 日起施行。

根据大型游乐设施安全监察工作的特点，《规定》共分六章四十六条，着重明确了设计、制造、安装、改造、修理、运营使用单位以及设备经营场地提供单位安全方面的责任。在遵循《中华人民共和国特种设备安全法》和《特种设备安全监察条例》确立的特种设备市场准入、监督检查制度的基础上，针对大型游乐设施安全工作的特点，《规定》本着权责一致、企业负责、方便企业的原则确立以下主要制度和措施。

1. 明晰各方责任

（1）设计、制造、安装单位职责。《规定》根据大型游乐设施行业的实际情况，赋予设计、制造、安装单位权利，并明确其应当承担的责任，主要内容如下。

1）针对多方参与设备制造的情况，规章明确要求制造单位对外委和外购零部件的质量进行控制，在鼓励社会化生产的同时，规定设备制造企业依法承担质量安全责任。

2）设备超过设计使用期限但有维修改造价值的，这类设备可由原制造单位或取得相应资格的制造单位进行评估，实施维修、重大维修或改造工作，并承担评估后设备的质量和安全性能责任。

3）对由于设计、制造、安装原因存在质量安全问题的大型游乐设施以及发生事故的设备，制造单位都要对同类型设备进行排查，消除事故隐患，防止类似问题和事故再次发生。

（2）运营使用单位及经营场地提供单位的职责。《规定》明确了运营使用单位及经营场地提供单位的职责。运营使用单位要保证设备的安全使用和运行，对设备的使用安全负责。提供场地的有关单位应当核实大型游乐设施运营使用单位能够满足相关法律法规以及《规定》要求的运营使用条件。

（3）运营使用单位机构和人员的责任。为保证使用环节的工作能有效开展，责任落实到位，《规定》明确法定代表人或负责人对大型游乐设施的安全使用管理负责。规定了运营使用单位安全管理机构和安全管理人员，以及操作人员的要求和职责，并保证设备运营期间，至少有 1 名安全管理人员在岗。

2. 强化使用管理

（1）安全管理制度要求。安全管理制度是运营使用单位开展日常工作的重要指导原则，《规定》要求运营使用单位要建立健全安全管理制度。安全管理制度至少应包括作业和服务人员守则、安全操作规程、设备管理制度、日常安全检查制度、维护保养制度、定期报检制度、作业人员及相关运营服务人员的安全培训考核制度、应急救援演练制度、意外事件和事故处理制度、技术档案管理制度等。

（2）维护保养条件的要求。为提高游乐设施使用过程中维护保养工作的专业化水平，切实有效地保证维保工作的质量，《规定》明确提出运营使用单位进行本单位游乐设施的维护保养工作应配备具有相应资格的作业人员以及必备的工具和设备。

(3) 日常检查维护的要求。为使运营使用单位有针对性地加强日常检查维护工作，《规定》要求运营使用单位不但要按照有关安全技术规范和使用维护说明书的要求，而且要根据设备技术特点、质量状况，落实设备日常检查、定期检查和运营前试运行检查，有针对性地实施日常检查维护工作，并明确提出对试运行和检查中发现的异常情况，必须及时处理并如实记录。

(4) 节假日重点检查制度。国家法定节假日或大型群众性活动期间，游乐园（场）游客的数量相对较多，运营使用单位应在节假日或举行大型群众性活动前加强日常检查的力度，开展设备的全面检查和维护，并落实配套的安全管理制度。《规定》提出了运营使用单位提前在国家法定节假日或大型群众性活动期间开展全面检查和维护，并加强日常检查和安全值班。

(5) 强化对设备改造、修理和重大修理的管理。《规定》提出大型游乐设施的改造应当进行重新设计，并按规定进行设计文件鉴定、型式试验和监督检验，并对改造后的设备质量和安全性能负责。

大型游乐设施的修理、重大维修应当按照安全技术规范和使用维护说明书的要求进行；重大修理过程，必须经特种设备检验机构按照安全技术规范的要求进行重大修理监督检验。

对超过整机设计使用期限仍有修理、改造价值，可以继续使用的大型游乐设施，应当按照安全技术规范的要求通过检验或者安全评估，并办理使用登记证书变更。

3. 相应的法律责任

明确了违反《规定》应当承担的相应法律责任。大型游乐设施运营使用单位有下列情形之一的，予以警告，处 1 万元以上，3 万元以下罚款：大型游乐设施运营使用单位擅自使用未经监督检验合格的大型游乐设施的；或设备运营期间无安全管理人员在岗的；或配备的持证操作人员未能满足安全运营要求的；或未及时更换超过设计使用期限要求的主要受力部件的；租借场地开展大型游乐设施经营的，或未与场地提供单位签订安全管理协议，或落实安全管理制度的；未按照安全技术规范和使用维护说明书等要求进行重大修理的。

三、《特种设备作业人员监督管理办法》

为了加强特种设备作业人员监督管理工作，规范作业人员考核发证程序，保障特种设备安全运行，根据《中华人民共和国行政许可法》《特种设备安全监察条例》和《国务院对确需保留的行政审批项目设定行政许可的决定》的要求，2005 年 1 月 10 日国家质检总局通过第 70 号令公布了《特种设备作业人员监督管理办法》，该办法自 2005 年 7 月 1 日起施行。经过 5 年多的实践，2011 年国家质检总局对《特种设备作业人员监督管理办法》进行了修订，2011 年 5 月 3 日，国家质检总局颁布第 140 号令，对修订后《特种设备作业人员监督管理办法》重新发布（以下称“140 号令”），修订后的办法自 2011 年 7 月 1 日起实施。

“140 号令”通过规范的许可确保特种设备作业人员应有的技术素质和作业技能，保障设备安全运行。

“140 号令”明确了特种设备作业人员的范围，锅炉、压力容器（含气瓶）、压力管道、电梯、起重机械、客运索道、大型游乐设施、场（厂）内机动车辆等特种设备的作业人员及其相关管理人员统称特种设备作业人员。特种设备作业人员的作业种类和项目目录由国家质检总局统一发布。

“140 号令”明确了特种设备作业人员的持证上岗和到期复审需要实施行政许可。

从事特种设备作业的人员应当按照规定，经考核合格取得“特种设备作业人员证”后方可从事相应的作业或者管理工作。“特种设备作业人员证”每 4 年复审一次，逾期未申请复审或复审不合格的，注销“特种设备作业人员证”。大型游乐设施安装及管理等作业人员的考核由国家质检总局确定的考试机构统一组织，发证工作由设备所在地质量技术监督部门承担。

1. “140 号令”对申请“特种设备作业人员证”的人员条件进行了规定

（1）年龄在 18 周岁以上。

（2）身体健康并满足申请从事的作业种类对身体的特殊要求。

（3）有与申请作业种类相适应的文化程度。

（4）具有相应的安全技术知识与技能。

（5）符合安全技术规范规定的其他要求。

不同设备种类、项目的作业人员的具体条件按照国家质检总局相关安全技术规范的规定执行。

2. “140 号令”明确了办理“特种设备作业人员证”的程序

办理“特种设备作业人员证”包括考试和审核发证两个部分，其程序为：考试报名、考试、领证申请、受理、审核、发证等环节。考试机构由省级质量技术监督部门指定。

“特种设备作业人员证”每 4 年复审一次。持证人员应当在复审期满 3 个月前，向发证部门提出复审申请。复审合格的，由发证部门在证书正本上签章。对在 4 年内符合有关安全技术规范规定的不间断作业要求和安全、节能教育培训要求，且无违章操作或者管理等不良记录、未造成事故的，发证部门应当按照有关安全技术规范的规定准予复审合格，并在证书正本上加盖发证部门复审合格章。复审不合格、逾期未申请复审的，其“特种设备作业人员证”予以注销。跨地区从业的特种设备作业人员，可以向从业所在地的发证部门申请复审。

3.“140 号令”规定了用人单位对作业人员加强管理的义务

（1）制定特种设备操作规程和有关安全管理制度。

（2）与持证作业人员签订聘用手续，并建立特种设备作业人员管理档案。

（3）对作业人员进行安全教育和培训。

（4）确保持证上岗和按章操作。

（5）提供必要的安全作业条件。

4.“140 号令”规定了特种设备作业人员守则

（1）作业时随身携带证件，并自觉接受用人单位的安全管理和质量技术监督部门的监督检查。

（2）积极参加特种设备安全教育和安全技术培训。

（3）严格执行特种设备操作规程和有关安全规章制度。

（4）拒绝违章指挥。

（5）发现事故隐患或者不安全因素应当立即向现场管理人员和单位有关负责人报告。

5.“140 号令”对“特种设备作业人员证”的补发和撤消作了规定

“特种设备作业人员证”遗失或者损毁的，持证人应当及时报告发证部门，并在当地媒体予以公告，查证属实后由发证部门补办证书。

“140 号令”对撤销“特种设备作业人员证”作出了特别规定。有下列情形之一的，应当撤销“特种设备作业人员证”。

（1）持证作业人员以考试作弊或者以其他欺骗方式取得“特种设备作业人员证”的。

（2）持证作业人员违反特种设备的操作规程和有关的安全规章制度操作，情节严重的。

（3）持证作业人员在作业过程中发现事故隐患或者其他不安全因素未立即报告，情节严重的。

（4）考试机构或者发证部门工作人员滥用职权、玩忽职守、违反法定程序或者超越发证范围考核发证的。

（5）依法可以撤销的其他情形。

“140 号令”特别规定，对于违反上述第一项规定的，持证人 3 年内不得再次申请“特种设备作业人员证”。

6. "140 号令"明确了相应的罚则

（1）对用人单位违章指挥特种设备作业的；作业人员违反特种设备的操作规程和有关的安全规章制度操作，或者在作业过程中发现事故隐患或者其他不安全因素未立即向现场管理人员和单位有关负责人报告，用人单位未给予批评教育或者处分的，责令用人单位改正，并处 1 000 元以上 3 万元以下罚款。

（2）非法印制、伪造、涂改、倒卖、出租、出借"特种设备作业人员证"，或者使用非法印制、伪造、涂改、倒卖、出租、出借"特种设备作业人员证"的，处 1 000 元以下罚款，构成犯罪的依法追究刑事责任。

（3）对考试机构、发证部门工作人员违法违纪行为作出了处理规定。"140 号令"还特别明确了：特种设备作业人员未取得"特种设备作业人员证"上岗作业，或者用人单位未对特种设备作业人员进行安全教育和培训的，按照《特种设备安全监察条例》第八十六条的规定对用人单位予以处罚。

7. "140 号令"还修订了《特种设备作业人员作业种类与项目》目录

特种设备作业人员作业种类与项目见表 6—1。

表 6—1　　特种设备作业人员作业种类与项目

序号	种类	作业项目	项目代号
01	特种设备相关管理	特种设备安全管理负责人	A1
		特种设备质量管理负责人	A2
		锅炉压力容器压力管道安全管理	A3
		电梯安全管理	A4
		起重机械安全管理	A5
		客运索道安全管理	A6
		大型游乐设施安全管理	A7
		场（厂）内专用机动车辆安全管理	A8
02	锅炉作业	略	略
03	压力容器作业	略	略
04	气瓶作业	略	略
05	压力管道作业	略	略
06	电梯作业	略	略
07	起重机械作业	略	略
08	客运索道作业	略	略

续表

序号	种类	作业项目	项目代号
09	大型游乐设施作业	大型游乐设施安装	Y1
		大型游乐设施维修	Y2
		大型游乐设施操作	Y3
		水上游乐设施操作与维修	Y4
10	场（厂）内专用机动车辆作业	略	略
11	安全附件维修作业	略	略
12	特种设备焊接作业	略	略

第 3 节　安全技术规范

游乐设施的安全技术规范是规定游乐设施的安全性能和相应的设计、制造、安装、修理、改造、使用管理和检验检测方法，以及许可、考核条件、程序的一系列行政管理文件。安全技术规范是游乐设施法规体系的重要组成部分，其作用是把法律、法规和行政规章原则规定具体化，提出游乐设施基本安全要求。

一、《游乐设施监督检验规程（试行）》

依据《特种设备质量监督与安全监察规定》（原国家质监局第 13 号令），国家质检总局于 2002 年 5 月 16 日发布了《游乐设施监督检验规程（试行）》（简称《检验规程》），以加强对游乐设施监督检验工作的管理，规范游乐设施验收检验和定期检验的行为，提高监督检验工作质量。

《检验规程》规定了游乐设施检验的程序，检验的内容要求与方法，检验的仪器设备，检验报告的格式，合格判定准则，工作时限要求，检验机构和人员的要求等。

《检验规程》的技术指标和要求主要引用了游乐设施相关国家标准，此规程已开始修订。

二、《特种设备注册登记与使用管理规则》

依据《特种设备质量监督与安全监察规定》（原国家质监局第 13 号令），原国家质监局于 2001 年 4 月 9 日发布了《特种设备注册登记与使用管理规则》（简称《管理规则》），以加强和规范特种设备使用环节的管理，防止和减少特种设备事故的发生。

1.《管理规则》明确了特种设备注册登记与使用管理安全监察工作的所属行政部门及管辖权限，特种设备型式试验、验收检验和定期检验工作的授权技术机构。

2.《管理规则》规定了特种设备安装、大修、改造的备案要求。申请备案时需提供以下资料。

（1）中文使用说明书、产品合格证和型式试验报告。

（2）安装、大修、改造特种设备的施工项目合同。

（3）项目施工单位的“特种设备安装改造维修保养资格证”。

（4）项目施工方案及其安全防护措施。

（5）配套土建基础的技术图样等资料。

（6）规定的监督检验机构出具的设计审查报告。

（7）安装项目必须有建设项目主管部门的审批报告。

（8）使用单位和安装、大修、改造项目承担者的名称、地址、邮政编码、法定代表人与负责人的联系电话等通信资料。

3.《管理规则》规定了特种设备安装、大修、改造后的验收检验要求。申请验收检验时应提供以下资料。

（1）“特种设备注册登记表”。

（2）改变原施工方案进行施工及有关隐蔽工程的施工情况记录。

（3）试运行记录。

（4）施工单位自检报告（新增无需现场安装的除外）。

（5）配套土建工程的验收证明。

4.《管理规则》规定了新增特种设备的注册登记手续。办理注册登记时应提供的如下相关资料。

（1）“特种设备注册登记表”。

（2）验收检验报告和“安全检验合格”标志。

（3）操作人员的“特种设备作业人员资格证”。

（4）与维修保养单位签订的维修保养合同，或者是制造企业对新增特种设备提供免费维修保养的证明文件，或者与本单位取得特种设备维修保养资格的人员签订的维修保养责任书。

（5）维修保养单位的“特种设备安装改造维修保养资格证”，或者本单位维修保养人员的“特种设备作业人员资格证”。

（6）使用和运营的安全管理制度。

5.《管理规则》还对特种设备“安全检验合格”标志及相关牌照和证书的公示、特种设备安全管理专人负责制及其应履行的职责、特种设备使用和运营安全管理制度、特种设备的常规检查（年检、月检、日检）项目、特种设备技术档案内容等进行了进行了明确规定。

三、《大型游乐设施设计文件鉴定规则（试行）》

国家质检总局于2003年以国质检锅（2003）321号文发布了《大型游乐设施设计文件鉴定规则（试行）》，该鉴定规则规定：设计鉴定是指大型游乐设施设计文件的审查和对设计的必要验证活动；范围是对结构复杂、技术难度高的A级和B级大型游乐设施进行设计文件鉴定；制造、安装符合设计鉴定范围条件的大型游乐设施，其设计文件必须进行鉴定；设计文件鉴定是指对所设计的大型游乐设施的安全技术性能进行的鉴定。

四、《特种设备作业人员考核规则》

依据《特种设备作业人员监督管理办法》，2005年9月国家质检总局发布了《特种设备作业人员考核规则》（TSG Z6001—2005），以规范特种设备作业人员的考核工作（包括考试、审核、发证、复审等）。从2010年3月起，中国特检院组织有关专家对该规则进行修订，经多次征求意见和修改，国家质检总局于2013年1月批准颁布了《特种设备作业人员考核规则》（TSG Z6001—2013）（简称《考核规则》）。

《考核规则》根据国家质检总局《关于修改〈特种设备作业人员监督管理办法〉的决定》的修改内容，考虑了目前特种设备作业人员考核工作的现状和国家有关行政许可的要求，对考核工作的程序、考试机构的指定与管理、考核工作要求、特种设备作业人员证的管理等进行了规定，以达到规范特种设备作业人员考核工作的目的。

五、《大型游乐设施安全管理人员和作业人员考核大纲》

为规范大型游乐设施安全管理人员和作业人员的考核工作，依据《特种设备作业人员监督管理办法》《特种设备作业人员考核规则》，国家质检总局2008年2月21日发布了《大型游乐设施安全管理人员和作业人员考核大纲》（TSG Y6001—2008）（见附录2），大纲对游乐设施安全管理人员和作业人员的考核提出了非常明确的要求。

第 4 节　游乐设施相关标准

我国游乐业起步较晚，20 世纪 80 年代前，现代大型游乐设施在我国几乎是一片空白。改革开放后，随着社会经济的发展，人们生活水平的不断提高，社会上对游乐设施的需求越来越多，游乐设施制造行业开始在国内兴起。为提高游乐设施产品质量，减少游客伤亡事故，我国游乐设施第一个国家标准《游艺机与游乐设施安全标准》（GB 8408—1987）于 1987 年年底完成并发布，1988 年 8 月 1 日正式实施。该标准的实施，使游乐设施的设计、制造、管理等有了依据，促进了产品质量的提高，游客安全得到了基本的保证。

到 1990 年，国内游乐设施的品种和数量大大增加，不同结构、不同运动形式、不同造型的游乐设施大量出现，形势的变化促使大家认识到只有一个《游艺机和游乐设施安全标准》远远不能满足要求，游艺机和游乐设施必须标准化、规范化，使设计、制造、安装调试、检验有章可循。经多方讨论、分析、研究，确定将根据游乐设施运动形式或结构原理相类似的原则，将国内的游艺机和游乐设施分为 13 类，即转马类、滑行车类、陀螺类、飞行塔类、赛车类、自控飞机类、观览车类、小火车类、架空游览车类、光电打靶类、水上游乐设施、碰碰车类、电池车类，按类制定分项标准。

上述游艺机和游乐设施的标准经过 2000 年、2008 年的两次修订，内容更完善、更全面，并涵盖了近年来兴起的滑索、滑道、蹦极等项目，极大地促进了游乐设施产品的设计、制造以及检验的标准化、科学化和规范化，对提高产品质量，保证游客安全方面发挥了非常重要的作用。

一、现行游乐设施标准介绍

1.《游乐设施安全规范》（GB 8408—2008）

《游乐设施安全规范》是一个强制性标准，规定了游乐设施的技术要求和安全要求，对游乐设施的设计、制造、安装、改造、维修、检验、使用管理、监督管理等提出了基本要求。该标准没有细化至每一种具体的游乐设施，是针对所有类别游乐设施的一个通用性、基础性的标准，标准对游乐设施的技术性能、安全设施、零部件及其连接、机械系统、电气系统、液压（气动）系统等都作出了规定；标准对安全栅栏、站台、操作室等辅助设施也作出了规定。其他游乐设施分类标准必须符合该标准。

2. 游艺机通用技术条件（GB/T 18158～18170—2008）

该通用技术条件属于分类标准，共分13类，其代号及名称如下。

（1）《转马类游艺机通用技术条件》（GB/T 18158—2008）。

（2）《滑行车类游艺机通用技术条件》（GB/T 18159—2008）。

（3）《陀螺类游艺机通用技术条件》（GB/T 18160—2008）。

（4）《飞行塔类游艺机通用技术条件》（GB/T 18161—2008）。

（5）《赛车类游艺机通用技术条件》（GB/T 18162—2008）。

（6）《自控飞机类游艺机通用技术条件》（GB/T 18163—2008）。

（7）《观览车类游艺机通用技术条件》（GB/T 18164—2008）。

（8）《小火车类游艺机通用技术条件》（GB/T 18165—2008）。

（9）《架空游览车类游艺机通用技术条件》（GB/T 18166—2008）。

（10）《光电打靶类游艺机通用技术条件》（GB/T 18167—2008）。

（11）《水上游乐设施通用技术条件》（GB/T 18168—2008）。

（12）《碰碰车类游艺机通用技术条件》（GB/T 18169—2008）。

（13）《电池车类游艺机通用技术条件》（GB/T 18170—2008）。

上述分类标准对游艺机或游乐设施从技术上提出了要求，大量引用了GB 8408—2008的要求，并对各类游乐设施的技术性能、安全设施、零部件及其连接、机械系统、电气系统、液压（气动）系统等作出了更为具体的规定，并列出了各类游乐设施的安装、试验方法等。

3. 其他游乐设施相关标准

（1）《游乐设施代号》（GB/T 20049—2006）。

（2）《游乐设施术语》（GB/T 20306—2006）。

（3）《游乐设施检验验收》（GB/T 20050—2006）。

（4）《无动力类游乐设施技术条件》（GB/T 20051—2006）。

（5）《滑道设计规范》（GB/T 18878—2008）。

（6）《滑道安全规范》（GB 18879—2008）。

（7）《游乐设施安全防护装置通用技术条件》（GB 28265—2012）。

二、游乐园标准介绍

游乐设施安全事故在很大程度上是由于管理不善、服务质量不高造成的。为了保障游乐园内游乐设施的安全运营，预防安全事故的发生，为游客提供安全、方便、舒适、高效的服务，游乐园的管理和服务必须标准化、规范化。1996年由国家旅游局提出并牵头制定了《游乐园（场）安全和服务质量》（GB/T 16767—1997）标准，该标准于2010年进行了修订，更名为《游乐园（场）服务质量》（GB/T 16767—2010），从2011年6月1日起实施，主要包括以下内容。

1. 总则

2. 设施管理

对文娱设施、接待设施、问询服务设施、餐饮设施、购物设施、公用设施、信息指示设施等提出了要求。

3. 安全管理

对安全制度、安全管理、员工安全、游客安全、安全设施、救护设施等提出了要求。

4. 服务质量

对日常运营、维修保养、水上世界安全等提出了要求。

5. 环境卫生

对接待服务、机台服务、售票服务、门岗服务、问讯服务、广播服务、餐饮服务、医疗急救服务等提出了要求。

该标准的贯彻实施规范了游乐园（场）的管理和服务，对提高游乐园（场）的管理水平、提高服务质量、减少事故的发生起到了促进作用。

三、游乐设施引用标准介绍

当前，大部分游乐设施通常是以机械结构为主体的机电类设备，无论是游乐设施安全规范，还是游艺机通用技术条件，都大量引用了普通机械、电气等通用标准的规定。以下为主要的引用标准。

1.《纤维增强塑料拉伸性能试验方法》（GB/T 1447）。

2.《纤维增强塑料弯曲性能试验方法》（GB/T 1449）。

3.《纤维增强塑料简支梁式冲击韧性试验方法》（GB/T 1451）。

4.《纤维增强塑料吸水性试验方法》（GB/T 1462）。

5.《安全标志及其使用导则》（GB/T 2894）。

6.《液压系统通用技术条件》（GB/T 3766）。

7.《家用和类似用途电器的安全　第1部分：通用要求》（GB 4706.1）。

8.《机械电气安全　机械电气设备　第1部分：通用技术条件》（GB 5226.1）。

9.《电线电缆识别标志方法》（GB/T 6995.1~6995.5）。

10.《重要用途钢丝绳》（GB/T 8918）。

11.《电气装置安装工程接地装置施工及验收规范》（GB 50169）。

12.《机械设备安装工程施工及验收规范》（GB/T 50231）。

四、上海市游乐设施地方标准介绍

上海市质量技术监督局于2010年11月批准上海市特种设备监督检验技术研究院制定《大型游乐设施维修保养规则》《大型游乐设施安全标志及其使用导则》两项地方标准，经过上海市特检院与上海市游乐设施管理、生产、运营等参加标准起草单位（和部门）的共同努力，该两项地方标准于2013年6月通过专家审定。2013年10月9日，经审查批准，上海市质量技术监督局以沪质技监标〔2013〕536号文发布《大型游乐设施维修保养规则》（DB 31/749—2013）和《大型游乐设施安全标志及其使用导则》（DB 31/750—2013）两项强制性地方标准，并于2013年12月1日起实施。

这两项地方标准是根据国家相应的法律法规、安全技术规范和标准，结合上海游乐设施实际情况而编制的。这两项地方标准内容比较全面，具有较强的实用性和可操作性，对于规范游乐设施的维护保养，规范和统一游乐场所安全标志都具有积极的作用，有利于提升上海游乐设施的安全运营和管理水平。

附录1　游乐设施典型事故（故障）案例

一、国内外游乐设施人身伤亡事故案例

1. 某公园“穿梭时空”事故

2006年4月，某公园“穿梭时空”游乐设施发生游客坠落事故，一名女游客当场死亡，一名男游客被摔伤。

该“穿梭时空”游乐设施高约10 m，由两个呈三角形的铁架支撑起一个大的转盘，转盘四周是游客乘坐的座位。当游客坐上“穿梭时空”，系好安全带后，转盘开始转动，带动座椅旋转（见附图—1）。当天中午的时候，一家人来到公园游玩。其中儿子和母亲坐在“穿梭时空”的一边，刚坐好，“穿梭时空”突然启动，就听见儿子大喊：“还没有拴好安全带”。此时，只见两人头已经朝下，在“穿梭时空”转到第二圈的时候，母亲先摔了下来，头部向下直接撞在设施的栏杆上，当场死亡。与此同时，儿子臀部朝下砸了下来，掉在母亲旁边，腰椎骨折。

据当事人回忆，他还没有来得及系安全带，就发现“穿梭时空”已经转动起来。情急中，他紧紧抓住母亲呼救。设施转过两圈，他已经没有力气，手一松，母亲就一头栽了下去。当时作业人员只有两人，一人负责卖票，一人在操作设备，根本没有人检查安全。

附图—1　“穿梭时空”事故

2. “摩天环车”人身伤亡事故

2006年6月某天下午，某游乐园内一台某游乐设备制造有限公司制造的名为“星际

飞车”的观览车类摩天环车系列游乐设施，在运营中配重支撑臂突然发生断裂，支撑臂径直砸向游客，造成1名游客当场死亡，另有两个孩子受轻伤（见附图—2）。

经现场勘察，事故原因是与配重相连接的平衡臂由方钢主臂和两个槽钢副支撑臂构成，主臂在接近旋转轴100多毫米的母材上发生断裂，一个副支撑臂在接近旋转轴3 m左右的母材发生断裂，这两个断口均有旧的穿透性裂纹，另一个副支撑臂断裂部位与主臂的断裂部位相近，为新撕裂的断口。初步观察，这两个断口均有旧的穿透性裂纹，并且有补焊痕迹。

附图—2　“摩天环车”事故

经过两个多月事故调查和分析，调查组认定此次事故直接原因是由于该设备平衡臂槽钢焊接部位锈蚀后形成裂纹，并随着运行不断扩展，当延展至不能承受时发生断裂，酿成事故。间接原因是由于运营单位安全管理失职，在发现平衡臂有裂纹后，没有及时上报，而是擅自补焊修理后继续运营，没有正确处理事故隐患。另外，游乐园对合作经营项目日常监管不力，忽视了设备的严重隐患。

3. 某公园“激流勇进”事故

2007年3月，某公园游乐场“激流勇进”项目发生事故，造成一人重伤。经质监部门组织调查，引发事故的主要原因是：该游乐设施的船的受力构件在焊接工艺上存在质量缺陷；与此同时，设计也不尽合理，提升挂钩与止逆装置安置在同一受力构件上，当提升挂钩脱焊后，止逆装置一并脱落，起不到安全保护作用。引发事故的次要原因是：操作不当，操作人员将控制开关置于“手动”位置，在前船尚未提升到最高点、向前滑行时，后船已经放出，造成前后两船直接相碰撞。

4. “世纪滑车”事故

2007年6月，某游乐园一台“世纪滑车”在提升到接近坡顶时，操作人员发现运行不正常，立即按下紧急停车按钮。但此时止逆装置损坏，滑车逆向从离地近10 m高度快速下滑，致使5号车厢和6号车厢车轮脱轨，6号车厢侧翻变形（见附图—3），将坐在最后一节车厢内的一名中学生甩出碾压成重伤，经抢救无效死亡，同车厢内的另一名学生受轻伤。

事故发生后，国家质检总局迅速派出人员对事故原因进行调查分析。经过有关方面专家的反复分析确认，此次事故的主要原因是，某游乐园有限公司在设备维护中将2号车厢与6号车厢调换，空载试运行中多次出现异常响声，在未能找出原因和消除异常的情况下，盲目投入载人运行，导致在运行提升过程中出现故障，急停后车厢下滑，致使滑车逆向快速下滑脱轨。此外，该公司未配备持证人员进行操作，也是造成此次事故的原因。

附图—3 “世纪滑车”事故现场

经法院一审审理认为：被告人在承包经营“世纪滑车”期间，违反国家规定，在无大型游乐设施操作资格证的情况下操作游乐设施“世纪滑车”，且在设备异常状况未排除前，将其投入运行，违章操作，酿成重大伤亡事故，致一人死亡，一人受伤，其行为已构成重大责任事故罪。2009 年 2 月，某人民法院一审判决被告人犯重大责任事故罪，判处拘役三个月，宣告缓刑六个月。

5. 某动物园游乐场事故

2008 年 9 月，某游乐场发生事故，一名游客乘坐游乐项目“极速变变变”（见附图—4）时，被从游乐设施上抛出，经抢救脱险。

假期，一行多人来到游乐场游玩，4 个年轻人坐上游艺机，游艺机启动后，先水平方向转了一圈，然后开始升降交替。两分钟不到，游艺机转了三四圈后，惊险一幕发生了：其中一名游客突然发觉有一股巨大的力量把自己拉离座位。抬眼一看，身旁的同伴已不见踪影。

“有人坠地了!”周围响起叫喊声。卡在压杠和座位之间，身子悬在半空的他这才发现，同伴已躺在游艺机旁边的地上。游艺机经过一圈减速后，很快停了下来。游乐场管理人员和伤者家属一起把伤者送到医院接受治疗。

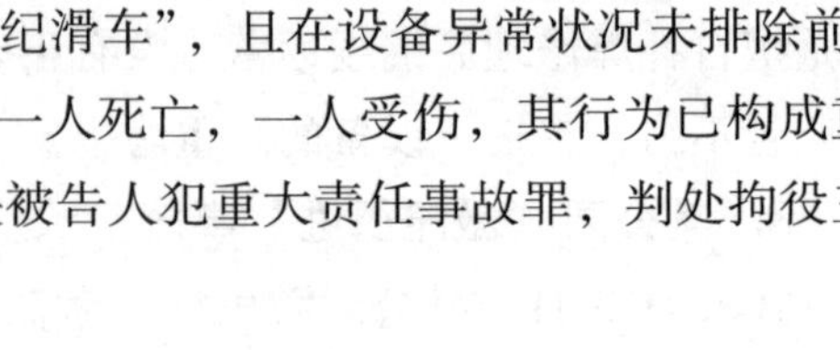

附图—4 “极速变变变”事故设备

当时坐在后排的游客说：“可能是工作人员

失误，前排没有系好安全带，安全压杠没压住，才会把人抛出。”万幸的是，游客没有直接坠地，而是先落到旁边的小房子顶棚上，经缓冲后才滚落下地。正在拍照的家人拍下了那惊险的一刻。

据医院介绍，伤者由于脑部血块、胸部积液需要留院观察3天，没有生命危险。另一游客腰部和臀部软组织损伤。

6. 滑车乘客意外飞出滑道事故

2008年10月底的一个下午，在某旅游度假区内一名老年游客带领一名小孩同乘一辆编号为HSD-41的滑车，在度假区内的“旱地滑车”游乐区域进行游乐。滑车滑至滑道的跳跃加速段后转入弯道的瞬间，两人被沿滑槽切线方向抛出，摔在离滑道滑出处7 m左右处的山坡中。老年游客和小孩立即被滑道工作人员送往医院救治，老年游客经抢救无效死亡，小孩为头部受轻伤。

该滑道系进口设备，种类为槽式滑道，滑道长度为512 m，滑道高差为60 m，最高运行速度为36 km/h，平均运行速度为28 km/h，每车额定载员1人（见附图—5）。滑车在规定的安全检验周期内使用。

附图—5　滑车和滑道

（1）根据现场进行的试验和勘查，并对发生事故的可能性进行了分析，认为事故发生的直接原因与下列因素有关。

1）乘客存在乘坐姿势和操纵方式不当的可能，在该减速时没有减速，使得在经过跳跃段加速至弯道处时，乘客被抛出滑道导致伤害。

2）由于滑车同时乘坐两人，滑车在高速运行时，乘客欲操作制动手柄进行减速时，极有可能会因操作困难发生重心偏移导致意外，尤其是对于第一次乘坐的人员，这种意外将使得乘用人员被抛出滑道。

3）本次事故也反映了经营滑道的单位疏于管理，没有很好地执行安全操作规定，没有履行安全监督的责任，使得一人乘用的滑车乘载了两人，而且这两人为老人和小孩，均存在操作能力低、自我防护能力差的特点，因此酿成了本次事故。

（2）该类游乐设施的注意事项

1）滑车应该严格按照额定的人数乘坐，并有具体措施限制不符合乘坐条件的游客乘用，确保安全。

2）操作人员应当对乘客详细讲解操纵注意事项，并进行操作演示，确认乘客理解领悟后方能乘坐。

3）由于滑车在滑道上高速滑行时存在安全风险，因此运营单位应当增加安全保障措施，确保乘客操作正确和不出现高速滑行。

7．“太空迷航”事故

2010 年 6 月，“太空迷航”游乐项目（见附图—6）发生重大设备事故，造成多人伤亡。据调查组的报告，“太空迷航”事故的主要原因是设备存在严重的设计缺陷，存在的问题包括：座舱支撑系统的中导柱法兰与活塞杆之间的连接为间隙配合，使中导柱内一个直径为 16 mm 的螺栓承受交变载荷，设计上没有考虑该螺栓承受交变载荷，未进行相应的疲劳验算，而且结构设计没有考虑到在现场安装、维护时保证该螺栓达到预紧力的有效措施。由于该螺栓松动，加剧了中导柱法兰与活塞杆在运行时的相对运动，使该螺栓的受力状况恶化，从而导致该螺栓产生疲劳破坏。

附图—6　“太空迷航”游乐设施

事故调查组还发现设计上存在的另一个缺陷，就是该螺栓的位置不方便进行日常检查和维护，设备控制台急停按钮功能不能以最合适的减速率停车，不符合国家有关标准的要求等问题。

设备在制造和安装调试环节，5 号座舱侧导柱焊缝存在虚焊缺陷，受力后完全断裂。安装调试时，已发现该螺栓容易松动，虽采取了一定的补救措施，但没有从技术上消除隐患。在运营中，也没有及时发现该螺栓的松动，加速了该螺栓的疲劳进程。最终导致 5 号座舱支撑系统失去重心，与站台碰撞后坠地。而且使其余座舱与其相继发生碰撞，也发生了座舱支撑系统事故的状况，并与活动站台再次碰撞，酿成此次严重事故。

8. 日本过山车事故

2007年5月，日本某城市游乐场发生高速滑行的过山车出轨事故，造成1人死亡，21人受伤的严重后果（见附图—7）。

附图—7 日本过山车事故现场

事后经调查分析，过山车在下滑过程中，第二节车前部车轴的端部折断，使得固定在车轴上的车轮组件脱落，造成该车在向左侧翻的状态下前行30多米，使一名女游客头部被夹在车辆与护栏之间当场死亡，从发车到发生事故仅3 min时间。

发生事故的“风神雷神号”过山车共有6节车，设计载客量为24人，采用乘客站立乘坐形式，最高时速可达75 km/h。轨道全长1 050 m，离地40 m高。

9. 韩国釜山摩天轮事故

2007年8月，正在韩国釜山举办的“嘉年华”活动中，一座66 m高、有42个吊厢、能乘坐336人的摩天轮在运转过程中突然发生故障，使得两个吊厢相撞，受冲击后门被撞开，造成吊厢内乘坐的7人中的5人从20 m的高处摔落地面而死亡，2人受困多时后被解救（见附图—8）。

附图—8 韩国摩天轮事故现场

事故的主要原因是使用单位以及操作人员安全意识淡薄，日常检查和维修保养不到位，控制失灵造成吊挂轴抱死使两个吊厢碰撞，导致此次重大事故。

10. 法国游乐设施大臂折断事故

2007年8月，法国巴黎西北郊圣日耳曼昂莱的一家游乐场内的“Booster”在高速运转时大臂突然断裂，大臂末端的轿厢甩出落到地面。轿厢中的一名21岁青年和他48岁的父亲当场死亡，该青年的表弟和叔叔身受重伤。

“Booster”中的另一个轿厢内的两名乘客被困在36 m高的半空。由于旋转飞车因故障无法转动，几名消防员接报到场后只好使用云梯爬上高高的钢臂，慢慢靠近被困的乘客，花了约6个小时才把他们救下来，获救的两名乘客未受伤（见附图—9）。据悉，这是法国迄今为止最严重的一次游乐场事故。

附图—9　法国“Booster”事故救援现场

这台“Booster”重28 t，大臂10多米长，臂两端各有一个4座的轿厢，共可载8名乘客。

11. 6名游客被困高空7个小时

2011年2月，某公园一台由某游乐设备企业生产的“狂呼”游乐设施突然出现故障，多名游客被困在32 m的高空（见附图—10）。经过当地消防人员经过7个小时的艰苦努力，至15日凌晨被困游客安全获救。

傍晚17时许，一台正在运营的“狂呼”突然发出“咣”的一声响，设备就停了，6名游客被困在空中。消防人员闻讯后迅速赶到现场，并调来了消防登高车展开救援，可由于公园各个门口的车辆多无法疏散，导致消防登高车不能进入公园。

救援人员于是先将被困人员的坐舱用钢丝绳进行固定，防止救援中发生二次事故，然后再实施救援。由于被困游客处在32 m的高空，消防人员很难靠近施救，救援工作一度陷入僵局。

此时，6名游客已被困近4个小时，当地气温开始下降，天空飘着零散的雪花。被困游客由于受到低温天气和高空威胁的影响，情绪低落。当夜22时15分，救援人员调来一辆大型工程车，借助工程车，救援人员拴着安全带缓慢接近被困游客，并逐个将其从“高空”抱下来。至15日凌晨0时17分，6名被困游客在被困7个小时后全部安全脱险。

附图—10　“狂呼”设施事故救援现场

经事故调查组分析，此次事故的原因是：“狂呼”设备在安装时，传动系统主动齿轮和从动齿轮的支撑座采用焊接定位，而未采用定位销定位。使用过程中，齿面产生较大的磨损，间隙加大，主动齿轮的一个齿轮出现多处断裂，断裂的齿牙卡住了传动系统，迫使设备停止运转。运营单位未能对齿轮情况进行检查以及应急救援预案不完善也是引起本次事故的原因。

12. 某游乐场“峡谷漂流”事故

2011年10月，某游乐场的“峡谷漂流”游乐项目，因为工作人员操作失误，一个10岁小孩被卷入机器，手脚血肉模糊，当场死亡（见附图—11）。

附图—11 “峡谷漂流”事故现场

据同行者介绍，当时，小孩和母亲等几人一起在玩“峡谷漂流”的水上游乐项目。一般情况下，漂流船随着传输带，会经过一个木制的传输带上坡、一个铁制的传输带下坡，最后停靠到岸边，等所有游客上岸后才会再次运行。但是这次，却没有按照正常程序运行，而是停下后正在下客时突然启动，使小孩掉进了水里。

孩子被捞起来时，全身是血，已经没有了呼吸，大家发现孩子被卷进了传输带上下坡连接处的缝隙，这道缝隙只有20多厘米宽，整个过程不到两分钟。

13. 游乐场“大摆锤”事故

2011年10月某日下午，成都某游乐场的一台“挑战者之旅”（亦称“大摆锤”）游乐设施正在运行后停靠，平台钢板在往上升的过程中，一名操作人员被挤压致死（见附图—12）。

该设备当年3月才正式投入运营，下有一个方形地坑，上面安装了4块钢板。当设备即将停止运行时，游客乘坐的摆锤会下降，四周钢板会上升，直到摆锤底部与钢板连接停稳后，游客才能离开座位。

附图—12 “挑战者之旅”事故现场

据公园领导说，事发时，操作人员还未等设备完全停稳，就上前去为游客解安全带，刚好又踩在了尚未清理的呕吐物上，滑倒被卷入两块钢板缝隙中挤压致死。该操作人员是游乐场工作了 10 多年的老职工，以前负责维修设备，也操作过其他设备，当年 8 月才调至“大摆锤”操作，不料还没满两个月就出事了。

据调查分析，此次事故的原因是：操作人员自我安全保护意识淡薄，未按操作规程作业。

二、国内外游乐设施设备故障案例

1. “云霄飞车”故障

2007 年 12 月，某游乐园内的名为“火流星”的云霄飞车在滑行到顶部时，突然发生故障停住，导致十多名游客被头朝下悬挂在半空中（见附图—13）。现场工作人员发现后，立即启动应急预案，开启第二套动力系统，将游客逐一放下。大约半个小时后所有被困游客被安全救出，大部分游客没感到不适，自行离去，数名晕倒的游客被送往医院接受治疗，未酿成更大事故。

据调查分析，此次故障是由于云霄飞车在正常运行到一个弯道顶端时，突遇瞬间强风，导致云霄飞车上的保护装置自动启动，将车辆锁定，悬停在弯道顶端，属于偶发事件。

2. 美国过山车故障

当地时间 2007 年 6 月，12 名游客在美国阿肯色州一游乐园乘坐一种 X 型过山车，就在过山车驶到最高处的时候，游乐园突然停电，失去电力的过山车顿时停了下来，倒挂在 45 m 的高处，12 名游客全都头下脚上、被倒挂在了半空中（见附图—14）。消防人员总共花了半个小时，才将所有乘客全部救了下来。

附图—13　“火流星”故障现场

附图—14　“X 型过山车”故障现场

3. 新加坡摩天轮故障

2008 年 12 月，新加坡的全球最大摩天轮“新加坡摩天观景轮”发生电力故障，运转期间突然停顿，百余名乘客被困半空 6 个小时，最后安全获救（见附图—15）。

当天下午 5 时左右，摩天轮中的一个驱动电动机短路，导致摩天轮停转，其中 23 个座舱共有 173 名乘客。消防员以绳索将他们吊回地面。媒体报道称电力故障是由于摩天轮控制室发生火警所致。乘客虽然受困，但没有危险，也可通过座舱内的对讲机与地面控制室人员通话，控制室人员告知摩天轮的状况，同时安抚乘客情绪。摩天轮于晚上 11 时再次转动。

该摩天轮高 165 m，相当于 42 层楼高，转一圈约半个小时，每个座舱可载 28 人。这次故障已是自年初开业以来的第 4 次，最近一次是 12 月 4 日，摩天轮停转 5 个小时，70 多人受困。

4. 英国过山车故障

2010 年 5 月，英国一游乐园的 5 名游客因过山车故障不幸被倒挂在离地约 15 m 处约 20 min，这个过山车号称是世界上最陡的。

故障原因是一件风衣卡在过山车的轨道机械装置上，游客乘坐的那节车厢被卡在半空，进退不得。工作人员用了 20 min 才把他们解救下来，所幸无人受伤。游乐园经理表示：“事故发生后，我们严格执行了疏散与营救程序，

附图—15　新加坡摩天轮故障救援现场

在很短时间内就成功地救下了这 5 名游客。”他还指出，经检查没有发现过山车有任何问题。

5. “太空飞船”故障

2010 年 10 月，某公园里发生惊险一幕。两名儿童登上公园内游乐设施“太空飞船”，设备启动后不久突然发生故障，两名儿童被卡在垂直向下的座舱内，上下不能。经公园工作人员营救未果，只好拨打了“119”求助。消防人员很快赶到现场，取来 6m 扶梯，调整好高度后靠在“太空飞船”头上，一名消防人员迅速登上梯子，先将年龄较小的女孩抱了下来。然后，再次攀到“太空飞船”上的消防人员原来打算将男孩抱下来，可是男孩个子较大，又离梯子有一定的距离，无法安全救援。为确保安全，救援人员只得再次移动梯子，将它靠在“太空飞船”的舱口位置，让男孩自行登上梯子，在消防人员的护卫下安全着陆。据了解，此次发生故障的“太空飞船”已有近十年的历史，此次故障系设备老化所致。

6. 某植物园游乐场过山车故障

2012 年 5 月，某植物园游乐场内满载乘客的过山车正在运行。当过山车穿过一个 360°的圆弧轨道时，发出了异常的声音，正准备继续攀爬轨道时，车头和车身连接处突然断开。工作人员随即架起安全梯展开应急救援，车上 16 名游客顺利下车，无人员受伤。据悉，该过山车是 2010 年才投入运营的（见附图—16）。

附图—16　植物园游乐场过山车故障现场

7. 游乐场过山车故障

2013 年 6 月，某游乐场名为“云之秘境”的过山车在运行过程中突然发生故障，垂直悬挂在 30 多米高的轨道上（见附图—17）。车上共有十多名游客，都仰面朝天困在坐椅上无法动弹。经过消防人员和游乐场工作人员 4 个多小时现场应急救援，所有游客都被消防云梯车救下，只是被困游客在 30 多度的高温下仰面暴晒数小时后显得十分疲惫，数名中年游客出现虚脱征兆，送医院初步检查暂无大碍。

据初步了解，该过山车是国外原装进口的弹射式过山车，此次紧急停车是由于过山车操作人员在发现控制系统亮出红灯后，为确保游客的安全，而立即采取的主动紧急停车行为。

附图—17　应急救援现场

附录2　特种设备安全技术规范——大型游乐设施安全管理人员和作业人员考核大纲（TSG Y6001—2008）

（中华人民共和国国家质量监督检验检疫总局颁布）

2008年2月21日

第一条　为了规范大型游乐设施安全管理人员和作业人员的考核工作，依据《特种设备安全监察条例》《特种设备作业人员监督管理办法》和《特种设备作业人员考核规则》，制定本大纲。

第二条　本大纲适用于《特种设备安全监察条例》所规定的大型游乐设施安全管理人员和作业人员。大型游乐设施安全管理人员是指大型游乐设施使用单位配备从事大型游乐设施安全管理的专职人员；大型游乐设施作业人员是指使用单位从事大型游乐设施操作的人员和大型游乐设施安装改造维修单位从事安装维修人员。

第三条　安全管理人员应当具备以下基本条件

（一）年龄22周岁以上（含22周岁）、男60周岁以下（含60周岁）、女55周岁以下（含55周岁）。

注：上限年龄指首次申请取证的年龄（下同）。

（二）具有高中以上（含高中）文化程度，并且经过专业培训，具有大型游乐设施安全技术和管理知识。

（三）身体健康，无妨碍从事本工作的疾病和生理缺陷。

（四）具有3年以上大型游乐设施工作的经历。

第四条　作业人员应当具备以下基本条件

（一）年龄18周岁（含18周岁）以上，男60周岁以下（含60周岁）、女55周岁以下（含55周岁）。

（二）具有初中以上（含初中）文化程度，并且经过专业培训具有大型游乐设施安全技术理论知识和实际操作技能。

（三）身体健康，无妨碍从事本工作的疾病和生理缺陷。

第五条　大型游乐设施安全管理人员考试，分理论知识考试和实际操作考试。理论知识考试采用笔试，实际操作技能考试采用面试或者实际操作方式。理论考试的具体内容见附件 A、实际操作技能考试的具体内容见附件 B。

安全管理人员理论考试，各部分知识所占比例如下。

（一）基础知识占 40%。

（二）安全知识占 30%。

（三）法规知识占 30%。

第六条 作业人员考试，分理论知识考试和实际操作技能考试。理论考试采用笔试，实际操作技能考试采用实际操作方式。理论考试的具体内容见附件 C、附件 E，实际操作技能考试的具体内容见附件 D、附件 F。

作业人员理论知识考试，各部分知识所占比例如下。

（一）基础知识占 20%。

（二）专业知识占 70%。

（三）法规知识占 10%。

第七条 理论知识考试的试题类型一般为判断题、单项选择题、多项选择题、简答题或案例分析题。

第八条 本大纲由国家质量监督检验检疫总局负责解释。

本大纲自 2008 年 6 月 1 日起施行。

附件 A

大型游乐设施安全管理人员理论知识

A1 基础知识

A1.1 大型游乐设施定义及其术语

A1.2 大型游乐设施分类、分级、结构特点、主要参数和运动形式

A1.3 主要的轴、销轴

A1.4 主要受力焊缝

A1.5 安全保护装置及其设置

A1.6 无损检测部位及其要求

A1.7 液压、气动基本要求

A1.8 电气及其控制基本要求

A1.9 避雷及其接地

A1.10 大型游乐设施安全电压

A1.11 游乐设施主要润滑点及润滑要求

A2　安全知识

A2.1　安全管理人员职责

A2.2　大型游乐设施制造、安装、改造、维修许可

A2.3　大型游乐设施监督检验

A2.4　登记、使用、变更、停用和注销

A2.5　安全管理

A2.5.1　安全警示说明和警示标志

A2.5.2　安全管理制度

A2.5.3　安全技术档案

A2.6　安全检查和定期检验

A2.6.1　安全检查制度

A2.6.2　日检项目及其内容

A2.6.3　月检项目及其内容

A2.6.4　定期检验程序及其要求

A2.7　大型游乐设施事故预防与处理

A2.7.1　事故分类

A2.7.2　异常与故障情况的辨识和处理

A2.7.3　事故报告、调查和处理

A2.7.4　事故应急措施和救援预案

A2.7.5　事故案例分析

A3　法规知识

A3.1　《特种设备安全监察条例》

A3.2　《特种设备质量监督与安全监察规定》

A3.3　《锅炉压力容器压力管道特种设备事故处理规定》

A3.4　《锅炉压力容器压力管道特种设备安全监察行政处罚规定》

A3.5　《特种设备作业人员监督管理办法》

A3.6　《特种设备作业人员考核规则》

A3.7　《游乐设施安全技术监察规程（试行）》

A3.8　《特种设备质量监督与安全监察规定》

A3.9　《游乐设施监督检验规程（试行）》

A3.10　《机电类特种设备制造许可规则（试行）》

A3.11　《机电类特种设备安装改造维修许可规则（试行）》

A3. 12 《特种设备注册登记与使用管理规则》

A3. 13 有关游乐设施国家标准

附件 B

大型游乐设施安全管理人员实际操作技能

B1 安全管理

B1. 1 本单位安全管理概况

B1. 2 安全管理人员职责

B1. 3 游乐设施安全管理制度制定及其实施

B1. 4 安全检查和定期检查组织及其实施

B1. 5 技术档案管理

B1. 6 应急预案和救援方法

B1. 7 事故报告、调查和处理

(可结合本单位对游乐设施的安全管理谈学习体会)

B2 实际操作技能

B2. 1 游乐设施运行前后的安全检查程序和内容

B2. 2 异常情况和故障的辨识

B2. 3 事故应急预案和救援措施演练

B2. 4 现场急救处理

B2. 5 典型事故案例分析

附件 C

大型游乐设施操作人员理论知识

C1 基础知识

C1. 1 大型游乐设施操作人员职责

C1. 2 大型游乐设施定义及术语

C1. 3 大型游乐设施分类、分级、结构特点、主要参数及运动形式

C1. 4 安全电压

C1. 5 站台服务秩序

C1. 6 大型游乐设施安全运行条件

C1. 7 乘客须知

C2　专业知识

C2.1　安全保护装置及其设置

C2.1.1　安全压杠

C2.1.2　安全带

C2.1.3　安全把手

C2.1.4　锁紧装置

C2.1.5　止逆装置

C2.1.6　限位装置

C2.1.7　限速装置

C2.1.8　风速计

C2.1.9　缓冲装置

C2.1.10　过压保护装置

C2.1.11　其他安全保护装置

C2.2　操作系统

C2.2.1　控制按钮颜色标志

C2.2.2　紧急事故按钮

C2.2.3　音响与信号

C2.2.4　典型大型游乐设施的操作程序

C2.3　安全检查

C2.3.1　安全警示说明和警示标志

C2.3.2　运行前检查内容

C2.3.3　日检项目及其内容

C2.3.4　运行记录

C2.4　大型游乐设施应急措施

C2.4.1　常见故障和异常情况辨识

C2.4.2　典型应急救援方法

C2.4.3　常用急救措施

C2.4.4　大型游乐设施事故基本处理方法

C3　法规知识

C3.1　《特种设备安全监察条例》

E3.2　《特种设备作业人员监督管理办法》

E3.3　《特种设备作业人员考核规则》

C3.4　《特种设备质量监督与安全监察规定》

C3.5　《游乐设施安全技术监察规程（试行）》

C3.6　《游乐设施监督检验规程（试行）》

C3.7　《特种设备注册登记与使用管理规则》

C3.8　有关游乐设施的国家标准

附件 D

大型游乐设施操作人员实际操作技能

D1　安全保护装置及附件

D1.1　安全压杠操作与检查

D1.2　安全带操作与检查

D1.3　其他安全保护装置操作与检查

D2　安全运行

D2.1　运行前的检查及其开机流程

D2.2　运行中的操作知识

D2.3　运行结束后的检查及其关机流程

D2.4　运行记录

D3　应急救援

D3.1　常见故障的应急救援

D3.2　紧急情况的处理

附件 E

大型游乐设施安装、维修人员理论知识

E1　基础知识

E1.1　大型游乐设施定义及其术语

E1.2　大型游乐设施分类、分级、结构特点、主要参数和运动形式

E1.3　大型游乐设施机械安装、维修基础知识（机械安装、维修人员）

E1.3.1　机械识图

E1.3.2　游乐设施常用金属材料、玻璃钢材料和润滑材料

E1.3.3　机械传动、液压传动、气压传动等基础知识

E1.3.4　起重吊装安全常识

E1.3.5　常用测量技术

E1.4　大型游乐设施电气安装、维修基础知识（电气安装、维修人员）

E1.4.1　电工基础

E1.4.2　简单大型游乐设施电控电路

E1.4.3　典型大型游乐设施电器元件

E1.4.4　变压器和电动机

E1.4.5　按钮颜色标志及其设置

E1.4.6　安全电压

E1.5　常用仪器仪表

E1.5.1　万用表

E1.5.2　钳形电流表

E1.5.3　绝缘电阻测试仪

E1.5.4　接地电阻测试仪

E1.5.5　水平仪

E2　专业知识

E2.1　主要轴、销轴

E2.2　主要受力焊缝

E2.3　安全保护装置及其设置（同 C2.1）

E2.4　无损检测部位及其要求

E2.4.1　无损检测常用方法

E2.4.2　无损检测部位

E2.4.3　无损检测比例

E2.5　液压、气动安全要求

E2.6　电气及其控制安全要求

E2.7　避雷及其接地

E2.8　施工工艺

E2.8.1　机械安装维修施工工艺（机械安装、维修人员）

E2.8.1.1　基础验收及其检查（不适用于机械维修人员）

E2.8.1.2　机械安装要求及其测量

E2.8.1.3　安全装置安装及其检查

E2.8.1.4　机械安装维修后试运转及其记录

E2.8.2　电气安装维修施工工艺（电气安装、维修人员）

E2.8.2.1　线路敷设

E2.8.2.2　绝缘电阻

E2.8.2.3　接地电阻

E2.8.2.4　电气联锁

E2.8.2.5　音响信号

E2.8.2.6　安装调试

E2.9　运行试验

E2.9.1　试验条件

E2.9.2　空载试验

E2.9.3　满载试验

E2.9.4　偏载试验

E2.9.5　试验记录

E2.10　大型游乐设施在停电、事故状态下应急措施及其现场处理

E2.11　典型事故案例分析

E3　法规知识

E3.1　《特种设备安全监察条例》

E3.2　《特种设备质量监督与安全监察规定》

E3.3　《特种设备作业人员监督管理办法》

E3.4　《特种设备作业人员考核规则》

E3.5　《游乐设施安全技术监察规程（试行）》

E3.6　《游乐设施监督检验规程（试行）》

E3.7　《机电类特种设备制造许可规则（试行）》

E3.8　《机电类特种设备安装改造维修许可规则（试行）》等

E3.9　有关游乐设施的国家标准

附件 F

大型游乐设施安装、维修人员实际操作技能

F1　基本操作技能

F1.1　基础土建图、机械图识读、零部件图的识别（适用于机械安装、维修人员）

F1.1.1　基础土建图的识读

F1.1.2　机械装配图的识读

F1.1.3　常用零部件图的识读

F1.2　电气技术操作（适用于电气安装、维修人员）

F1.2.1　常用测量仪表的使用

F1.2.1.1　万用表

F1.2.1.2　钳形电流表

F1.2.1.3　绝缘电阻测试仪

F1.2.2　电压和电流测量

F1.2.3　整流电路、稳压电路的判别（适用于电气安装人员）、分析（适用于电气维修人员）

F1.2.4　电气安全装置和电路的安全要求与分析

F2　施工操作技能

F2.1　机械安装、维修（适用于机械安装、维修人员）

F2.1.1　施工准备

F2.1.2　安全保护装置设置及其检查

F2.1.3　典型部件安装及其检查

F2.2　电气安装、维修（适用于电气安装、维修人员）

F2.2.1　变压器安装及其检查

F2.2.2　电动机安装及其检查

F2.2.3　避雷与接地安装及其检查

F2.2.4　控制柜安装及其试验

F2.2.5　电气装置的布置及其安装（适用于电气安装人员）

F2.2.6　电气装置的检查、维修及其调整（适用于电气维修人员）

F2.3　运行试验及其记录

F3　安全操作技能

F3.1　劳动保护用品的使用

F3.2　消防和用电安全操作

F3.3　试运行故障应急处理

F3.4　触电事故、现场急救及其处理

附录3　大型游乐设施操作人员理论知识考试复习题及参考答案

大型游乐设施操作人员理论知识考试复习题

一、判断题

1. 大型游乐设施是指用于经营目的、承载乘客游乐的设施，其范围规定为设计最大运行线速度≥2 m/s，或者运行高度距地面≥2 m 的载人游乐设施。（　）

2. 纳入特种设备安全监督管理范围的游乐设施是指运行时最大线速度≥2 m/s，且运行高度距地面≥2 m 的大型游乐设施。（　）

3. 社会团体或个人拥有，但不用于非经营活动的游乐设施，即使运行时最大线速度 >5 m/s，也不纳入特种设备范围。（　）

4. 近期兴起的蹦极、滑索、系留式观光气球等游乐设施暂不纳入安全监督管理范围。（　）

5. 所有用于经营的游乐设施都属于特种设备，必须接受安全监督管理。（　）

6. 纳入安全监督管理范围的游乐设施，目前不包括专用于体育竞技活动、文艺演出、健身等的设施。（　）

7. 安全装置是指为保障乘客、游乐设施的安全而设的装置。（　）

8. 游乐设施的分类是相对的，目前主要还是根据结构及运动形式划分，即把结构及运动形式类似的游乐设施划归为同一类。（　）

9. 根据运动形式或结构原理相类似的原则，目前将游乐设施分为 13 个类别。（　）

10. 根据游乐设施的品种，一般将其分成 15 个类别，50 多个系列。（　）

11. 大型游乐设施的分级主要根据设备设施的危险程度，同时综合考虑其高度、摆角、倾角、速度、回转直径、乘坐人数等主要技术参数。（　）

12. 我国对大型游乐设施有严格的安全监管措施，目前纳入特种设备安全监督管理范围的大型游乐设施按其危险程度可分为 A、B、C 三级。（　）

13. 运行速度 >50 km/h、轨道高度为 16 m 的过山车属于 A 级滑行车类游乐设施。（　）

14. 运行高度≤50 m 的摩天轮属于 B 级观览车类游乐设施。（ ）

15. 单侧摆角为 75°、一次能乘载 32 名游客的海盗船属于 B 级观览车类游乐设施。（ ）

16. 运行高度等于 30 m、乘客人数为 36 人的飞行塔是 A 级飞行塔类游乐设施。（ ）

17. B 级转马类游乐设施最多可乘载 40 名游客。（ ）

18. 转马类游乐设施特点是座舱安装在回转盘或支撑臂上，绕垂直轴或倾斜轴回转，或绕垂直轴转动的同时有小幅摆动。（ ）

19. 游乐设施正不断地向组合式方向发展，如“摇头飞椅”实质上是飞行塔类与陀螺类的组合，通常还是将其归入飞行塔类。（ ）

20. 滑行车类游乐设施的主要特点是车辆本身无动力，由提升装置提升到一定高度后，靠本身势能沿轨道运行。没有提升段、通过弹射发车的“摩托过山车”等则不属于滑行车类。（ ）

21. “双人飞天”是一种飞行塔类游乐设施。（ ）

22. “自旋滑车”是一种典型的滑行车类多车滑行系列游乐设施。（ ）

23. “摩天轮”“海盗船”“阿拉伯飞毯”等都是观览车类游乐设施。（ ）

24. “空中列车”等沿架空轨道运行的车辆都是小火车类游乐设施。（ ）

25. 高空蹦极系列、弹射蹦极系列、滑索系列都属于无动力类游乐设施。（ ）

26. 水上游乐设施是借助水域、水流或其他载体，为达到娱乐目的而建造的水上设施，人工水池通常都有水深要求，天然池没有明确的水深要求。（ ）

27. “海盗船”的运动方式为往复摆动，其主要传动方式通常采用摩擦传动。（ ）

28. 碰碰车类游艺机只能在固定的车场内运行，用电力、内燃机或人力驱动，车体可相互碰撞，通常由游客自己操作，现场不需要操作人员。（ ）

29. 电池车类游艺机必须在规定的车场或车道内运行，以蓄电池为电源、电动机驱动，由游客自己操作，适合儿童乘坐。（ ）

30. 为了方便游客上下，大型观览车（摩天轮）的转动速度都比较慢，一般情况下为 15 ~ 18 m/min。（ ）

31. 滑道一般都从高到低架设，其型式可分为槽式滑道、管式滑道和水上滑道三个种类。（ ）

32. 游乐设施的设计文件应当经过国家质量技术监督部门核准的检验检测机构的鉴定，新产品和关键零部件应当经过型式试验。（ ）

33．游乐设施的制造、安装、改造、修理等应当经过国家质量技术监督部门的许可。（　）

34．游乐设施的运营应当经过国家特种设备安全监督管理部门的许可。（　）

35．游乐设施运营单位应当保证设备在运营期间，至少有1名安全管理人员在岗。（　）

36．游乐设施运营单位应当建立游乐设施的安全技术档案。（　）

37．游乐设施运营单位租借场地开展游乐设施经营的，应当与场地提供单位签订安全管理协议，落实安全管理制度。（　）

38．游乐设施运营单位应当设置游客须知、安全注意事项、相关的安全标志等。（　）

39．游乐设施在每天投入正式运营前必须进行1次试运行。（　）

40．游乐设施每日投入正式运营前必须进行安全检查和至少2次以上的试运行。（　）

41．游乐设施运营中，操作人员不能擅自离开岗位，应当密切注意游客动态，及时提醒和制止个别游客的不安全行为。（　）

42．每天运营结束，操作人员应当对设施进行检查，切断电源，关（锁）好门窗，并做好当天的运行记录。（　）

43．游乐设施发生故障或异常情况时，只要经过操作人员排除后即可继续运行。（　）

44．游乐设施运营单位每年至少应当对每台（套）游乐设施组织1次应急救援演练。（　）

45．游乐设施运营单位可以根据实际情况，与其他运营单位、社会应急救援力量建立应急联动机制。（　）

46．游乐设施操作人员应当熟练掌握本岗位业务知识和操作技能，经考试合格，取得“特种设备作业人员证”后，方可从事相应的作业。（　）

47．“特种设备作业人员证”的证件有效期为2年。（　）

48．证件有效期满，应当按照有关规定及时办理证件复审后，方可继续从事相应的作业。（　）

49．操作人员的考试分理论知识考试和实际操作技能考试两个科目，均实行百分制，70分为合格。（　）

50．游乐设施运营单位应当对操作人员进行经常性的安全教育和培训。（　）

51．游乐设施操作人员的安全教育和培训是由专业机构进行的，运营单位不能自行组

织开展类似活动。 ( )

52. 在遇到恶劣天气时，操作人员应当引导游客躲避雷电和采取其他保护措施。 ( )

53.《游乐园（场）服务质量》国家标准对游乐园（场）工作人员的服务质量提出了具体要求。 ( )

54. 安全标志分为禁止标志、警告标志、指令标志和提示标志四种类型。 ( )

55. 禁止标志为红色，其含义是禁止人们不安全行为的图形标志。 ( )

56. 警告标志为红色，其含义是提醒人们对周围环境引起注意，以避免可能发生危险的图形标志。 ( )

57. 指令标志为蓝色，其含义是强制人们必须做出某种动作或采取一定防范措施的图形标志。 ( )

58. 提示标志为绿色，其含义是向人们提供某种信息（如标明出入口方向等）的图形标志。 ( )

59. 标志牌可以根据实际情况设置在可移动的物体上。 ( )

60. 在游乐设施明显处应公布乘客须知。操作人员应随时向游客宣传注意事项，制止游客的不安全行为。 ( )

61. 游客在乘坐游乐设施前，应当仔细阅读“乘客须知”的内容，并严格遵守这些规定，以保护自身和其他游客的安全。 ( )

62. 在游乐设施未完全停稳之前，家长可以预先进入站台迎接自己的孩子。 ( )

63. 游乐设施在运行中，游客如要站立照相，应当站稳并抓牢扶手。 ( )

64. 游客在乘坐“极速风车”等游乐设施时，应当把易掉落物品预先解除并放入存放箱内或交给工作人员保管。 ( )

65. 游客在乘坐赛车等时，不要穿长风衣、围长围巾，要把长发或长辫适当保护起来，否则会发生危险。 ( )

66. 有些未成年人不能单独乘坐的游乐设施，只要操作人员注意就可以让他们乘坐。 ( )

67. 游客在乘坐“摩天轮”时，身高低于乘坐规定的儿童，在其家长陪同下就可以乘坐。 ( )

68. 游客乘坐过山车游乐设施时，身高低于乘坐规定的儿童，在其家长陪同下就可以乘坐。 ( )

69. 在从事游乐设施的操作时，操作人员应该随身携带有效的“特种设备作业人员证”。 ( )

70. 游乐设施操作人员不在作业现场时，本单位安全管理人员可以代替其操作游乐设施。（ ）

71. 操作人员取得“特种设备作业人员证”后，不阅读“产品使用说明书”也可以操作设备。（ ）

72. 操作人员应当严格按照操作规程操作游乐设施，接触设备初期还应当仔细阅读“产品使用说明书”。（ ）

73. 游乐设施在每日投入运营前应进行2次以上试运行，并确认设备运行正常后方可向游客开放。（ ）

74. 游乐设施在运行中，操作人员应当随时注意游客的动态，及时提醒和制止个别游客的不安全行为。（ ）

75. 游客若违反安全注意事项，经制止和纠正依然无效后，可以让其继续乘坐游乐设施。（ ）

76. 若发现设备存在其他异常情况，操作人员应立即停止游乐设施的运转，为避免游客产生恐慌，不要向其说明真实情况。（ ）

77. 只要游乐设施运行正常，操作人员就可不必每天进行重复的日常运行记录。（ ）

78. 游乐设施运行正常时，操作人员可根据维护保养人员的检查记录情况，决定是否每天进行日常运行记录。（ ）

79. 紧急停止按钮应为凸起手动复位式，颜色应为红色。（ ）

80. 游乐设施操作台上设置的电源钥匙开关，可以在实际操作中替代紧急停止开关使用。（ ）

81. 操作台上都必须设有紧急停止按钮，必要时站台上也要设置。（ ）

82. 游乐设施操作台上可以放置少许与操作无关的个人物件。（ ）

83. 游乐设施操作台面板上通常都装有监控电源电压和运行电流的仪表。（ ）

84. 游乐设施所用的电源通常可分为交流电源和直流电源。（ ）

85. 电流和电压是电路的基本参数，电流的单位用“V”伏特表示，电压的单位用“A”安培表示。（ ）

86. 游乐设施操作按钮、控制手柄等应有能保持长久的明显的中文标志，按钮、信号灯等颜色标志应符合标准的规定。（ ）

87. 游乐设施应有启动前提醒游客和行人注意安全的警铃与信号装置。（ ）

88. 安装高度小于2.5 m的电铃等音响与信号装置的电压不得大于36 V。（ ）

89. 只要能正常操作，信号按钮不需要与启动按钮采取联锁的方式。（ ）

90. 游乐设施的电气线路通常是由主回路和控制回路组成的。 （ ）

91. 游乐设施启动前，操作人员应当确认没有多余人员在安全栅栏内，并关好进出口的门。 （ ）

92. 每次开机前，操作人员都要逐个检查游客的安全装置（如安全压杠、安全带等）是否有效，确认后才能开机。 （ ）

93. “摩天轮”等游乐设施遇到风速大于 15 m/s 的大风、雷雨等恶劣天气时应立即停止运营。 （ ）

94. 儿童在乘坐“摩天轮”时，可以没有成人陪同。 （ ）

95. 当滑行车车辆停位不准时，重新调整车辆停止位置，待停位准确后，方可继续载客运行。 （ ）

96. 自控飞机遇到故障坐舱不能下降时，操作人员要先告诉游客不要着急，等停机后，再及时打开泄压阀，使坐舱慢慢下降。 （ ）

97. 碰碰车运行结束后，操作人员要让游客赶快下车。 （ ）

98. 每位操作人员都应该知道紧急停止按钮的位置，当遇到紧急情况时，能够正确操作。 （ ）

99. 游乐设施档案资料按规定至少应妥善保存 2 年。 （ ）

100. 行程有级可调的安全压杠，游客可根据舒适度自行调节压紧程度。 （ ）

101. 操作人员打开安全压杠时应注意防止游客四肢被压杠挤伤。 （ ）

102. 安全带的宽度应不小于 25 mm，承受破断拉力不小于 6 000 N。 （ ）

103. 游乐设施上的安全带所采用的材料应能适应露天使用环境。 （ ）

104. 安全带可以单独用于轻微摇摆或升降速度较慢且无翻转的游乐设施上作为安全装置。 （ ）

105. 安全带的锁扣处、连接处等，是操作人员在每天安全检查中应重点检查的位置。 （ ）

106. 主要靠安全带来进行保护的游乐设施，一般还都配有辅助把手。 （ ）

107. 碰碰车类游乐设施车速较低，车辆内两名游客可共用一副安全带。 （ ）

108. 除安全压杠、安全带外，座舱（座椅）、靠背等也都属于乘客约束部分，是操作人员每天需要重点检查的内容。 （ ）

109. 所有的滑行车类游乐设施，其车辆连接装置的连接都有足够的可靠度，此外还都必须设有二道连接保护装置。 （ ）

110. 滑行车车辆的防冲撞缓冲装置突出车体应不小于 100 mm。 （ ）

111. 乘人座舱的锁紧装置在游乐设施出现功能性故障或紧急刹车的情况下，应仍然

能够保持其闭锁状态，除非采取疏导游客的紧急措施。（　）

112. 距地面1 m以上封闭吊厢的门，通常设有游客在内部不能开启的两道锁紧装置，或一道带保险的锁紧装置。（　）

113. 距地面1 m以上运转的游乐设施，其非封闭座舱的进出口处设置的拦挡物，应设有带保险的锁紧装置。（　）

114. 距地面1 m以上运转的游乐设施，其封闭座舱的进出口门应设置一道从内部可以开启的锁紧装置。（　）

115. 所有沿斜坡向上牵引的游乐设施都必须在提升斜坡段设置防止乘人装置逆行的安全装置。（　）

116. “滑行龙”的提升电动机使用的是带制动功能的电动机，其主要起止逆作用。（　）

117. 根据游乐设施国家标准的要求，即使在最大冲击负荷条件下时，止逆行装置也必须可靠止逆。（　）

118. 游乐设施若采用独立的液压系统，油缸行程的终点可不设限位装置。（　）

119. 乘人部分与障碍物之间应保持不小于300 mm的安全距离。（　）

120. 游乐设施安全栅栏应为横向栅栏，不宜使用竖向或斜向的结构。（　）

121. 安全栅栏应分别设置进、出口，在进口处宜设置引导栅栏。（　）

122. 游客流量较大的设施，应在进口处设置排队引导栅栏，栅栏门的开启方向应与游客行进方向一致。（　）

123. 乘人部分进出口处的门或拦挡装置，在开启时应注意方向。（　）

124. 游客易接触部位的装饰照明电压应采用不大于50 V的安全电压。（　）

125. 游客操作的电器开关应采用不大于50 V的安全电压。（　）

126. 工作在安全电压下的电路，必须与其他电气系统实行电气上的隔离，与设备的金属外壳间没有要求。（　）

127. 游乐设施在运行中，操作人员因有急事可以短时离开一会儿。（　）

128. 游乐设施一旦发生伤亡事故，必须采取紧急救援措施、保护事故现场、防止事故扩大、抢救伤员等。（　）

129. 游乐设施发生事故后，运营单位应当按照应急预案立即组织抢救。（　）

130. 每台（套）游乐设施每年至少应当进行一次意外事件或事故的紧急救援演习。（　）

131. 观览车运行时，如果发现有游客在上升过程中产生恐惧，应通过广播安慰游客，等下一圈后，将该游客疏散下来。（　）

132. 观览车运行时，如果发现吊厢门未锁好，要立即停车并反转，待操作人员将两道门均锁好后，方可再开机。（ ）

133. 转马在运行中，有游客不慎从马上掉下来，操作人员要立即提醒游客不要下转盘，否则会发生危险。（ ）

134. 飞椅在运行过程中，若悬挂轴突然断裂，因有钢丝绳二次保护，椅子不会掉下来，但要告诉游客抓紧扶手，同时立即停车，将吊椅放下。（ ）

135. “摇头飞椅”运行时遇突发情况，按急停按钮后，吊椅在下降过程中会互相碰撞，操作人员应提醒游客注意下降阶段的个人防护。（ ）

136. 游客在游乐过程中，如果出现身体不适、或者感到难以承受时应及时大声提醒操作人员停机。（ ）

137. 游乐设施在运行中，游客切不可随意站立或半蹲。（ ）

138. 冬天，乘坐赛车等游艺机时，允许游客穿着长风衣、围长围巾。（ ）

139. 游乐设施运转结束，进站后若安全压杠自动开启控制失效，操作人员应指挥游客采用手动方式自行开启。（ ）

140. “激流勇进”等游乐设施在运营时，若游客较多出现排长队情况，为提高客流量，操作人员可将控制方式从“自动”切换到“手动”模式连续发船，但需增派人员维持游客上下船秩序。（ ）

141. 游乐设施的间隙、高度等尺寸大于标准规定的要求时，就容易发生事故。

（ ）

142. 设备的配合件间隙过大，会造成转动困难，甚至过热；间隙过小，会发生运行不平稳。（ ）

143. 碰碰车边缘有厚实的橡胶缓冲装置，运行过程中游客可以随意下车。（ ）

144. 游乐设施一旦发生人员伤亡事故，运营单位可以自行进行调查、处理和解决。

（ ）

145. 保护事故现场的目的是防止次生事故的发生，有利于事故的调查分析。（ ）

146. 事故调查处理要做到：事故原因未查清不放过；事故责任人未受到处理不放过；整改措施未落实不放过；干部职工未受到教育不放过。（ ）

147. 游乐设施运营单位应当根据实际情况，制定应急预案，建立应急救援指挥机构，配备相应的救援人员、营救设备和急救物品。（ ）

148. 游乐设施运营单位每过几年应当对每台（套）游乐设施组织 1 次应急救援演练。

（ ）

149. 遇到设备突发故障等紧急情况，操作人员应当立即按下紧急停止按钮。（ ）

150. 设备在运行中出现异常振动、冲击和声响时，要立即按下紧急停止按钮，切断电源，停止设备运行。 （ ）

151. 自控飞机等采用液压或气动升降的游乐设施，一旦滞留游客时，操作人员应当采取措施使座舱快速下降。 （ ）

152. 游乐设施出现非正常情况停机时，游客千万不要乱动或自己解开安全带，应当听从工作人员指挥，等待应急救援。 （ ）

153. 一旦有人发生触电事故，切不可惊慌失措、束手无策，首先要使触电者脱离电源。 （ ）

154. 发现有人触电，附近又无开关可以切断电源时，可用手拉住触电者干燥的衣角使其脱离电源。 （ ）

155. 夏天，一旦发现游客有颜面潮红、呼吸急促、大量出汗、身体摇摆、昏倒等中暑现象，应立即进行现场急救，以免发生虚脱。 （ ）

156. 如发现有人溺水，救护者应从溺水者的前方向其靠近，进行施救。 （ ）

157. 溺水者被救上岸后，应当迅速将其送往医院进行抢救。 （ ）

158. 溺水的现场抢救方法主要有：迅速倒出积水，疏通呼吸道，同时掐溺水者人中穴，并进行人工呼吸恢复心跳等。 （ ）

159. 如果伤员呼吸、心跳全部停止，需要在现场同时施行胸外心脏按压和口对口人工呼吸，并立即向医疗部门告急求救。 （ ）

160. 外伤急救中应用范围较广的方法是伤口包扎，它可起起到保护创面、防止污染、止血和止痛的作用，有利于伤口早期愈合。 （ ）

161. 为了确保伤员的安全，应当根据伤员伤情、现场地形等情况，选用不同的搬运方法和运送工具。 （ ）

162. 一旦发生火灾，在起火后的10 min内是最关键的扑救时间。 （ ）

163. 游乐设施电气线路发生火灾时，可以用泡沫灭火器进行灭火。 （ ）

164. 运营单位应加强对操作人员的防火、灭火教育与训练，以防发生火灾时惊慌失措、失去最佳的扑救时间，造成人员伤亡和财产损失。 （ ）

165. 《中华人民共和国特种设备安全法》自2014年1月1日起施行。 （ ）

166. 《中华人民共和国特种设备安全法》制定的目的是加强特种设备安全工作，预防特种设备事故，保障人身和财产安全，促进经济社会发展。 （ ）

167. 《中华人民共和国特种设备安全法》适用于特种设备的生产（包括设计、制造、安装、改造、修理）、使用、检验和特种设备安全的监督管理。 （ ）

168. 特种设备安全工作的原则是坚持安全第一、预防为主、节能环保、综合治理。（ ）

169. 特种设备是指对人身和财产安全有较大危险性的锅炉、压力容器（含气瓶）、压力管道、电梯、起重机械、客运索道、大型游乐设施、场（厂）内专用机动车辆，以及法律、行政法规规定的其他特种设备。（ ）

170. 特种设备生产、经营、使用、维护保养、检验、检测应当严格遵守机械设备安全技术规范及相关标准。（ ）

171. 相关单位应当向负责特种设备安全监督管理的部门和有关部门举报涉及特种设备安全的违法行为，接到举报的部门应当及时处理。（ ）

172. 特种设备生产、经营、使用单位及其主要负责人对其生产、经营、使用的特种设备安全负责。（ ）

173. 特种设备安全管理人员、检测人员和作业人员应当按照国家有关规定取得相应的资格，方可从事相关工作。（ ）

174. 特种设备安全管理人员、检测人员和作业人员应当严格执行安全技术规范和管理制度，保证特种设备安全。（ ）

175. 国家对投保特种设备安全责任保险持鼓励态度。（ ）

176. 特种设备出厂时，在特种设备使用说明中标识安全警示标志及使用说明即可。（ ）

177. 特种设备出厂时，应当随附安全技术规范要求的设计文件、产品质量合格证明、安装及使用维护保养说明、监督检验证明等相关技术资料和文件。（ ）

178. 特种设备使用单位应当对其使用的特种设备进行经常性维护保养和定期自行检查，并作出记录。（ ）

179. 特种设备使用单位应当按照安全技术规范的要求，在检验合格有效期届满前半个月向特种设备检验机构提出定期检验要求。（ ）

180. 特种设备作业人员在作业过程中发现事故隐患或者其他不安全因素，应当立即向特种设备维修人员和检测人员报告。（ ）

181. 客运索道、大型游乐设施在每日投入使用前，其运营使用单位应当进行试运行和例行安全检查，并对安全附件和安全保护装置进行检查确认。（ ）

182. 特种设备出现故障或者发生异常情况，特种设备使用单位应当对其进行全面检查，方可继续使用。（ ）

183. 销售、出租未取得许可生产、未经检验或者检验不合格的特种设备的特种设备

经营单位，责令停止经营，没收违法经营的特种设备，处3万元以上30万元以下罚款。（　）

184. 使用特种设备未按照规定办理使用登记的特种设备使用单位，责令限期改正；逾期未改正的，责令停止使用有关特种设备，处1万元以上10万元以下罚款。（　）

185. 上海大型游乐设施依法实行特种设备登记制度。（　）

186. 在大型游乐设施每日投入运行前进行试运行，确认运行正常、安全装置有效。（　）

187. 操作人员应当及时制止和纠正游客违反安全注意事项的行为，但不要强制拒绝游客乘坐大型游乐设施。（　）

188. 运营单位的安全管理人员应当检查操作人员、维护保养人员的作业情况和各项记录。（　）

189. 运营单位的维护保养人员应当根据实际使用状况，对大型游乐设施进行日常保养。（　）

190. 停止使用2年以上的大型游乐设施，运营单位应当进行全面检查和保养，确认正常后方可继续使用。（　）

191. 大型游乐设施因紧急情况或者维护保养等原因需要停止使用的，运营单位应当在运营场所或者单位网站对外公告，说明停止使用的原因和期限。（　）

192. 上海特种设备检验机构应当在受理申请后30个工作日内，出具检验报告。（　）

193. 未经定期检验或者检验不合格的大型游乐设施，不得继续使用。（　）

194. 运营单位在大型游乐设施发生事故后，应当按照应急预案组织抢救，迅速有效地控制事故，减少人员伤亡和财产损失。（　）

195. 特种设备安装、改造、修理的施工单位，应当在施工前，将拟进行的特种设备安装、改造、修理情况，书面告知所属地区的质量要求监督部门后，方可施工。（　）

196. 锅炉、压力容器、电梯、起重机械、客运索道、大型游乐设施的安装、改造、修理竣工后，其施工单位应在验收后15日内，将有关技术资料移交使用单位。（　）

197. 特种设备使用单位应对特种设备作业人员进行特种设备安全教育和培训，保证特种设备作业人员具备必要的特种设备安全作业知识。（　）

198. 未经许可，擅自从事大型游乐设施的修理或日常维护保养的，由特种设备安全监督管理部门予以取缔，处1万元以上10万元以下罚款。（　）

199. 特种设备存在严重事故的隐患，无改造修理价值或超过规定使用年限，特种设备使用单位应及时报废，并向原登记的部门办理注销。（　）

200．大型游乐设施高空滞留人员 1 h 以上 12 h 以下的为重大事故。（　　）

201．客运索道、大型游乐设施的运营使用单位，应当结合本单位的实际情况，配备相应数量的营救装备和急救物品。（　　）

202．客运索道、大型游乐设施每日投入使用前，未进行试运行和例行安全检查、并对安全装置进行检查确认的运营使用单位，由质量技术监督部门责令限期改正，逾期不改，处 2 000 元以上 2 万元以下的罚款。（　　）

203．特种设备作业人员在作业中应当严格执行特种设备的操作规程和有关的安全规章制度。（　　）

204．大型游乐设施运行不正常时，游客应当立即自行撤离。（　　）

205．达到设计使用年限可以继续使用的特种设备，应当按照安全技术规范的要求，通过检验或者安全评估，并办理登记证书变更，方可继续使用。（　　）

206．质量技术监督部门应当对学校、幼儿园、医院、公园等公共聚集场所的特种设备，实施重点安全监督检查。（　　）

207．《游乐设施安全规范》（GB 8408—2008）亦适用于竞技体育设施和健身设施。（　　）

208．《游乐设施安全规范》（GB 8408—2008）规定了游乐设施的技术要求和安全要求。（　　）

209．游乐设施的安装、改造、检验和使用管理应根据《游乐设施安全规范》（GB 8408—2008）执行。（　　）

210．《游乐设施安全规范》（GB 8408—2008）是我国游乐设施的基础性标准，属强制性国家标准。（　　）

211．《上海市大型游乐设施运营安全管理办法》自 2010 年 10 月 1 日起施行。（　　）

二、单项选择题

1．转马类游艺机是指乘人部分绕（　　）轴旋转及运动形式类似的游艺机。

A．水平　　B．垂直　　C．可变倾角

2．观览车类游艺机是指乘人部分绕（　　）轴旋转及运动形式类似的游艺机。

A．水平　　B．垂直　　C．可变倾角

3．“激流勇进”的运动特点是在水道中行进，属于（　　）。

A．水上游乐设施　　B．观览车类游乐设施　　C．滑行车类游乐设施

4．“太空漫步”在高架轨道上运行，属于（　　）类游乐设施。

A．架空游览车　　B．观览车　　C．滑行车

5.“峡谷漂流”的船只漂流在水道中前进，属于（　　）。

A. 水上游乐设施　　B. 观览车类游乐设施　　C. 滑行车类游乐设施

6. 陀螺类游艺机是指乘人部分绕（　　）轴旋转及运动形式类似的游艺机，其主轴大都安装在可升降的大臂上。

A. 水平　　B. 垂直　　C. 可变倾角

7.“双人飞天”的回转盘一般安装在（　　）的端部，由传动装置驱动其回转。

A. 升降油缸　　B. 升降臂　　C. 回转臂

8. 飞行塔类游艺机的特点是乘人部分用（　　），边升降边绕垂直轴回转及运动形式类似的游艺机。

A. 挠性件吊挂　　B. 连杆连接　　C. 气缸、油缸连接

9. 自控飞机类游艺机的特点是乘人部分绕中心垂直轴回转并升降及运动形式类似的游艺机，乘人部分大都安装在（　　）上。

A. 主轴　　B. 回转臂　　C. 升降平台

10. 自控飞机的升降动作大都由游客自己控制，用液压油缸推动，座舱与（　　）通过销轴连接。

A. 中心立柱　　B. 回转臂　　C. 底座

11. 小火车类游艺机是指沿（　　）运行，适用于内燃机、电力及其他动力驱动及运动形式类似的游艺机。

A. 地面轨道　　B. 架空轨道　　C. 地面指定路线

12. 赛车类游艺机是指沿（　　）运行及运动形式类似的游艺机。

A. 地面轨道　　B. 架空轨道　　C. 地面指定路线

13. 滑索是游客借助滑轮等工具依靠重力沿（　　）下滑的游乐设施。

A. 型钢轨道　　B. 钢丝绳　　C. 环链

14. 碰碰车类游艺机的运行速度允许值为（　　）km/h。

A. ≤7.2　　B. ≤8　　C. ≤10

15.“海盗船”的底部有摩擦轨道，依靠（　　）的正反回转，实现船体的往复摆动。

A. 电动机　　B. 吊挂轴　　C. 摩擦轮

16. 游乐设施回转臂的牵引杆是防止（　　）倾翻的安全保险装置。

A. 座舱　　B. 设备　　C. 游客

17. 在设备正常运行时，飞椅座位上的吊挂保险绳（　　）。

A. 受力　　B. 不受力　　C. 部分受力

18. 滑索在进站时速度快、冲击力大，除有制动装置外，还采用了（　　）的缓冲方式。

A. 橡胶缓冲　　B. 弹簧缓冲　　C. 弹簧缓冲加缓冲垫

19. “摩天轮”门的双保险锁紧装置应该由（　　）打开。

A. 游客　　B. 操作人员　　C. 其他人员

20. 传动装置是指将动力机产生的机械能传递到执行机构上去的（　　）。

A. 控制装置　　B. 执行装置　　C. 中间装置

21. 纳入特种设备安全监督管理范围的大型游乐设施按其危险程度可分为（　　）。

A. 二级　　B. 三级　　C. 四级

22. 游乐设施运营单位应当保证设备在运营期间，至少有（　　）名安全管理人员在岗。

A. 1　　B. 2　　C. 多

23. 游乐设施运营单位的主要负责人至少应当（　　）组织召开一次会议，督促、检查游乐设施的安全工作。

A. 每周　　B. 每月　　C. 每年

24. 游乐设施运营单位应当在游乐设施投入使用前或投入使用后（　　）天内，向当地特种设备安全监督管理部门办理该设施的使用登记手续。

A. 10　　B. 20　　C. 30

25. 游乐设施运营单位的主要负责人应当熟悉相关游乐设施的（　　），并全面负责游乐设施的安全工作。

A. 安全知识　　B. 理论知识　　C. 基础知识

26. 游乐设施每日投入运营前，应进行安全检查并对（　　）进行检查确认。

A. 安全装置　　B. 乘人座位　　C. 电气设备

27. 游乐设施每日投入正式运营前必须进行安全检查和至少进行（　　）次以上试运行。

A. 1　　B. 2　　C. 3

28. 在用的游乐设施（　　）应当进行一次定期检验。

A. 每半年　　B. 每年　　C. 每两年

29. 游乐设施在安全检验合格有效期届满前（　　）个月，运营单位应向特种设备检验机构提出定期检验的要求；逾期未经检验或检验不合格的不得继续营运。

A. 半　　B. 1　　C. 2

30. 根据规定，游乐设施操作人员取得“特种设备作业人员证”后，方可从事相应的工作，证件的有效期为（　　）年。

A. 2　　B. 3　　C. 4

31. 游乐设施运营单位应当对操作人员进行经常性的（　　）教育和培训。

A. 安全　　B. 技能　　C. 道德

32. 游乐设施发生故障时，对暂时不能离开设施的游客应（　　）进行安慰。

A. 通知家属　　B. 报告领导　　C. 保持联络

33. 游乐设施每日运营结束后，操作人员应完整填写当天的（　　）。

A. 营业记录　　B. 维修记录　　C. 运行记录

34. 游乐设施运营单位应当在游乐设施的（　　）易于为游客注意的显著位置张贴乘客须知。

A. 入口处　　B. 设备上　　C. 出口处

35. 安全标志上的红色表示（　　）。

A. 禁止　　B. 注意　　C. 指令

36. 安全色中（　　）表示通行、安全和提供信息的意思，如通行、进出口、设备启动按钮等。

A. 绿色　　B. 蓝色　　C. 白色

37. “必须扣紧安全带”安全标志的颜色应当为（　　）。

A. 绿色　　B. 蓝色　　C. 白色

38. “注意安全”等警告标志的基本形状应当是（　　）。

A. 圆形　　B. 正方形　　C. 正三角形

39. 游客在乘坐游乐设施前，应当仔细阅读（　　）的内容，并严格遵守这些规定，以确保自身和其他游客的安全。

A. 乘客须知　　B. 操作规程　　C. 使用说明书

40. 游乐园（场）应当设置（　　），保持游乐路线和出入口的通畅，做好游客的疏导工作。

A. 引导标志　　B. 指路标志　　C. 警示标志

41. 紧急停止按钮（亦称紧急事故按钮）的颜色应为（　　）。

A. 绿色　　B. 蓝色　　C. 红色

42. 紧急停止按钮的按钮应采用凸起（　　）式。

A. 手动复位　　B. 自动复位　　C. 自动断开

43. 游乐设施提示信号按钮与启动按钮应采取（　　）的方式。

A. 联锁　　B. 串联　　C. 并联

44．带指示灯的按钮通常利用灯光来表示设备运行时的（　　）。

A．工作状态　　B．故障预告　　C．照明

45．游乐设施在运行中，（　　）通常可以反映电气设备主回路的工作是否正常。

A．电压表　　B．气压表　　C．电流表

46．游乐设施总电源的接通、断开通常是由（　　）来完成的。

A．继电器　　B．电源开关　　C．按钮

47．接触器必须与其他控制元件组合使用，一般用于完成（　　）的接通与断开。

A．主回路　　B．控制回路　　C．电源

48．热继电器通常仅用于（　　）保护。

A．漏电　　B．短路　　C．过载

49．熔断器通常用作电气线路的（　　）保护。

A．断电　　B．短路　　C．过载

50．游乐设施操作按钮、控制手柄等应有能保持长久的明显的（　　）标志。

A．中文　　B．外文　　C．图形

51．游乐设施应设置用于（　　）提示游客注意安全的音响等信号装置。

A．启动前　　B．启动中　　C．启动后

52．游乐设施的档案资料按规定至少应妥善保存（　　）年。

A．1　　B．2　　C．3

53．游乐设施启动前，操作人员应先（　　），确认游客都已坐好、场内无其他人员后方可开机。

A．预警　　B．放音乐　　C．打开灯光

54．操作人员应当（　　）游客使用安全装置，正确乘坐游乐设施。

A．要求　　B．指导　　C．劝说

55．游乐设施每次运行前，操作人员应向游客讲解相关的安全（　　）。

A．注意事项　　B．使用要求　　C．操作规程

56．游乐设施运行中，操作人员应及时（　　）游客的不安全行为。

A．制止　　B．限制　　C．中断

57．在对座舱把手进行日常安全检查时，重点应检查（　　）的情况。

A．表面裂纹　　B．根部连接　　C．生锈

58．遇到风速大于（　　）m/s 的大风、雷雨等恶劣天气时，一些高大的游乐设施应立即停止运营。

A．10　　B．12　　C．15

59．碰碰车运行结束后，游客应当待车辆全部（　　）后，才能解开安全带下车。

A．断电　　B．停稳　　C．靠边

60．观览车（摩天轮）等边运行边上下游客的游乐设施，其轿厢的运行线速度应不大于（　　）m/s。

A．0.2　　B．0.3　　C．0.4

61．观览车（摩天轮）在每天刚开始营业时，应每隔2～3个吊厢再上人，以免造成（　　）。

A．启动困难　　B．过分偏载　　C．晃动

62．“自旋滑车”游乐设施运行时，前车未进入（　　）轨道时，不允许放后车，以免发生碰撞。

A．提升段　　B．下降段　　C．滑行段

63．当滑行车车辆停位不准时，要及时（　　），待停位准确后，方可继续载客运行。

A．调整刹车装置　　B．检查提升装置　　C．修理缓冲装置

64．为保证游客的安全，（　　）必须使用压肩护胸式安全压杠。

A．惯性滑车　　B．激流勇进　　C．翻滚式过山车

65．对于行程可无级调节的安全压杠，在压紧状态时压杠端部的游动量应不大于（　　）mm。

A．30　　B．35　　C．40

66．安全压杠一般用无缝钢管或不锈钢管制成，直径多为（　　）mm。

A．10～20　　B．20～30　　C．40～50

67．安全压杠压紧过程中动作应当缓慢，施加给游客的最大力，对成人应不大于（　　）N。

A．80　　B．120　　C．150

68．安全压杠压紧过程中动作应当缓慢，施加给游客的最大力，对儿童应不大于（　　）N。

A．80　　B．120　　C．150

69．游乐设施上安全带的宽度应在（　　）mm以上。

A．10　　B．20　　C．30

70．安全带与机体的连接必须可靠，安全带的破断拉力应不小于（　　）N。

A．5 000　　B．6 000　　C．8 000

71．观览车（摩天轮）等游乐设施封闭式座舱的进出口门应设置从（　　）不能开启的两道锁紧装置或一道带保险的锁紧装置。

A. 内部　　　　　B. 高空　　　　　C. 外部

72. 止逆行装置的作用是防止滑行车类游乐设施发生故障时（　　）而造成事故。

A. 超速　　　　　B. 倒滑　　　　　C. 侧翻

73. 高度 20 m 以上的游乐设施，在高度（　　）m 处应设有风速计。

A. 10　　　　　B. 15　　　　　C. 20

74. 同一轨道上有两组以上车辆运行时，车辆除必须有防止相互碰撞的自动控制装置外，还应各自设置（　　）。

A. 缓冲装置　　　　　B. 保险措施　　　　　C. 锁紧装置

75. 架空脚踏车等游乐设施的车厢应设防冲撞的缓冲装置，且突出车体的尺寸不得小于（　　）mm。

A. 50　　　　　B. 100　　　　　C. 150

76. 在碰碰车的车架四周应当设有缓冲轮胎，突出于车体和装饰的尺寸不得小于（　　）mm。

A. 30　　　　　B. 50　　　　　C. 70

77. 液压或气动系统中，应设有不超过额定工作压力（　　）倍的过压保护装置。

A. 1.1　　　　　B. 1.25　　　　　C. 1.3

78. 制动器工作应平稳可靠，制动加速度绝对值一般应（　　）m/s^2。

A. ≤3　　　　　B. ≤4　　　　　C. ≤5

79. 小赛车类游艺机的最大刹车距离应（　　）m。

A. ≤7　　　　　B. ≤8　　　　　C. ≤10

80. 高空脚踏车、电力单车等游艺机的最大刹车距离应（　　）m。

A. ≤6　　　　　B. ≤7　　　　　C. ≤8

81. 赛车的驱动部分、传动部分以及车轮都应设置有效的（　　）。

A. 防护覆盖　　　　　B. 保险措施　　　　　C. 锁紧装置

82. 吊挂乘人部分的钢丝绳或链条数量不得少于（　　）根。

A. 1　　　　　B. 2　　　　　C. 3

83. 钢丝绳的终端在卷筒上应留有不少于（　　）圈的余量。

A. 2　　　　　B. 3　　　　　C. 4

84. 滑行车侧轮（或轮缘）与轨道的间隙每侧应不大于（　　）mm。

A. 2　　　　　B. 3　　　　　C. 5

85. 游乐设施采用钢丝绳传动方式，钢丝绳直径应不小于（　　）mm。

A. 6　　　　　B. 8　　　　　C. 10

86．皮带传动中，压紧轮的合理安装位置是在（　　）。

A．紧边　　B．松边　　C．两边都可以

87．游乐设施采用卷筒传动方式的钢丝绳直径应不小于（　　）mm。

A．6　　B．8　　C．10

88．边运行边上下游客的游乐设施（如摩天轮等），乘人部分的进出口处高出站台不应超过（　　）mm。

A．250　　B．300　　C．350

89．非封闭式座舱，乘人部分与周围障碍物之间应留有不小于（　　）mm 的安全距离。

A．300　　B．500　　C．600

90．非封闭式座舱，从座席面至上方障碍物的安全距离应不小于（　　）mm。

A．1 200　　B．1 400　　C．1 500

91．转动平台与固定部分之间的间隙，水平方向应不大于（　　）mm。

A．30　　B．50　　C．60

92．对于室外游乐设施，安全栅栏的高度应（　　）mm。

A．≥500　　B．≥650　　C．≥1 100

93．对于室内儿童娱乐项目，安全栅栏的高度应（　　）mm。

A．≥500　　B．≥650　　C．≥1 100

94．游乐设施周围及高出地面（　　）mm 以上的站台均应设置安全栅栏。

A．500　　B．600　　C．800

95．游乐设施安全栅栏的间隙应不大于（　　）mm。

A．100　　B．110　　C．120

96．安全栅栏距离地面的间隙应不大于（　　）mm。

A．100　　B．110　　C．120

97．游乐池在同一时间内应符合每人至少（　　）m^2的容纳量要求。

A．1　　B．2　　C．3

98．“小火车”等游乐设施的进出口处大都采用（　　）作为拦挡装置。

A．自动门　　B．环形链条　　C．安全栅栏

99．当动力电源突然断电或设备发生故障可能滞留游客时，游乐设施应当有（　　）游客的措施。

A．疏导　　B．保护　　C．防止

100．游乐设施在运行中，动力电源断电或制动系统控制中断，制动系统应保持

(　　)状态。

A. 接通　　B. 开放　　C. 锁闭

101. 室内游乐设施应有充足的照明和应急照明，正常照度应（　　）lx。

A. ≥20　　B. ≥50　　C. ≥60

102. 儿童小火车等轨道带电、在地面行驶的游乐设施，其轨道电压应（　　）V。

A. ≤24　　B. ≤36　　C. ≤50

103. 由游客操作的电器开关应采用（　　）V 的安全电压，安装位置应方便操作。

A. ≤24　　B. ≤36　　C. ≤50

104. 游客容易接触部位的装饰照明电压应采用（　　）V 的安全电压。

A. ≤24　　B. ≤36　　C. ≤50

105. 游乐设施电气设备的金属外壳等必须与电源线的 PE（地线）可靠连接，接地电阻应（　　）。

A. ≤10 Ω　　B. ≥10 Ω　　C. ≤1 MΩ

106. 电压有效值大于 50V 的带电回路与接地装置之间的绝缘电阻应（　　）。

A. ≤10 Ω　　B. ≥1 MΩ　　C. ≥10 MΩ

107. 设置在安全电压线路上的部件和导线的绝缘耐压等级至少为（　　）V。

A. 120　　B. 250　　C. 500

108. 每辆碰碰车都应装设（　　）装置。

A. 漏电保护　　B. 短路保护　　C. 过压保护

109. 高度超过（　　）m 的游乐设施应设置避雷装置，高度超过 60 m 时还应增加防侧向雷击的避雷装置。

A. 10　　B. 15　　C. 20

110. 游乐设施的避雷装置必须连接可靠，其接地电阻应（　　）Ω。

A. ≤4　　B. ≤10　　C. ≤30

111. 减速机由于润滑不良有异常声响时，应当（　　）。

A. 更换齿轮　　B. 清洁机器　　C. 加润滑油

112. 由于油的压力不够，使液压马达及油泵不能启动时，应当（　　）。

A. 调整溢流阀压力　　B. 更换液压马达　　C. 检修油泵

113. 继电器线圈烧坏不能吸合时，应当（　　）继电器。

A. 清洁　　B. 更换　　C. 固定

114. 限位开关因位置不对不能起限位作用时，应当进行（　　）。

A. 更换　　B. 调整　　C. 修复

115. 车辆停车位置不准确一般都是由于（　　）所造成的。

A. 车轮磨损　　B. 刹车未调整好　　C. 轨道缺损

116. 在游乐设施现场应急救援作业中的首要任务是（　　）。

A. 疏散游客　　B. 抢修设备　　C. 抢救伤员

117. 观览车驱动电源突然断电或设备发生故障时，应有（　　）的措施。

A. 疏导游客　　B. 恢复供电　　C. 安全防护

118. 发现自控飞机座舱的平衡拉杆出现异常时，应立即停机使座舱下降，同时通过广播告诉游客一定要（　　）。

A. 系好安全带　　B. 紧握扶手　　C. 取消自控操作

119. 若突遇断电，液压升降的座舱不能自动下降时，操作人员应（　　），将高空的游客释放到地面。

A. 按急停按钮　　B. 迅速切断电源　　C. 打开手动阀门泄油

120. 滑行车在斜坡的最高点上突然发生故障，应停止运行，将游客从（　　）开始依次进行疏散。

A. 车头　　B. 车尾　　C. 中间

121. 操作人员发现游乐设施存在事故隐患或者其他异常情况时，应当及时向(　　)人员报告。

A. 设备维修　　B. 日常操作　　C. 安全管理

122. 游乐设施发生事故后，操作人员应立即对受伤人员采取（　　）措施。

A. 及时疏散　　B. 对外求助　　C. 紧急救治

123. 为了防止次生事故的发生，有利于事故的调查分析，事故发生后应当（　　）。

A. 保护现场　　B. 拆除设备　　C. 进行维修

124. 游乐设施运营单位每年至少应当对每台（套）游乐设施组织（　　）次应急救援演练。

A. 1　　B. 2　　C. 多

125. 一旦有人发生触电事故，首先要使触电者（　　）。

A. 脱离电源　　B. 恢复知觉　　C. 就地平躺

126. 溺水后如抢救不及时，溺水者（　　）min 内即可出现死亡。

A. 2 ~ 4　　B. 4 ~ 6　　C. 6 ~ 8

127. 当失血量达到（　　）时，伤员会出现血压下降、肤色苍白、出冷汗等。

A. 20%　　B. 30%　　C. 40%

128. 成人外伤出血，失血量达到（　　）以上时将有生命危险。

A. 20%　　B. 30%　　C. 40%

129. 由于火灾发展迅速，一般来说，在起火后的（　）min 内是最关键的扑救时间。

A. 5　　B. 10　　C. 15

130. 遇到电气设备着火时，操作人员可以使用（　）等进行灭火。

A. 泡沫灭火器　　B. 干式灭火器　　C. 自来水

131. 大型游乐设施等特种设备的修理单位，应有与特种设备修理相适应的专业技术人员和技术工人，以及必要的（　），并经所属地区的特种设备安全监督管理部门许可，方可从事相应的维修活动。

A. 质保体系　　B. 施工设备　　C. 检测手段

132. 特种设备使用单位对在用特种设备应至少（　）进行一次自行检查并作出记录。

A. 每周　　B. 每月　　C. 每季

133. 特种设备使用单位应按定期检验的要求，在安全检验合格有效期（　）向特种设备检验机构提出定期检验的要求。

A. 届满时　　B. 届满前 1 个月　　C. 届满后 1 个月

134. 特种设备存在严重事故隐患，无改造、修理价值，或超过安全技术规范规定的使用年限，特种设备使用单位未予以报废，并未向原登记的质量技术监督部门办理注销的，由质量技术监督部门责令限期改正，逾期未改正的，处（　）罚款。

A. 5 000 元以上 2 万元以下

B. 1 万元以上 5 万元以下

C. 5 万元以上 20 万元以下

135. 特种设备安装、改造、修理的施工单位应在施工前将拟进行的特种设备安装、改造、修理情况（　）所属地区的质量技术监督部门后方可施工。

A. 书面申报　　B. 书面申请　　C. 书面告知

136. 客运索道、大型游乐设施的运营使用单位的主要负责人，至少应（　）召开一次会议，督促检查客运索道、大型游乐设施的安全使用工作。

A. 每周　　B. 每月　　C. 每季

137. 大型游乐设施的运营使用单位，应结合本单位的实际情况，配备相应数量的营救装备和（　）。

A. 急救药品　　B. 急救物品　　C. 应急装置

138. 特种设备使用单位应对特种设备作业人员进行特种设备安全教育和培训，保证特种设备作业人员具备必要的特种设备（　）知识。

A. 安全作业　　B. 专业理论　　C. 操作技能

139. 大型游乐设施等特种设备的安装、改造、修理竣工后，安装、改造、修事的施工单位应在（　）日内将有关技术资料移交使用单位。

A. 15　　B. 30　　C. 60

140. 大型游乐设施等特种设备的安装、改造、重大修理过程，必须经核准的特种设备检验机构按安全技术规范进行（　　）。

A. 监督管理　　B. 安装监督检验　　C. 检验检测

141. 对未经许可擅自从事特种设备修理或者日常维护保养的，由质量技术监督部门予以取缔，并处（　）罚款。

A. 2 000 元以上 1 万元以下

B. 2 000 元以上 2 万元以下

C. 1 万元以上 5 万元以下

142. 未取得相应特种作业人员证书而上岗作业的特种设备作业人员，由质量技术监督部门责令限期改正；逾期未改正的，责令停止使用或者停产整顿，处（　　）罚款。

A. 1 000 元以上 1 万元以下

B. 2 000 元以上 2 万元以下

C. 5 000 元以上 5 万元以下

143. 大型游乐设施高空滞留人员（　　）h 以上的为较大事故。

A. 1　　B. 6　　C. 12

144. 特种设备事故造成（　　）人以上死亡的为特别重大事故。

A. 10　　B. 20　　C. 30

145. 特种设备事故造成（　　）人以下死亡的为一般事故。

A. 2　　B. 3　　C. 5

146. 大型游乐设施高空滞留人员（　　）的为一般事故。

A. 1 h 以上 12 h 以下　B. 2 h 以上 10 h 以下　C. 10 h 以上 12 h 以下

147. 大型游乐设施在每日投入运行前应进行例行检查，确保（　　）有效。

A. 传动装置　　B. 安全装置　　C. 制动装置

148. 大型游乐设施安装完成后，安装单位应当对游乐设施的（　　）进行自检。自检合格后，应当向运营单位出具自检合格报告。

A. 安全技术性能　　B. 质量寿命　　C. 设计合理性

149. 游乐设施运营单位凭（　　）向特种设备检验机构申请安装监督检验，取得安全检验合格标志后，方可投入使用。

A. 型式试验报告　　B. 自检合格报告　　C. 许可证明

150. 游乐设施运营单位应当将安全检验合格标志置于大型游乐设施的（　　）。

A. 设备上部　　B. 醒目位置　　C. 操作室内

151. 游乐设施运营单位没有修理大型游乐设施能力的，应当将维修工作委托给（　　）承担。

A. 具有相应修理资格的单位

B. 有经验的修理人员

C. 有修理证书的人员

152. 游乐设施运营单位应当对安全管理人员、操作人员和维护保养人员定期进行安全教育和培训，保证其具备与岗位职责相适应的技术能力和安全作业知识。运营单位应当建立作业人员培训记录，并至少保存（　　）年。

A. 1　　B. 2　　C. 3

153. 利用大型游乐设施举办流动式运营活动的活动承办单位，应当在活动举办前（　　）日，将活动名称、时间、地点、主要内容、运营单位、负责人以及大型游乐设施名称、数量等情况书面告知活动举办地的区县质量技术监督部门。

A. 30　　B. 60　　C. 90

154. 游乐设施运营单位应建立每日运行日志和维修保养日志且至少保存（　　）年。

A. 2　　B. 3　　C. 4

155. 游乐设施运营单位设置的安全注意事项和警示标志的图案、文字、（　　），应当符合有关标准。

A. 形状　　B. 颜色　　C. 含义

156. 在游乐设施的运行区域周围，应当采取的安全防护措施是（　　）。

A. 设置隔离护栏或者采取其他隔离措施。

B. 设置人行通道

C. 设置安全防护网

157. 游乐设施夜间运营时，应当在游乐设施及其通道、出入口等处有（　　）。

A. 大量的照明　　B. 充足的照明　　C. 补充的照明

158. 根据游乐设施的运行特点，设置的安全注意事项和警示标志，除了有必须由成年人陪同乘坐的要求、乘坐大型游乐设施的禁忌病症、禁止乘客进入的区域外，一般还应有（　　）限制。

A. 乘客体重　　B. 乘客身高、年龄　　C. 乘客着装

159. 游乐设施运营单位的操作人员应当完整填写（　　）。

A. 每日运行记录　　　B. 每次运行记录　　　C. 每时运行记录

160. 游乐设施（　　）投入使用前，应当进行试运行和例行安全检查，并对安全装置进行检查确认。

A. 每日　　　B. 每周　　　C. 每次

161. 游乐设施运营单位的维护保养人员，应当按照安全技术规范的要求开展(　　)。

A. 日检、周检和月检

B. 日检、月检和年检

C. 周检、月检和年检

162. 发生停电、恶劣气候、火灾等紧急情况时，游乐设施运营单位的安全管理人员或者安全管理机构应当（　　）。

A. 首先与上级部门联系

B. 第一时间与技术人员沟通

C. 作出停止使用的决定

163. 与特种设备安全相关的（　　），应当符合有关法律、行政法规的规定。

A. 建筑物、附属设施　B. 附属设施　　　C. 建筑物

164. 特种设备运行不正常时，特种设备作业人员应当（　　）采取有效措施保证其安全。

A. 按照操作规程　　　B. 根据经验判断　　　C. 根据实际情况

165. 特种设备作业人员在作业过程中发现事故隐患或者其他不安全因素时，应当立即向（　　）报告。

A. 特种设备生产单位有关负责人

B. 特种设备运营单位有关负责人

C. 特种设备安全管理人员和单位有关负责人

166. 公众乘坐或者操作电梯、客运索道、大型游乐设施时，应当遵守（　　）的要求，服从有关工作人员的管理和指挥。

A. 安全使用说明和安全注意事项

B. 文明乘坐和安全注意事项

C. 安全注意事项和法律法规

167. 违反《中华人民共和国特种设备安全法》规定，相关人员不履行岗位职责，违反操作规程和有关安全规章制度，造成事故的，将（　　）。

A. 吊销相关人员的资格

B. 3 年内不能从事本行业工作

C. 由相关部门决定如何惩处

168. 游乐设施每日投入运营前，未进行试运行和例行安全检查，未对安全附件和安全保护装置进行检查确认的，处（　　）罚款。

A. 1 万以上 5 万以下

B. 2 万以上 10 万以下

C. 5 万以上 20 万以下

169. 违反《中华人民共和国特种设备安全法》规定，造成人身、财产损害的，依法承担（　　）。

A. 行政责任　　B. 民事责任　　C. 刑事责任

170.《中华人民共和国特种设备安全法》自（　　）起施行。

A. 2013 年 10 月 1 日

B. 2014 年 1 月 1 日

C. 2014 年 5 月 1 日

三、多项选择题

1.（　　）属于转马类游乐设施。

A. 青蛙跳　　B. 咖啡杯　　C. 飞行塔　　D. 苹果机

2.（　　）属于观览车类游乐设施。

A. 海盗船　　B. 观览塔　　C. 弯月飞车　　D. 飞毯

3. 座舱绕水平轴回转的游乐设施有（　　）。

A. 太空船　　B. 大风车　　C. 观览车　　D. 飞椅

4. 座舱绕垂直轴回转并升降的游乐设施有（　　）。

A. 自控飞机　　B. 流星锤　　C. 波浪秋千　　D. 章鱼

5. 座舱绕可变倾角的轴回转的游乐设施有（　　）。

A. 双人飞天　　B. 勇敢者转盘　　C. 浪卷珍珠　　D. 陀螺

6. 滑行类游乐设施包括（　　）等。

A. 架空列车　　B. 矿山车　　C. 激流勇进　　D. 疯狂老鼠

7. 架空游览车类游艺机的特点是乘人部分沿架空轨道运行，适用于（　　）等驱动及运动形式类似的游艺机。

A. 人力　　B. 内燃机　　C. 液压　　D. 电力

8. 自控飞机类游乐设施包括（　　）系列等。

A. 观览塔　　B. 自控飞机　　C. 章鱼　　D. 组合自控飞机

9. 观览车类游乐设施常见的品种有（　　）等。

A. 摩天轮　　B. 海盗船　　C. 大摆锤　　D. 阿拉伯飞毯

10. 蹦极是指游客或游客乘坐物依靠弹性绳或其他弹性件的伸缩，在空中产生弹跳、翻滚运动的游乐设施，一般包括（　　）。

A. 高空蹦极　　B. 弹射蹦极　　C. 小型蹦极　　D. 蹦床

11. 疯狂老鼠、滑行龙、过山车等游艺机的车轮系统一般都是由（　　）组成，将车体牢牢地控制在轨道上，因此不会倾翻。

A. 行走轮　　B. 侧轮　　C. 底轮　　D. 制动器

12. 钢丝绳传动由（　　）组成，利用摩擦传递运动和动力。

A. 钢丝绳　　B. 绳轮　　C. 传动件　　D. 摩擦轮

13. 缓冲装置是用以缓和冲击振动的装置，一般有（　　）等缓冲器。

A. 塑料　　B. 弹簧　　C. 橡胶　　D. 液压

14. 过山车一般由（　　）等部分组成。

A. 轨道　　B. 站台　　C. 车辆　　D. 提升装置

15. 纳入安全监督管理的游乐设施分级原则的依据是（　　）等技术参数。

A. 速度　　B. 运动方式　　C. 高度　　D. 摆角

16. 游乐设施出厂时，应当附有符合安全技术规范要求的（　　）等文件。

A. 设计文件　　B. 产品质量合格证明

C. 安装及使用维修说明　　D. 监督检验证明

17. 游乐设施的（　　）应当经过国家质量技术监督部门的许可。

A. 制造　　B. 安装　　C. 改造　　D. 修理

18. 游乐设施的安全管理目标应当包括（　　）等要求。

A. 事故发生率　　B. 设备正常率　　C. 设备故障率　　D. 游客满意率

19. 游乐设施运营单位应当建立和执行以岗位责任制度，以及（　　）等为主要内容的安全管理制度。

A. 安全检查制度　　B. 安全操作规程

C. 维护保养制度　　D. 培训考核制度

20. 运营单位应当将游乐设施的（　　）置于易于为乘客注意的显著位置。

A. 乘客须知　　B. 运营记录　　C. 安全注意事项　　D. 安全标志

21. 游乐设施的乘坐说明应包括该设施的（　　）等。

A. 运动特点　　B. 适应对象　　C. 注意事项　　D. 禁止事宜

22. （　　）的人员通常不能乘坐游乐设施。

A. 有禁忌病症　　B. 身高不够　　C. 高龄者　　D. 酗酒以后

23．游乐设施运行中，操作人员要密切观察和注意设备（　　）等变化情况。

A．振动　B．摇晃　C．声音　D．温度

24．游乐设施每天运营结束后，操作人员应当（　　）。

A．进行检查　B．切断电源　C．锁好门窗　D．做好记录

25．游乐设施运营单位应当根据本单位的“日常安全检查制度”制定游乐设施（　　）等自检计划与定期检验计划，报单位负责人批准。

A．日检　B．周检　C．月检　D．年检

26．游乐设施经营单位应当配备相应的（　　）人员，保证安全运营。

A．安全管理　B．技术　C．维护保养　D．操作

27．游乐设施运营单位应当根据实际情况配备相应的（　　）。

A．救援人员　B．营救设备　C．急救物品　D．治疗仪器

28．游乐设施应急救援演练的目的是提高管理人员、操作人员的（　　）。

A．经营管理　B．安全意识　C．应急救援能力　D．操作水平

29．对使用过的救援设备和急救物品应当进行全面（　　），并按规定存放。

A．检查　B．保养　C．补充　D．更换

30．游乐设施检查对象既包括游乐设施主机，同时也包括如（　　）等辅助设施。

A．安全栅栏　B．检修通道　C．救援通道　D．高空平台

31．对重要固定螺栓和安装在高空的连接件、螺栓的检查，是要确定其是否有（　　）等现象。

A．断裂　B．变形　C．松动　D．脱落

32．游乐设施常用的无损探伤方法主要有（　　）。

A．射线探伤　B．超声波探伤　C．磁粉探伤　D．渗透探伤

33．操作人员在接待游客时一定要做到（　　）。

A．安全第一　B．文明礼貌　C．优质服务　D．遵守规则

34．（　　）等都用安全色中的红色标记。

A．禁止标志　B．消防设备　C．紧急停止按钮　D．启动开关

35．安全标志分为（　　）四种。

A．禁止标志　B．警告标志　C．指令标志　D．提示标志

36．安全标志牌如发现有（　　）等不符合要求时应及时修整或更换。

A．完好　B．缺损　C．变形　D．褪色

37．游客在操纵小赛车时，不要（　　），否则会发生危险。

A．穿长风衣　B．穿夹克　C．围长围巾　D．留长发或长辫

38. 游客在乘坐游乐设施时，切不可将（　　）等部位伸向舱外，以免受伤。

A. 头　　B. 手　　C. 脚　　D. 躯体

39. 游客在乘坐游乐设施时，应当听从操作人员的（　　）。

A. 指挥　　B. 提醒　　C. 劝阻　　D. 告知

40. 游乐设施的操作面板上一般还装有（　　）等指示仪表。

A. 电压表　　B. 电流表　　C. 万用表　　D. 电度表

41. 紧急停车按钮的位置，必须让与本台游乐设施相关的（　　）都知道，以便需要紧急停车时，每人都能操作。

A. 操作人员　　B. 维修人员　　C. 管理人员　　D. 志愿者

42. 游乐设施的站台设施通常由（　　）等几个部分组成。

A. 操作台　　B. 操作室　　C. 站台　　D. 阶梯

43. “摇头飞椅”是一种集（　　）等多种运行形式于一体的飞行塔类游乐设施。

A. 滑行　　B. 旋转　　C. 升降　　D. 变倾角

44. 游乐设施中常用的安全装置主要有（　　）等。

A. 安全压杠　　B. 安全带　　C. 制动器　　D. 缓冲器

45. 护胸压肩式安全压杠主要形式包括（　　）等。

A. 齿条锁紧型　　B. 液压锁紧型　　C. 棘轮棘爪型　　D. 摩擦锁紧型

46. 游乐设施的重要轴主要包括（　　）等。

A. 主轴　　B. 乘坐物吊挂轴　　C. 车辆连接器轴　　D. 车轮轴

47. 安全带可单独用于（　　）等游乐设施。

A. 自控飞机　　B. 碰碰车　　C. 高架自行车　　D. 过山车

48. 吊挂乘人部分的钢丝绳（或链条）应无明显的（　　）等现象。

A. 磨损　　B. 锈蚀　　C. 断丝　　D. 开裂

49. 凡乘客可能接触之处，均不允许有外露的（　　）等。

A. 锐边　　B. 尖角　　C. 毛刺　　D. 危险凸出

50. 吊厢门的日常安全检查内容通常应包括（　　）。

A. 开关是否灵活　　B. 两道锁紧装置是否可靠

C. 门有无损坏情况　　D. 缓冲装置是否有效

51. 制动装置的日常检查内容通常包括（　　）。

A. 制动过程是否平稳　　B. 制动间隙是否恰当

C. 制动闸瓦的磨损情况　　D. 人工制动时，连杆动作的准确性

52. 车辆止逆装置的日常检查内容通常包括（　　）。

A. 明显变形　B. 磨损　C. 裂纹　D. 缓冲

53. 飞行塔类游乐设施应当具备的安全装置有（　　）。

A. 升降限位装置　B. 座椅吊挂保险装置

C. 液压系统的过压保护装置　D. 防吊厢碰撞的自动控制装置

54. 电流对人体的影响程度，主要决定于流经人体的（　　）。

A. 电流大小　B. 持续时间　C. 电流路径　D. 电流频率

55. 造成电气火灾的主要原因包括（　　）。

A. 漏电　B. 短路　C. 过负荷　D. 接触电阻过大

56. 游乐设施低压配电系统的接地形式应采用（　　）系统。

A. TN－S　B. TN－C－S　C. TN－C　D. TT

57. 游乐设施事故主要依据（　　）这几个因素来进行界定。

A. 死亡（或重伤）人数　B. 直接经济损失

C. 高空滞留时间　D. 设备损坏情况

58. 游乐设施的主要危险和可能故障表现在（　　），以及游客因素等方面。

A. 环境因素　B. 设备故障　C. 管理不当　D. 操作失误

59. 人为失误的原因比较复杂，一般可分为（　　）等。

A. 病理机制失调　B. 非理智行为

C. 无意识行为　D. 有意识行为

60. 游乐设施在运营中，可能发生（　　）等情况需要进行应急处置。

A. 游客身体不适　B. 停电

C. 设备故障　D. 天气突然变化

61. 滑行车类游乐设施出现车辆停位不准时，要及时检查、调整（　　）。

A. 信号装置　B. 提升装置　C. 刹车装置　D. 缓冲装置

62. 游乐设施在运行过程中应没有异常的（　　）等现象。

A. 振动　B. 冲击　C. 发热　D. 声响

63. 游乐设施应急演练一般分为（　　）三个阶段。

A. 演练准备　B. 演练实施　C. 演练总结　D. 演练结果

64. 根据现场实际需要，游乐设施应当配备必要的救援设备，如（　　）等。

A. 发电机　B. 扶梯　C. 救援绳　D. 急救药箱

65. 一些运行高度比较高的游乐设施如果遇到（　　）等因素的影响，容易造成设备停运，把游客滞留在高空。

A. 停电　B. 机械故障　C. 恶劣天气　D. 操作失误

66. 发生触电事故时，现场急救的具体操作可分为（　　）几个部分。

A. 迅速分断（解脱）电源　　B. 简单诊断

C. 向上级报告，等待处理　　D. 对症处理

67. 伤口包扎的要领是（　　）。

A. 动作要快　　B. 敷料盖准，不要移动

C. 动作轻，不要碰撞伤口　　D. 包扎要牢靠

68. 常用的现场救护技能包括（　　）。

A. 止血　　B. 包扎　　C. 骨折固定　　D. 心肺复苏

69. 搬运伤员做到（　　）。

A. 先进行初步急救处理　　B. 合理选用搬运工具与方法

C. 注意搬运的体位与方法　　D. 及时离开现场，防止再次受伤

70. 燃烧必须是（　　）这三个基本条件的相互作用才能发生。

A. 防火材料　　B. 可燃物质　　C. 助燃物质　　D. 火源

71. 游乐设施一旦发生人员伤亡事故后，运营单位应当（　　）。

A. 启动应急预案，组织抢救　　B. 控制事故，减少人员伤亡和财产损失

C. 保护事故现场　　D. 向所在地监督管理部门报告

72. 特种设备安全工作应当坚持（　　）的原则。

A. 安全第一　　B. 预防为主　　C. 节能环保　　D. 综合治理

73. 特种设备使用单位应当按照国家有关规定配备特种设备（　　）人员。

A. 安全管理　　B. 检测　　C. 作业　　D. 技术

74. 特种设备生产单位应当具备（　　）条件，并经质量技术监督部门许可，方可从事生产活动。

A. 与生产相适应的专业技术人员

B. 与生产相适应的设备、设施和工作场所

C. 健全的质量保证、安全管理、岗位责任等制度

D. 足够的经济实力

75. 特种设备销售单位禁止销售（　　）的特种设备。

A. 未取得许可生产　　B. 未经检验或检验不合格

C. 国家明令淘汰　　D. 已经报废

76. 特种设备发生事故后，事故发生单位应当按照应急预案采取措施，（　　），并及时向质量技术监督部门和有关部门报告。

A. 组织抢救　　B. 防止事故扩大

C．减少人员伤亡和财产损失　　D．保护事故现场和有关证据

77．特种设备使用单位应当建立（　　）等安全管理制度，制定操作规程，保证特种设备安全运行。

A．岗位责任　B．隐患治理　C．应急救援　D．维护保养

78．特种设备使用单位应当对其使用的特种设备的（　　）进行定期校验、检修，并作出记录。

A．传动部件　B．电气设备　C．安全附件　D．安全保护装置

79．按照规定，特种设备事故分为（　　）。

A．一般事故　B．较大事故　C．重大事故　D．特别重大事故

80．特种设备发生事故后，与事故相关的单位和人员不得（　　）事故情况。

A．迟报　B．谎报　C．漏报　D．瞒报

四、事故案例分析题

1．在某公园游乐场，一名游客乘坐观览车类游乐设施“天旋地转”时，安全压杠尚未压好锁紧，安全带也未扣上，操作人员没有确认就已启动设备。设备刚刚开始快速运转，游客即从距离地面 3 m 高处的座位上脱离，坠落到地面造成重伤。据了解，该操作人员虽然有“上岗证”，但是，运营单位平时没有对员工进行经常性的安全教育和培训。

事故原因分析：（　　）

A．操作者违反安全操作规程　　B．对操作者安全教育不到位

C．设备存在严重缺陷　　D．操作者无证操作

2．某游乐场，一对男女青年坐上了“阿拉伯飞毯”，操作人员在启动飞毯后仅几秒钟，飞毯突然就开始疯狂加速，旋转不止，操作人员不知该如何是好。两名游客被巨大的离心力抛出，摔成重伤，经抢救无效死亡。经事故调查，该设备采用的是直流调速电动机，但没有设置超速限制器。由于控制系统失灵，电动机出现飞车导致事故发生。

事故原因分析：（　　）

A．设备存在严重缺陷　　B．操作者未及时采取紧急措施

C．操作者无证操作　　D．游客没有遵守乘客须知

3．某地一位家长带小孩到儿童乐园游玩，在小火车游乐设施附近，该家长遇见熟人与其说话，让小孩自由玩耍。小孩通过安全栅栏缺口走入小火车轨道之中，操作人员也未及时发现，被由西向东运行的小火车撞倒并轧过头部，经送医院抢救无效死亡。

事故原因分析：（　　）

A．小火车存在事故隐患　　B．未采取有效的安全隔离措施

C．家长对儿童监护不力　　D．操作人员没有及时发现采取措施

4. 冬天，某公园一台“狂呼”游乐设施突然发生故障，6 名游客被困在 32m 的高空。经过消防人员近 7 个小时的艰苦努力，至第二天凌晨被困游客安全获救。经事故调查分析，此次事故的原因是：设备在安装时，传动系统主动齿轮和从动齿轮的支撑座采用焊接定位，而未采用定位销定位；使用过程中，齿面产生较大的磨损，间隙加大，主动齿轮的一个齿轮出现多处断裂，断裂的齿牙卡住了传动系统，迫使设备停止运转；运营单位未对齿轮情况进行检查，以及应急救援预案不完善也是引起本次事故的原因。

事故原因分析：（　　）

A. 设备安装存在问题　　B. 日常检查不到位

C. 应急救援措施不力　　D. 操作人员操作失误

5. 某游乐场的“探空飞梭”游乐设施在运营时，上升至 30 m 左右，一名游客突然被从座椅中甩出，落到护栏外 5 m 远的草地上，经送医院抢救无效死亡，造成100 多万元的经济损失。事故的主要原因是：安全压杠的液压连杆顶端应力集中处发生断裂。据分析，是由于在制造过程中该部件没有按工艺要求进行调质处理所造成的。

事故原因分析：（　　）

A. 操作人员操作失误　　B. 安全压杠设计存在缺陷

C. 没有按工艺要求进行加工　　D. 设备没有经过监督检验

6. 西部某旅游城市，一名大学生在某公园乘坐高空观览车时，因观景兴起，将头伸出窗外（窗户上的有机玻璃在破损后已被摘掉，没有及时修复），被卡在了吊厢和旋转的吊臂之间，造成颈部脊椎断裂，当场死亡。

事故原因分析：（　　）

A. 设备日常维护保养不力　　B. 日常安全检查不到位

C. 操作者无证操作　　D. 游客没有遵守乘客须知

7. 某公园一台高约 10 m 的“穿梭时空”游乐设施在运行时，发生游客坠落事故，造成一人死亡，一人受伤。该设施为一人收票、一人开机。操作人员（无操作证）在启动设备前没有察看游客是否坐好，并检查是否压好安全压杠、系好安全带，因此造成这次严重事故。

事故原因分析：（　　）

A. 操作人员无证操作游乐设施　　B. 操作前没有进行安全确认

C. 操作人员擅自离开岗位　　D. 设备存在严重事故隐患

8. 在某游乐园内，一辆一辆惯性滑车正在间隔有序地发车，一辆正在疾驶的滑车上有位游客头戴的帽子突然飞脱，掉落在场地内。这时，在旁的一名工作人员快速进入场地，弯腰去捡拾地上的帽子，刚要站起来的时候，被后一辆疾驶而来的滑车撞到头部。工作人员当即倒下，经送医院抢救无效，因脑部重伤而死亡。

事故原因分析：(　　)

A. 操作者违反操作规程　　B. 工作人员违反安全规定

C. 工作人员缺乏安全意识　　D. 游客对自己的物品保管不力

9. 在某旅游度假区，一名老年游客带领一名小孩同乘一辆槽式滑车进行游乐。当滑车经过跳跃加速段后转入弯道的瞬间，两人被沿滑槽切线方向抛出，摔在离滑道 7 m 远的山坡中。两人立即被工作人员送往医院救治，老年游客经抢救无效死亡，小孩头部受轻伤。经调查分析，原因主要有：运营单位疏于管理，没有很好地执行安全规定，使得只能乘坐一人的滑车乘载了两人，而且为老人和小孩，均存在操作能力低、自我防护能力差的特点，因此酿成这次事故。另外，也可能是游客乘坐姿势和操纵方式不当，在该减速时没有减速造成的。

事故原因分析：(　　)

A. 运营单位管理存在缺陷　　B. 操作人员违法安全操作规程

C. 设备存在严重缺陷　　D. 游客未遵守乘客须知

10. 某公园游乐场内的高架脚踏车正一辆一辆有序地发车。游览车在轨道上慢慢前进，其中有一辆车特别缓慢。此时，后面的一辆车突然加速撞向这辆车，当两辆车相撞时，前面车上的一位游客被从游览车上弹出，翻落到地面，幸好落下时臀部着地，经检查该游客受轻伤。如果是头部着地，后果将不可想象。

事故原因分析：(　　)

A. 后面游客未遵守乘客须知　　B. 操作人员没有进行安全宣传和管理

C. 前面游客未佩带好安全带　　D. 设备轨道不平整有缺陷

11. 某游乐园一台“星际飞车”的游乐设施，在运营中配重支撑臂突然发生断裂，支撑臂径直砸向游客，造成一名游客当场死亡，另有两个孩子受轻伤。经事故调查和分析，此次事故直接原因是，该设备平衡臂槽钢焊接部位锈蚀后形成裂纹，并随着运行不断扩展，当延展至不能承受时发生断裂，酿成事故。间接原因是：运营单位安全管理失职，在发现平衡臂有裂纹后，没有及时上报，而是擅自补焊修理后继续运营，没有正确处理事故隐患。另外，日常监管不力，忽视了设备的严重隐患。

事故原因分析：(　　)

A. 设计制造存在缺陷　　B. 运营单位安全管理不善

C. 维修违反规章制度　　D. 操作人员操作失误

12. 在某公园的儿童乐园内，有一部儿童旋转升降飞机在运转。当飞机运转上升到顶部时突然设备不转了。在飞机座舱内的儿童就大吵大闹，周围陪同来的家长也很惊慌，乱成一团。而操作人员也手忙脚乱，东摸摸西按按。这时，在外面的家长就一哄而上到飞机座舱下叫喊着自己的孩子。就在此时，儿童旋转升降飞机突然下沉，将在设备下的数名家长重重砸在下面，有的当场死亡，有的重伤，座舱内的孩子也有不同程度受伤。

事故原因分析：(　　)

A．操作者违反安全操作规程

B．操作者未正确采取紧急措施

C．管理不规范，未阻止其他人员进场

D．设备日常维护、保养不力

13．某大型主题乐园内，一名男生在玩“激流勇进”项目结束后，上岸时未按要求行走，不慎跌入水中，右腿被下方的传输带齿轮绞断。事发后，伤者被送往医院救治。由于伤者右下肢伤势严重，血管、肌肉、神经全部断裂，只能截肢，造成残疾。

事故原因分析：(　　)

A．站台秩序缺乏有效管理　　B．安全防护措施存在漏洞

C．游客没有遵守安全须知　　D．设备日常维护、保养不力

14．某公园内的游乐场，在“激流勇进”现场发生一起事故，造成一人重伤。当时，操作人员将控制开关置于“手动”位置，前船尚未提升到最高点、还没有进入滑行段时，操作人员就将后船放出，然而前船突然间逆行下滑，造成前后两船直接相碰撞。经事故调查，该游乐设施的受力构件在焊接工艺上存在质量缺陷。与此同时，设计也不尽合理，提升挂钩与止逆装置安置在同一受力构件上。当提升挂钩脱焊后，止逆装置一并脱落，起不到安全保护作用。

事故原因分析：(　　)

A．操作人员违反操作规程　　B．止逆装置设计存在缺陷

C．重要受力构件焊接质量存在缺陷　　D．设备没有经过监督检验

15．某游乐场，一台“大摆锤”的游乐设施运行结束后正在停靠，平台钢板上升过程中，一名操作人员进入升降平台区域被挤压致死。据了解，事发时，操作人员还未等设备完全停稳，就上前去为游客解安全带，刚好又踩在了尚未清理的呕吐物上，滑倒被卷入两块钢板缝隙中挤压致死。据调查分析，此次事故的原因是：操作人员自我安全保护意识淡薄，未按操作规程作业。

事故原因分析：(　　)

A．操作者违反安全操作规程　　B．操作者安全意识淡薄

C．操作者无证操作　　D．设备日常维护保养不力

16．某游乐园一台滑车在提升到接近坡顶时，操作人员发现车辆运行不正常，立即按

下紧急停车按钮。但此时止逆装置损坏，车辆逆向从离地近 10 m 高度快速下滑，致使后两节车厢车轮脱轨，最后一节车厢侧翻变形，将坐在内的一名学生甩出碾压成重伤，经抢救无效死亡，同车厢内的另一名学生受轻伤。经调查分析，事故的主要原因是：运营单位在设备维修中违规将前后车厢调换，试车中多次出现异常响声，在未能找出原因并排除的情况下，盲目投入载人运行，导致在运行中出现故障，急停后致使车辆快速下滑脱轨。此外，该单位未配备持证人员进行操作，也是造成此次事故的原因。

事故原因分析：（　　）

A. 维修时违反维修保养制度　　B. 操作人员违反安全操作规程

C. 操作人员无证操作　　D. 游客没有遵守安全须知

大型游乐设施操作人员理论知识考试复习题参考答案

一、判断题

1. √	2. ×	3. √	4. ×	5. ×	6. √	7. √
8. √	9. √	10. ×	11. √	12. √	13. √	14. ×
15. √	16. √	17. ×	18. √	19. √	20. ×	21. ×
22. √	23. √	24. ×	25. √	26. ×	27. √	28. ×
29. √	30. √	31. ×	32. √	33. √	34. ×	35. √
36. ×	37. √	38. ×	39. ×	40. √	41. √	42. √
43. ×	44. √	45. √	46. √	47. ×	48. √	49. ×
50. √	51. ×	52. √	53. √	54. √	55. √	56. ×
57. √	58. √	59. ×	60. √	61. √	62. ×	63. ×
64. √	65. √	66. ×	67. √	68. ×	69. √	70. ×
71. ×	72. √	73. √	74. √	75. ×	76. ×	77. ×
78. ×	79. √	80. ×	81. √	82. ×	83. √	84. √
85. ×	86. √	87. √	88. ×	89. ×	90. √	91. √
92. √	93. √	94. ×	95. √	96. √	97. ×	98. √
99. ×	100. ×	101. √	102. ×	103. √	104. √	105. √
106. √	107. ×	108. √	109. ×	110. √	111. √	112. √
113. √	114. ×	115. ×	116. ×	117. √	118. ×	119. ×
120. ×	121. √	122. √	123. √	124. √	125. ×	126. ×
127. ×	128. √	129. √	130. √	131. ×	132. √	133. √
134. √	135. √	136. √	137. √	138. ×	139. ×	140. ×
141. √	142. ×	143. ×	144. ×	145. √	146. √	147. √
148. ×	149. √	150. √	151. ×	152. √	153. √	154. √
155. √	156. ×	157. ×	158. √	159. √	160. √	161. √
162. √	163. ×	164. √	165. √	166. √	167. ×	168. √
169. √	170. ×	171. √	172. √	173. √	174. √	175. √
176. ×	177. √	178. √	179. ×	180. ×	181. √	182. ×

183. √	184. √	185. ×	186. √	187. ×	188. √	189. ×
190. ×	191. √	192. ×	193. √	194. √	195. √	196. ×
197. √	198. ×	199. √	200. ×	201. √	202. ×	203. √
204. ×	205. √	206. √	207. ×	208. √	209. √	210. √
211. √						

二、单项选择题

1. B	2. A	3. C	4. A	5. A	6. C	7. B
8. A	9. B	10. B	11. A	12. C	13. B	14. C
15. C	16. A	17. B	18. C	19. B	20. C	21. B
22. A	23. B	24. C	25. A	26. A	27. B	28. B
29. B	30. C	31. A	32. C	33. C	34. A	35. A
36. A	37. B	38. C	39. A	40. A	41. C	42. A
43. A	44. A	45. C	46. B	47. A	48. C	49. B
50. A	51. A	52. C	53. A	54. B	55. A	56. A
57. B	58. C	59. B	60. B	61. B	62. C	63. A
64. C	65. B	66. C	67. C	68. A	69. C	70. B
71. A	72. B	73. A	74. A	75. B	76. C	77. B
78. C	79. A	80. A	81. A	82. B	83. B	84. C
85. C	86. B	87. A	88. B	89. B	90. B	91. A
92. C	93. B	94. A	95. C	96. C	97. B	98. B
99. A	100. C	101. C	102. C	103. A	104. C	105. A
106. B	107. B	108. B	109. B	110. C	111. C	112. A
113. B	114. B	115. B	116. C	117. A	118. B	119. C
120. A	121. C	122. C	123. A	124. A	125. A	126. B
127. A	128. C	129. B	130. B	131. C	132. B	133. B
134. C	135. C	136. B	137. B	138. A	139. B	140. B
141. C	142. B	143. C	144. C	145. B	146. A	147. B
148. A	149. B	150. B	151. A	152. C	153. B	154. B
155. B	156. A	157. B	158. C	159. A	160. A	161. B
162. C	163. A	164. A	165. C	166. A	167. A	168. B
169. B	170. B					

三、多项选择题

1．BD	2．AD	3．ABC	4．ACD	5．ABD	6．BCD
7．ABD	8．BCD	9．ABCD	10．ABC	11．ABC	12．ABC
13．BCD	14．ABCD	15．ACD	16．ABCD	17．ABCD	18．ABCD
19．ABCD	20．ACD	21．ABCD	22．ABCD	23．ABCD	24．ABCD
25．ACD	26．ACD	27．ABC	28．BC	29．ABCD	30．ABCD
31．ABCD	32．BCD	33．ABC	34．ABC	35．ABCD	36．BCD
37．ACD	38．ABCD	39．ABCD	40．AB	41．ABC	42．ABCD
43．BCD	44．ABCD	45．ABCD	46．ABCD	47．ABC	48．ABCD
49．ABCD	50．ABC	51．ABCD	52．ABC	53．ABC	54．ABCD
55．ABCD	56．AB	57．ABC	58．ABCD	59．ABC	60．ABCD
61．AC	62．ABCD	63．ABC	64．ABC	65．ABCD	66．ABD
67．ABCD	68．ABCD	69．ABCD	70．BCD	71．ABCD	72．ABCD
73．ABC	74．ABC	75．ABCD	76．ABCD	77．ABC	78．CD
79．ABCD	80．ABD				

四、事故案例分析题

1．AB	2．AB	3．BCD	4．ABC	5．BC	6．ABD
7．AB	8．BCD	9．ABD	10．ABC	11．ABC	12．ABCD
13．ABC	14．ABC	15．AB	16．ABC		

参 考 文 献

1 陈刚，宋继红，陶雪荣. 21世纪特种设备安全科技发展战略. 北京：国防工业出版社，2007

2 沈勇. 游乐设施作业与管理. 北京：学苑出版社，2003

3 国家质检总局特种设备事故调查处理中心. 特种设备典型事故案例集. 北京：航空工业出版社，2005

4 董建民，李向东. 大型游乐设施安全技术. 北京：中国计划出版社，2010

5 张耀光. 游乐设施安全操作与维修. 北京：中国劳动社会保障出版社，2011

6 冯锦凯. 中国游乐业指南. 北京：中国水利水电出版社，2011

7 国家质量监督检验检疫总局特种设备事故调查处理中心. 特种设备事故应急与调查处理（机电类分册）. 北京：中国质检出版社，中国标准出版社，2012

8 全国索道与游乐设施标准化技术委员会，中国标准出版社第三编辑室. 索道与游乐设施标准汇编（游乐设施卷）. 北京：中国标准出版社，2010